Rainer Dörsam
Karl Haaf

Handbuch
der
Menüplanung

Rainer Dörsam
Karl Haaf

Handbuch
der
Menüplanung

Rezeptsammlung für
Gemeinschaftsverpflegung
und Catering

HUGO MATTHAES DRUCKEREI UND VERLAG GMBH & CO. KG

Dank:
Wir danken der Filderklinik in Filderstadt für die freundliche
Unterstützung und die Zusammenarbeit bei der Fotoproduktion.

ISBN 3-87516-701-5

Lektorat und Herstellung:
Hans-Jürgen Fug-Möller, Bruni Fetscher
Fotos: Jürgen Leupold

Gesamtherstellung:
Hugo Matthaes Druckerei und Verlag GmbH & Co. KG, Stuttgart

Inhaltsverzeichnis

Vorwort

Die Autoren – und wie es zu dem Buch kam

Bei einer Tagung am Bodensee 1996, an der wir als Referenten teilnahmen, kam es mit den Anwesenden zum Meinungsaustausch. Unter anderem diskutierte man über die Gesundheitsreform des damaligen Bundesministers Seehofer und ihre Auswirkungen auf eine Krankenhausküche. Es wurden Überlegungen angestellt, wo in den Groß- bzw. Krankenhausküchen noch Einsparungen möglich seien. So kamen wir unter anderem auch darauf, daß spezifische Menüs mit den entsprechenden Rezepturen beim Sparen in der Küche von Nutzen sein können. Dabei wurde festgestellt, daß es ein Kochbuch, nach dessen Rezepten nicht nur Küchenleiter und deren Stellvertreter kochen können und in dem auch die Nährwertberechnungen veröffentlicht sind, gar nicht gibt. Eigentlich, so meinten wir beide, könnte das eine reizvolle Aufgabe sein, ein solches Kochbuch zu erarbeiten. Nach vielen Telefonaten und Gesprächen, wie dies eventuell zu bewerkstelligen sei, klopften wir vorsichtig beim Matthaes Verlag in Stuttgart an, ob dafür eventuell Bedarf vorliege. Der Gedanke stieß sofort auf Zustimmung, und so machten wir uns daran, die Idee in die Tat umzusetzen.

Die hier vorgestellten Rezepte sind in allen Großküchen nutzbringend einsetzbar, für 10 Personen berechnet und stammen aus der Praxis.

Wir hoffen, daß Sie viel Erfolg und Freude an diesem Buch haben werden.

Rainer Dörsam
Karl Haaf

„Qualität ist kein Zufall.
Es gehören Intelligenz und Wille dazu,
um ein Ding besser zu machen."
JOHN RUSKIN (1819–1900)
britischer Schriftsteller, Kunstkritiker und Sozialphilosoph

Rentabilität und Qualität in der Großküche am Beispiel eines Krankenhauses

Mehr Wirtschaftlichkeit im Krankenhaus bedeutet häufig auch Kostenredu-
zierung. Schaut man sich die Kostenseite an, muß man aber gleichzeitig auch
die Leistungsseite betrachten. Nichts ist neutral betrachtet teuer bzw. günstig.
Die Beurteilung, ob die Preise bzw. die Kosten zu hoch, zu niedrig oder ge-
rechtfertigt sind, erfolgt immer im Verhältnis zum entsprechenden Gegenwert,
der Leistung.

Analog gilt dies natürlich auch für die Relation von Kosten zu Leistungen
bei der Versorgung der Krankenhauspatienten mit Speisen. Eine Vielzahl von
Untersuchungen belegt, daß die Hotelleistungen eines Krankenhauses in zu-
nehmendem Maße an Bedeutung gewinnen. Die Mahlzeiten nehmen dabei
einen besonderen Stellenwert ein. Häufig werden sie vom Patienten als Höhe-
punkt des Tages angesehen. Dadurch erhält ein Krankenhaus einerseits die
Chance, sich durch außergewöhnliche Qualität und guten Service zu profilie-
ren und von den Wettbewerbern abzuheben. Andererseits besteht die Gefahr,
daß ein negativer Eindruck hinsichtlich der Speisenversorgung auf die übrigen Leistungen übertragen wird und somit ein negativer Gesamteindruck
zurückbleibt. Die Schwierigkeiten, einen solchen Eindruck zu korrigieren, mö-
gen die folgenden Zahlen belegen: Ein Patient, der gute Erfahrungen gemacht
hat, spricht mit durchschnittlich vier Personen darüber, ein Patient mit nega-
tiven Erfahrungen mit zwanzig.

Die wachsenden Ansprüche an die Krankenhausküchen müssen nun in
einem Umfeld bewältigt werden, welches durch den Zwang zum Sparen und
zum sorgfältigen Umgang mit den verfügbaren Ressourcen beherrscht wird.

Eine allgemeingültige Lösung dieses Dilemmas und den Königsweg dorthin wird und kann es nicht geben. Dazu sind die Voraussetzungen vor Ort zu unterschiedlich. Qualität und Quantität der Mitarbeiter, bauliche und strukturelle Gegebenheiten – sowohl in der Küche als auch im gesamten Haus – und natürlich auch die finanziellen Möglichkeiten bestimmen letztendlich, welche Organisationsform für das jeweilige Krankenhaus und dessen Küche am sinnvollsten ist.

Eine mäßige Qualität der Speisen, hohe Kosten, eine veraltete Küchenausstattung sowie eine ideenlose Küchenleitung und hohe Krankenstände bei den Mitarbeitern fördern sicherlich die Bestrebungen der Geschäftsleitung, den Küchenbereich an einen externen Anbieter zu vergeben. Doch auch wenn diese Kriterien nicht geballt auftreten, kann eine Fremdvergabe wirtschaftlich sinnvoll sein. Beispielsweise kann die Zusammenarbeit mit einem externen Dienstleister angebracht sein, wenn große finanzielle Mittel für die Modernisierung der Küche aufgebracht werden müssen, die dem Krankenhaus aber nicht zur Verfügung stehen. Weitere Argumente, welche für eine Ausgliederung der Küchenleistungen sprechen, sind die Reduzierung der fixen Kosten, größere Flexibilität, um auf Schwankungen der Auslastung zu reagieren, und eine bessere Planbarkeit der Kosten.

Eine wirtschaftliche Versorgung der Patienten mit Speisen setzt ein hohes Maß an Transparenz der Kosten und der Leistungsprozesse voraus. Alle anfallenden Arbeitsschritte sollten hinterfragt werden, inwieweit die Eigenerstellung dem Fremdbezug fertiger bzw. teilfertiger Produkte vorzuziehen, sprich kostengünstiger, ist. Eine Reduzierung der Fertigungstiefe durch gezielten Einsatz von Convenience-Produkten eröffnet Einsparpotentiale im personellen Bereich und dadurch eine Reduzierung des Fixkostenanteils.

Die detaillierten Kenntnisse der Kosten- und Leistungsbeziehungen sind auch für das folgende Entscheidungsproblem notwendig: Sollte eine Krankenhausküche ihren Kundenkreis über das Krankenhaus hinaus ausdehnen? Sicherlich nicht, wenn der variable Kostenanteil jeder Mahlzeit die Erlöse übersteigt. Nur wenn durch die Ausweitung des Leistungsangebotes ein zusätzlicher Beitrag zur Deckung der Fixkosten erzielt werden kann, sollte ein solches Engagement in Betracht gezogen werden. Doch auch hier gilt, daß jeder Einzelfall verschieden ist und in der Regel nur individuelle Lösungen alle Beteiligten zufriedenstellen. Wenn für zusätzliche Leistungen ein Markt besteht, dies kann die Versorgung umliegender Schulen, Kindergärten, Altenheime, Firmenkantinen usw. sein, und diese Leistungen einen positiven Deckungsbeitrag erzielen, spricht vieles für eine Ausweitung des Leistungsumfangs. Grundsätzlich dürfen solche weitergehenden Engagements die Qualität der Speisenversorgung im Krankenhaus nicht negativ beeinflussen. Denn was bringt es diesem, wenn seine Küche zwar kostendeckend arbeitet, die mangelnde Qualität der Mahlzeiten aber Patienten dazu bewegt, ein anderes Haus aufzusuchen. Deshalb sollte – ob mit der eigenbetriebenen Küche oder einem externen Anbieter spielt dabei keine Rolle – ein Qualitätsziel vereinbart werden. Die Küchenleitung hat dann die Aufgabe, durch effizienten Einsatz der verfügbaren Ressourcen diese festgelegten Ziele zu erreichen bzw. zu übertreffen.

Bei der Erreichung dieser Ziele, sowohl des Qualitätsziels als auch der Einhaltung der Budgetvorgaben, soll dieses Kochbuch für die Krankenhausküche helfen. Grundlage einer jeden wirtschaftlichen Entscheidung ist, wie bereits erwähnt, die Transparenz des Kosten- und Leistungsgeflechts. Die Rezepte dieses innovativen Buches sollten jedem Verantwortlichen einer Krankenhausküche als Kalkulationsgrundlage dienen, um den wachsenden Anforderungen gerecht zu werden. Es soll aber auch dazu inspirieren, die Probleme und Aufgaben aktiv anzugehen, um kreative Lösungen zu erarbeiten.

Jochen R. Lang
Krankenhausdirektor Olgahospital, Stuttgart

Kleine
Ernährungslehre

Die Ansprüche an die Versorgung in der Gemeinschaftsverpflegung haben sich geändert. Während früher die Bedarfsdeckung im Vordergrund stand, soll heute um den Kunden geworben werden. Der finanzielle Druck auf die Küchen wird größer, das Personal knapp. Trotzdem soll das Essen aus der Großküche Beispiel und Vorbild sein für eine abwechslungsreiche, gesunde Ernährung und damit zur Vorbeugung ernährungsbedingter Krankheiten beitragen.

In den meisten Häusern werden deshalb – zumindest im Vollkostbereich – ein oder mehrere Menüs zur Auswahl gestellt. So kann sich der Gast je nach Appetit und Vorlieben sein Essen aussuchen, und dennoch bleibt die Möglichkeit bestehen, das Ernährungsverhalten der Gäste positiv zu beeinflussen. Sie sind meist zufriedener, der Speisenrücklauf ist geringer, und viele Sonderwünsche können über dieses System mitberücksichtigt und erfüllt werden.

Im Diätbereich – der Ernährungstherapie – besteht diese Wahlmöglichkeit häufig nicht, auch wenn sie theoretisch möglich wäre. Nach wie vor haftet dem Wort Diät ein negatives Image an. Für den Patienten bedeutet es oft Einschränkung und Abkehr von liebgewonnenen und jahrelang praktizierten Ernährungsgewohnheiten, in der Küche Extraarbeit und Sonderwünsche. Darüber wird oft vergessen, daß es der Sinn einer bestimmten Diät ist, die Gesundheit und damit die Lebensqualität des Patienten zu erhalten oder wiederherzustellen. Dies erfordert die Einsicht und Bereitschaft des Patienten, aktiv an seiner Therapie mitzuarbeiten.

In der Diätetik hat sich dank der Fortschritte in Medizin und Ernährungswissenschaft in den letzten Jahren einiges verändert. Die im klinischen Alltag relevanten Kostformen sind in einem Rationalisierungsschema zusammengefaßt und definiert. Die hier aufgeführten Diäten sind wissenschaftlich abgesichert und haben ihren berechtigten Stellenwert in der Therapie der jeweiligen Erkrankung.

Im Gegensatz zu den organbezogenen Kostformen früherer Jahre (Leberdiät, Gallenschonkost usw.) handelt es sich hier überwiegend um nährstoffdefinierte Kostformen.

Viele Diätmaßnahmen, aber auch die Empfehlungen für eine gesunde Ernährung erklären sich aus den Aufgaben des jeweiligen Nährstoffs im Organismus. Daher folgt hier zunächst ein kurzer Überblick über die in unserer Nahrung enthaltenen Nährstoffe, ihr Vorkommen und ihre Aufgabe im Organismus, bevor sich eine Einführung in die Ernährung und Diätetik im Krankenhaus anschließt.

Zusammensetzung unserer Nahrung
Vorkommen in Lebensmitteln und Aufgaben
im menschlichen Körper

Die wichtigsten Inhaltsstoffe unserer Lebensmittel sind in der folgenden Übersicht aufgeführt.

Hauptnährstoffe:
Eiweiß, Fett, Kohlenhydrate
Wirkstoffe: Vitamine, Mineralstoffe, Spurenelemente
Wasser

Weitere Inhaltsstoffe:
Geschmacksstoffe, Farb- und Duftstoffe
Alkohol
Alkaloide, z. B. Koffein
sekundäre Pflanzeninhaltsstoffe

Im menschlichen Körper dienen sie zum einen als Baustoffe, wie beispielsweise Eiweiß oder Calcium. Als Brennstoff zur Energiegewinnung werden hauptsächlich Kohlenhydrate und Fette verwendet. Auch Eiweiß kann in bestimmten Situationen, wie zum Beispiel im Hungerstoffwechsel, als Energieträger genutzt werden. Außerdem besitzt Alkohol einen nicht unerheblichen Brennwert.

Einige Bestandteile unserer Nahrung sind essentiell, das heißt, sie müssen mit der Nahrung aufgenommen werden, da sie im Körper nicht selbst hergestellt werden können. Sie können auch nicht durch andere Stoffe ersetzt werden. Zu diesen essentiellen Nahrungsbestandteilen zählen essentielle Aminosäuren (siehe Proteine), essentielle Fettsäuren, Vitamine und Mineralstoffe.

Für den Bedarf an einzelnen Nährstoffen gibt es Empfehlungen (Deutsche Gesellschaft für Ernährung: Empfehlungen für die Nährstoffzufuhr). Dabei werden sowohl Alter und Geschlecht als auch besondere Risikogruppen, wie beispielsweise Heranwachsende, Schwangere und Stillende oder Senioren, berücksichtigt.

Durch eine ausgewogene gemischte Ernährung lassen sich in der Regel alle Nährstoffe, die der Körper braucht, in ausreichender Menge zuführen. Zusätze und Ergänzungen einzelner Nährstoffe sind meist überflüssig, vorausgesetzt es findet eine sorgfältige Lebensmittelauswahl und -verarbeitung statt. Da bei unserem Lebensmittelangebot eher das Problem einer Überversorgung mit allen sich daran anknüpfenden Folgen wie Übergewicht, Fettstoffwechselstörungen, Diabetes mellitus usw. besteht, dienen diese Empfehlungen auch als Richtschnur, wenn es um die Vermeidung ernährungsabhängiger Erkrankungen geht.

Doch alle Empfehlungen nutzen nichts, wenn sie nicht in die Praxis umgesetzt werden. Die Basis dafür ist zum einen die Lebensmittelkunde, die Auskunft über die Zusammensetzung eines Nahrungsmittels gibt, zum andern die Koch- und Küchentechnik, da der Nährstoffgehalt auch durch die Verarbeitung beeinflußt wird.

Erfahrungsgemäß fällt die Zuordnung von Nährstoffen zu den jeweiligen Nahrungsmitteln nicht immer leicht. Die folgenden Steckbriefe sollen als Hilfestellung dienen und den Überblick über den diätetischen Einsatz von Nahrungsmitteln erleichtern.

Eiweiß (Proteine)

Vorkommen in Lebensmitteln:
Qualitativ und quantitativ überwiegend in tierischen Nahrungsmitteln: Fleisch und Fleischwaren, Fisch, Wild, Geflügel, Milch, Milchprodukte, Käse, Eier. Auch in pflanzlichen Nahrungsmitteln ist Eiweiß enthalten, allerdings meist weniger, mit Ausnahme von Hülsenfrüchten (Soja).

Chemischer Aufbau:
Grundbausteine für Proteine sind die sogenannten Aminosäuren, die sich zu langen Ketten verbinden. Im menschlichen Körper kommen 20 unterschiedliche Aminosäuren vor, davon sind acht essentiell.

Vorkommen/Aufgaben im menschlichen Körper:
Eiweiße sind lebensnotwendige Baustoffe in jeder Zelle. Sie sind Bestandteil von Muskeln, Organen, Haut, Knochen, Blut, Nerven. Eiweiße dienen zum Aufbau von Enzymen, Hormonen, Abwehrstoffen (Immunglobuline), Hämoglobin (roter Blutfarbstoff) usw.

Empfehlungen für die Eiweißzufuhr:
0,8 g Eiweiß pro kg Körpergewicht pro Tag (entspricht einer Menge von ca. 50 bis 60 g pro Tag) gilt als Richtwert für gesunde Erwachsene. Für Patien-

ten im Krankenhaus wird ein Richtwert von 1 g Eiweiß pro kg Körpergewicht pro Tag empfohlen, da, bedingt durch Wundheilung oder Blutverlust, ein erhöhter Bedarf bestehen kann.

Fette

Vorkommen in Lebensmitteln:
Tierische Fette finden sich als Milchfett in Form von Butter, Butterschmalz, Sahne, Schmant usw. oder als Schmalz, Talg und Tran.

Pflanzliche Fette in Reinform sind Öle bzw. Kokos- oder Palmkernfett; sie können weiterverarbeitet werden zu Pflanzenmargarine.

Unter versteckten Fetten versteht man die Fette in Lebensmitteln, ob sie nun natürlich enthalten sind, wie beispielsweise in Nüssen oder Speck, oder bei der Zubereitung zugegeben werden, zum Beispiel beim Fritieren.

Chemischer Aufbau:
Die Speisefette sind Triglyceride, das heißt, sie bestehen aus Glycerin, das mit drei Fettsäuren verestert ist.

Die Fettsäuren können nach folgenden Kriterien unterteilt werden:
Kettenlänge
Man unterscheidet zwischen lang-, mittel- und kurzkettigen Fettsäuren.

Anzahl an Doppelbindungen
Gesättigte Fettsäuren enthalten keine Doppelbindung, einfach ungesättigte Fettsäuren haben eine Doppelbindung (bekanntestes Beispiel ist die Ölsäure im Olivenöl), mehrfach ungesättigte Fettsäuren mehrere Doppelbindungen.

Bedeutung für den Organismus:
Linolsäure und α-Linolensäure sind essentielle Fettsäuren, alle übrigen Fettsäuren sind nicht essentiell.

Vorkommen/Aufgaben im menschlichen Körper:
Fett ist der energiereichste Nährstoff; 1 g liefert 9 kcal oder 39 kJ. Fett läßt sich bekanntermaßen sehr gut speichern und dient somit als langfristige Energiereserve. Fette haben Schutzfunktion: Sie dienen als Wärmeschutz, als Polster für bewegliche Organe (Niere, Auge) und durch ihre wasserabstoßende Wirkung als Schutz für Haut und Haare.

Fette dienen als Trägersubstanz von fettlöslichen Vitaminen (A, D, E, K) und essentiellen Fettsäuren. Sie sind beteiligt am Aufbau von Zellmembranen und werden zum Aufbau hormonähnlicher Substanzen benötigt.

Empfehlungen für die Fettzufuhr:
Maximal 30 % der täglich aufgenommenen Energie sollten aus Fett stammen. Das entspricht einer Menge von etwa 60 bis 80 g pro Tag. Alle Empfehlungen für die Fettauswahl beziehen sich auf diese Mengenangabe.

Cholesterin:
Cholesterin ist ein wichtiger Fettbegleitstoff, der ausschließlich in tierischen Nahrungsmitteln vorkommt. Besonders viel Cholesterin ist enthalten in Innereien, Eigelb, Krusten- und Schalentieren und fettreichen Lebensmitteln wie Fleisch, Fleischwaren, Wurst, Milchprodukten und Käse. Ein Großteil des im Körper vorhandenen Cholesterins wird in der Leber und in der Darmwand vom Körper selbst hergestellt, nur ein geringer Anteil stammt aus der Nahrung. Cholesterin wird z. B. gebraucht zur Herstellung von Gallensäuren zur Fettverdauung, zur Herstellung verschiedener Steroidhormone, als Baustein für Vitamin D sowie zum Aufbau von Zellmembranen. Als Empfehlung gilt dabei eine Menge von maximal 300 mg Cholesterin pro Tag.

Kohlenhydrate

Vorkommen in Lebensmitteln:
In Reinform als Zucker bzw. in zuckerreichen Lebensmitteln wie Honig, Marmelade, Obst, Säften, Gebäck, Bier, Likör. Als Milchzucker (Lactose) in Milch und Milchprodukten. In Form von Stärke in Brot, Getreide, Reis, Teigwaren, Kartoffeln.

Chemischer Aufbau:
Die Kohlenhydrate sind aus einzelnen Bausteinen, den Monosacchariden oder Einfachzuckern, zusammengesetzt.
Monosaccharide:
Glucose (Traubenzucker), Fructose (Fruchtzucker), Galactose (Schleimzucker)
Disaccharide (Zweifachzucker = Verknüpfung von zwei Monosacchariden)
Saccharose = Glucose + Fructose (Haushalts-, Rohr-, Rübenzucker)
Lactose = Glucose + Galactose (Milchzucker)
Maltose = Glucose + Glucose (Malzzucker)

Oligosaccharide (Mehrfachzucker = Verknüpfung mehrerer Monosaccharide):
Dextrine
Polysaccharide (Vielfachzucker):
Stärke, Cellulose, Hemicellulose, Pektine, Agar-Agar, Glycogen (= tierische
Stärke, Speicherform für Glucose im Organismus)

Vorkommen/Aufgaben im menschlichen Körper:
Die Kohlenhydrate dienen im Körper als schnell verfügbare Energiequelle.
1 g Kohlenhydrat liefert 4 kcal oder 17 kJ. Die Speichermöglichkeiten für Kohlenhydrate im Körper sind sehr begrenzt. Glucose (Traubenzucker) dient als ausschließlicher Nährstoff für Gehirn und rote Blutkörperchen (Erythrocyten).

Empfehlungen für die Kohlenhydratzufuhr:
50 bis 60 % der benötigten Energie sollten in Form von Kohlenhydraten aufgenommen werden. Das entspricht einer Menge von 250 bis 280 g pro Tag. Diese Empfehlung ergibt sich aus den Einschränkungen, die für Fett und Eiweiß gelten. Maximal 10 % der Energie sollten in Form von Zucker aufgenommen werden.

Ballaststoffe

Ballaststoffe sind unverdauliche pflanzliche Nahrungsbestandteile, die den Darm nur passieren und dann wieder ausgeschieden werden. Sie kommen vor in Getreide, Vollkornbrot, Gemüse, Obst, Kartoffeln, Salat. Durch Ballaststoffe wird eine bessere Sättigung erreicht. Dadurch helfen sie, Überernährung zu vermeiden. Sie verzögern die Resorption anderer Nährstoffe, besonders von Kohlenhydraten. Dadurch können schnelle Blutzuckeranstiege vermieden werden. Sie regen die Verdauungs- und Darmtätigkeit an, wirken also gegen Darmträgheit und Verstopfung unter der Voraussetzung, daß genügend Trinkflüssigkeit zum Quellen zur Verfügung steht. Durch den schnelleren Transport des Darminhaltes verringert sich die Kontaktzeit zur Darmwand. Dadurch wird das Risiko für die Entstehung von Dickdarmkrebs und Divertikulose (Ausstülpungen der Darmwand) verringert. Bestimmte Stoffe werden an die Ballaststoffe gebunden und deshalb nicht resorbiert, sondern ausgeschieden. Dieser Effekt ist positiv bei Cholesterin und Schwermetallen, aber negativ bei Mineralstoffen wie Eisen, Calcium oder Zink. Empfohlen wird eine tägliche Zufuhr von 30 g.

Vitamine

Vitamine sind essentielle Nahrungsbestandteile, die der menschliche Organismus nicht oder nur zum Teil aufbauen kann. Sie liefern keine Energie, sondern dienen als Reglerstoffe. Dabei werden sie entweder als Coenzym gebraucht, oder sie erfüllen spezifische Aufgaben, wie beispielsweise Vitamin A als Bestandteil des Sehpurpurs. Eine Einteilung der Vitamine wird auf Grund ihrer Löslichkeit vorgenommen: Man unterscheidet wasserlösliche und fettlösliche Vitamine.

Mineralstoffe und Spurenelemente

Mineralstoffe sind anorganische, nicht brennbare Nahrungsbestandteile, die etwa 5 % des Körpergewichts ausmachen. Dazu zählen Natrium, Kalium, Chlorid, Calcium, Phosphat und Magnesium. Sie werden als Baustoff im Skelett gebraucht, wirken als Reglerstoffe, indem sie gelöst als Ionen die Eigenschaften der Körperflüssigkeiten bestimmen und z. B. den Innendruck der Zellen und damit die Gewebespannung aufrechterhalten.

Zu den Spurenelementen zählen Eisen, Jod, Fluor, Kobalt, Kupfer, Mangan, Molybdän, Zink, Selen usw. Obwohl sie nur in sehr geringen Mengen im Körper vorkommen, nehmen sie doch wichtige Aufgaben wahr: Als Bestandteil von Enzymen regeln sie Stoffwechselvorgänge, außerdem sind sie in einigen wichtigen Verbindungen enthalten (Jod im Schilddrüsenhormon Thyroxin, Kobalt im Vitamin B_{12}, Eisen im Blutfarbstoff Hämoglobin). Auf Vorkommen und Wirkungsweise kann in diesem Rahmen leider nicht näher eingegangen werden.

Einführung in die Ernährung und Diätetik

Als Grundlage für die Anwendung wissenschaftlich hinreichend gesicherter Diätformen dient heute das Rationalisierungsschema für die Ernährung und Diätetik in Klinik und Praxis. Es wurde von der Deutschen Arbeitsgemeinschaft für klinische Ernährung und Diätetik g.e.V. (DAKED) veröffentlicht. Das Schema kann durch hausspezifische spezielle Erfordernisse ergänzt werden.

Übersicht über das Rationalisierungsschema der DAKED

Grundkostform im Rationalisierungsschema – mögliche Modifizierungen

Vollkost und vegetarische Kost; Kost ohne Fleisch-,
  Wurst- und Fischgerichte
Kost ohne Schweinefleisch und Alkohol
Weiche / passierte / flüssige Kost
Leichte Vollkost (Basisdiät)
Eingeschränkte Basisdiät (strenge Schonkost)
Energiedefinierte Diäten
Diät bei Diabetes mellitus
Diät bei Übergewicht und Adipositas
Diät bei Fettstoffwechselstörungen
Purinarme Diät bei Gicht
Protein- und elektrolytdefinierte Diäten
Eiweißreiche Diät
Eiweißarme Diäten
Natriumarme Diät
Kaliumarme Diät
Phosphatarme Diät

Sonderdiäten – spezielle gastroenterologische Kostformen

Ernährung bei seltenen Stoffwechselerkrankungen und Allergien
Diagnostische Kostformen
Industriell gefertigte Sondennahrung
Außenseiterdiäten und alternative Kostformen

Verpflegungs-
systeme
im Überblick

Gibt es ein maßgeschneidertes System für eine Großküche?
Gibt es Vor- und Nachteile?
Welche Kosten entstehen?

Die Großküche steht heute mehr den je in der Verantwortung für eine gesundheitsfördernde Ernährung und Ernährungsweise. Dies gilt für Gäste und Mitarbeiter gleichermaßen.

Wie kann ein Optimum in der Herstellung und der Verteilung der Speisen erreicht werden bei gleichzeitiger Berücksichtigung neuzeitlicher Hygieneanforderungen?

Eigenproduktion der Speisen

Hierbei werden die Lebensmittel als Rohprodukte vom Erzeuger oder über den Großhandel bezogen. So wird zum Beispiel Gemüse direkt vom Erzeuger/Großhandel geliefert. Der Küchenmitarbeiter wäscht, putzt und schneidet das jeweilige Produkt bis zum kochfertigen Zustand. Danach läuft der übliche Kochprozeß ab. Eine moderne vollwertige Ernährung verzichtet weitgehend auf Zusatzstoffe. Dieses wiederum hat einen erhöhten Einsatz an Maschinen (Schäl- und Waschmaschine) zur Folge. Ein erhöhter Personal- und Raumbedarf ist hierbei zu berücksichtigen. Gefliese Räume, Stärkeabscheider, Anlieferungszone, Zwischenlager, Verlesetische und Aufbewahrungsbehälter können weitere wichtige Kostenfaktoren sein.

Küchen, die einen großen Wert auf eine frische und vollwertige Ernährung legen und überwiegend Erzeugnisse aus der Region beziehen, können die entstehenden Mehrkosten häufig über eine hausinterne Preisgestaltung ausgleichen.

Vorgefertigte Produkte

Vorgefertigte Produkte finden heute in den meisten Einrichtungen der Gemeinschaftsverpflegung Verwendung. Hohe Personalkosten, verbunden mit Personalknappheit, sind hierfür die Ursache. Nur solche Menübestandteile werden noch selbst gefertigt, wenn sie besser oder preisgünstiger sind. Ernährungs-Philosophie und Qualitätsansprüche geben dabei den Ausschlag.

Vorgefertigte Produkte sollten noch einen hohen Innovations- und Kreativitätsspielraum lassen, selbstverständlich unter Berücksichtigung der Wirt-

24

schaftlichkeit. Fertigprodukte sind Erzeugnisse, die so weit vorbehandelt oder aufbereitet worden sind, daß nur noch ein Minimum an Bearbeitung erforderlich ist. Fertigprodukte helfen Arbeitsabläufe zu erleichtern. Portionsgröße und Portionskosten liegen fest. Eine sichere Kalkulation ist so möglich. Betriebskosten werden in Grenzen gehalten.

Bezug von Speisen aus einer Fernküche

Dieses Verpflegungssystem wird nur in Einzelfällen angewendet. Überwiegend trifft man diese Versorgungsart in Tageskindergärten bis zu einer bestimmten Betriebsgröße an. Fertig zubereitete Essensportionen werden zu einem vereinbarten Zeitpunkt angeliefert und anschließend verteilt. Die Bestellung erfolgt nach einem Angebotsplan. Nach einer vorherigen Festlegung ist eine nachträgliche Änderung aus organisatorischen Gründen nur eingeschränkt möglich. Die Anlieferung erfolgt in Mehrportionenschalen, die in Warmhaltetransportbehältern untergebracht sind.

Tiefkühlmenüs in Portionsschalen

Eine einfache und gute Möglichkeit, Betriebe mit Essensportionen zu versorgen, sind Tiefkühlmenüs in Portionsschalen. In einem Heißluftofen werden die jeweiligen Gerichte innerhalb 20 bis 30 Minuten erwärmt. Es kann eine Vielzahl von unterschiedlichen Menüs auf Vorrat tiefgekühlt gelagert werden. Der Essensgast entscheidet, welches Menü er am Mittag einnehmen möchte. Der Vorteil liegt hierbei in geringen Investitionskosten und abgegrenzten Personalkosten.

Cook-Chill
Die wichtigsten Prinzipien

Produktions- und Zubereitungszone
Den Hauptbereich stellt die eigentliche Garküche dar, der weitere Bereiche zugeordnet werden:
– Zubereitung von Kaltspeisen (kalte Küche)
– Zubereitung von Süßspeisen und Desserts

Heißportionierung

Die Einfülltemperatur der Speisen liegt bei 85 °C. Nach der Portionierung werden die Speisen durch spezielle Kühlgeräte abgekühlt. Wird eine 20 cm tiefe Gastronormschale verwendet, bei der eine Schichtdicke von 10 cm zu überwinden ist, wird eine Zeit von 100 x benötigt. Daher gilt die Grundforderung, nur in ganz flache Schalen zu portionieren.

Schnellkühlung

Die Schnell- oder Schockkühlung muß innerhalb einer Stunde von 75 °C auf 10 °C gebracht werden. Längstens werden 2 Stunden toleriert.

Probeentnahme

Die Anfertigung und Aufbewahrung von Referenzproben muß konsequent durchgeführt werden.

Portionierung

Ein sehr kritischer Bereich. Diese Aufgabe muß bei sehr niedrigen Raumtemperaturen vorgenommen werden. Die Speisentemperatur sollte 10 °C nicht überschreiten.

Kühllagerung

Ohne eine sehr exakte Analyse kann der Raumbedarf für diese wichtige Zone nicht ermittelt werden. Wie erfolgt der Input? Wie erfolgt der Output? Wie wird Lagerzeit und Lagerdauer kontrolliert? Welche Alarmeinrichtungen treten bei Ausfall des Kühlsystems in Aktion?

Kaltauslieferung

Können die geforderten Auslieferungsbedingungen eingehalten werden, und welches Equipment steht dafür zur Verfügung? Hier sind es vor allem die isolierten Transportbehälter, die gegebenenfalls auch mit Kühleinrichtung ausgestattet werden. Fragen der Transportzeit, der Umgebungstemperatur, des Transportguts usw. sind zu beachten.

Regenerierung

Der Einsatz von Kühlkost erfordert eine Regenerierung, d. h. eine Wiedererhitzung der zum heißen Verzehr vorgesehenen Speisenkomponenten. Kalte Komponenten wie Salate, Desserts usw. müssen nicht regeneriert werden. Die

Regenerierung sollte möglichst nahe am Verzehrort erfolgen. Die Verteilung der Speisen sollte innerhalb von 15 Minuten nach Beendigung der Regenerierzeit durchgeführt werden. Die Regenerierungstemperatur ist entsprechend der anzuwendenden Bestimmungen (z. B. 70 oder 75 °C) innerhalb von 30 Minuten zu erreichen und eine gewisse Zeit (z. B. 5 Minuten) zu halten. Sie muß in der ganzen Speise (Kerntemperatur) erreicht werden.

Fazit

In unserer schnellebigen und dynamischen Zeit wird sich unsere Arbeit im Rahmen der Verpflegungstechnik immer häufiger auf Veränderungen einstellen müssen. Täglich werden neue Ideen geboren, und immer wieder werden Neuentwicklungen die einzelnen Verfahrensschritte beeinflussen. Der Wunsch, die Verfahren und Ablaufprozesse technologisch noch besser zu bewältigen, wird sich verstärken. Neue Hygienerichtlinien und ein immer schnelleres Vordringen neuer Systemlösungen im Datenverarbeitungsbereich ergeben weitere Herausforderungen. Einzelpersonen mit hohem Fachwissen können zur Lösung immer nur einen Teil beitragen. Aktuelle und neuentstehende Fragen können heute nur in Teamarbeit einer zeitgemäßen Umsetzung zugeführt werden.

Speiseplan der Filderklinik

Tag	Mit Fleisch	O
Mi	Suppe Kalbsbraten Breite Nudeln Gemüse Salat/Dessert	Suppe Gemüsera Breite Nu Salat Dessert
Do	Suppe Fleischklopse Reis Salat Dessert	Suppe Süsser A mit Vanil Salat Dessert
Fr	Suppe Maultaschen „geschmelzt" Kartoffelsalat Salat Dessert	Suppe Gemüset Kartoffe Salat Dessert
So	Hähnchenschlegel	Reisnfan

Menüplanung

Die Menü- bzw. Speisenplanung in Großküchen hat verschiedene Anforderungen zu erfüllen: die Essensteilnehmer, ob Patienten, Personal, Gäste usw., zufriedenzustellen und dazu beizutragen, die Gesundheit zu erhalten oder wiederherzustellen. (Siehe auch die ernährungswissenschaftlichen Empfehlungen der Deutschen Gesellschaft für Ernährung.) In der Gemeinschaftsverpflegung ist dies oft schwierig, denn wie der Volksmund sagt: **„Die Geschmäcker sind verschieden."** Des weiteren kommt hinzu, daß die verantwortlichen Menüplaner meistens mit niedrigen finanziellen Mitteln für den Wareneinsatz ausgestattet sind.

Hilfreich für die Menüplanung ist ein EDV-Einsatz. In einer guten Software können nen Rezepturen und Nährwertberechnungen hinterlegt werden, mit der man dann eine sinnvolle und ernährungsphysiologische Menüplanung erstellen kann. Ziel einer richtigen Menüplanung muß es sein, die Energie- und Nährstoffzufuhr so zu gestalten, daß sie den Energie- und Nährstoffbedarf des Menschen deckt. Je größer die Lebensmittelauswahl ist, desto leichter läßt sich eine ausreichende Versorgung mit lebensnotwendigen Nährstoffen gewährleisten.

Einflußmöglichkeiten
bei der Menü-Speisen-Planung

– Jahreszeit
– Ernährungswissenschaftliche Forderungen
– Konsument (Patient, Personal, Gast)
– Küchenausstattung (Technik, Geräte)
– Personal (Qualifikation, Motivation)
– Lebensmittel (Budget)
– Lage/Standort (Stadt, Region, Land)
– Unternehmensphilosophie

Beispiel für einen Tagesplan
(Auszug aus dem Heft Gemeinschaftsverpflegung der AID)

1960 kcal
98 g Eiweiß
57 g Fett
250 g Kohlenhydrate

Frühstück:
Kaffee oder Tee mit Milch
1 Portion Müsli mit Obst
1 Scheibe Grahambrot
5 g Butter oder Margarine
10 g Konfitüre

Zwischenmahlzeit:
1 Scheibe Knäckebrot
1 Joghurt

Mittagessen:
Brokkolisuppe
Fischragout mit Gemüse
200 g Kartoffeln
1 Banane

Zwischenmahlzeit:
Tee oder Kaffee mit Milch
2 Vollkornkekse

Abendessen:
Rohkostplatte
2 Scheiben Vollkornbrot
10 g Butter oder Margarine
30 g gekochter Schinken
30 g Camembert

Menüvorschläge Frühstück

Brötchen
Butter/Diätmargarine
Marmelade
Emmentaler
Lyoner
Tomatenstück
Kaffee/Tee
Kaffeesahne
Zucker/Süßstoff

Brötchen
Scheibe Vollkornbrot
Butter/Diätmargarine
Marmelade
Mortadella
Frischkornmüsli
(Rezept Seite 55)
Kaffee/Tee
Kaffeesahne
Zucker/Süßstoff

Joggingbrötchen
Butter/Diätmargarine
Marmelade
Camembert
Jagdwurst
Rettich
Kaffee/Tee
Kaffeesahne
Zucker/Süßstoff

Brötchen
Leinsamenbrot
Butter/Diätmargarine
Marmelade
Gekochter Schinken
Paprikastücke
Kaffee/Tee
Kaffeesahne
Zucker/Süßstoff

Sesambrötchen
Butter/Diätmargarine
Marmelade
Filetgouda
Schinkenwurst
Kräuterquark
mit Pinienkernen
(Rezept Seite 55)
Kaffee/Tee
Kaffeesahne
Zucker/Süßstoff

Vollkornbrötchen
Scheibe Bauernbrot
Butter/Diätmargarine
Marmelade
Paprikalyoner
Salatgurkenstücke
Kaffee/Tee
Kaffeesahne
Zucker/Süßstoff

Hefezopf
Vollkorntoast
Butter/Diätmargarine
Honig
Edamer
Fruchtjoghurt
Kaffee/Tee
Kaffeesahne
Zucker/Süßstoff

Brötchen
Butter/Diätmargarine
Marmelade
Gelbwurst
Lindenberger Käse
Apfel
Kaffee/Tee
Kaffeesahne
Zucker/Süßstoff

Brötchen
Scheibe Vollkornbrot
Butter/Diätmargarine
Marmelade
Frischkäse
Früchtequark
(Rezept Seite 56)
Kaffee/Tee
Kaffeesahne
Zucker/Süßstoff

Mohnbrötchen
Laugenbrötchen
Butter/Diätmargarine
Marmelade
Bonbel
Wacholderschinken
Kaffee/Tee
Kaffeesahne
Zucker/Süßstoff

Brötchen
Vierkornbrot
Butter/Diätmargarine
Marmelade
Biarom
Orange
Kaffee/Tee
Kaffeesahne
Zucker/Süßstoff

Laugenbrezel
Leinsamenbrot
Butter/Diätmargarine
Marmelade
Hüttenkäse
Apfelmüsli
mit Kürbiskernen
(Rezept Seite 56)
Kaffee/Tee
Kaffeesahne
Zucker/Süßstoff

Roggenbrötchen
Butter/Diätmargarine
Marmelade
Schmelzkäse
Rindersalami
Birne
Kaffeesahne
Kaffee/Tee
Zucker/Süßstoff

Butterzopf
Scheibe Vollkornbrot
Butter/Diätmargarine
Marmelade
1 Ei (hart gekocht)
Lachsschinken
Kaffeesahne
Kaffee/Tee
Zucker/Süßstoff

Durchschnittswerte:

EW: 12,0 g
Fett: 23,0 g
KH: 55,0 g
kcal: 489
kJ: 2047

Menüvorschläge Zwischenmahlzeit

Buttermilchcreme
mit Früchten
(Rezept Seite 61)

Vielkornmüsli
(Rezept Seite 62)

Obstsalat mit Buch-
weizenflocken
(Rezept Seite 61)

Kräuterquark mit
Paprikawürfeln
(Rezept Seite 63)

Quinoa-Müsli mit
Orangenspalten
(Rezept Seite 63)

Buttermilch-Erdbeer-
Flip
(Rezept Seite 64)

Milchmix
(Rezept Seite 62)

Avocado mit Apfel-
Karotten-Salat
(Rezept Seite 64)

Fruchtdickmilch

Obst, z. B.
Äpfel, Bananen,
Orangen, Kiwi

Durchschnittswerte:

EW: 6,0 g
Fett: 5,0 g
KH: 28,0 g
kcal: 184
kJ: 770

Menüvorschläge Mittagessen

Gemüsesuppe mit
Dinkel
(Rezept Seite 84)

Königsberger Klopse
mit Kapernsauce
(Rezept Seite 105)
Reis
Salat

Ananascreme
(Rezept Seite 199)

Fadennudelsuppe
(Rezept Seite 87)

Lammkeule in
Rosmarinsauce
(Rezept Seite 106)
Bohnengemüse mit
Speckstreifen
(Rezept Seite 189)
Herzoginkartoffeln

Obst (Pfirsich)

Gaisburger Marsch
(Rezept Seite 107)

Reisflammeri auf
Obstsalat

Tomatencremesuppe
mit Backerbsen

Ratsherrn-
geschnetzeltes
(Rezept Seite 108)
Knöpfle
(Rezept Seite 179)
Zucchinisalat
(Rezept Seite 216)

Orangencreme mit
Joghurt
(Rezept Seite 203)

Selleriecremesuppe
(Rezept Seite 84)

Tortellini Carbonara
(Rezept Seite 109)
Salatteller

Obstsalat mit Sahne
(Rezept Seite 199)

Lauchcremesuppe

Gefüllter Puten-
rollbraten
(Rezept Seite 110)
Leipziger Allerlei
Kartoffeln

Liebesknochen, gefüllt

Klare Brühe mit
Kräuterklößchen
(Rezept Seite 85)

Gefüllte Kalbsbrust
(Rezept Seite 111)
Teigwaren
Salat

Fruchtjoghurt

Bündner
Gerstensuppe
(Rezept Seite 101)

Badisches Schäufele
(Rezept Seite 112)
Sauerkraut mit
Ananasstücken
(Rezept Seite 189)
Kartoffelbrei mit
Lauchstreifen
(Rezept Seite 180)

Haselnußcreme
(Rezept Seite 200)

Nudelsuppe

Cordon bleu
Pommes frites
Karottensalat mit
Äpfeln und
geröstetem Sesam
(Rezept Seite 73)

Eistörtchen

Spargelcremesuppe
(Rezept Seite 86)

Ćevapčići mit
Djuwetschreis
Salat

Müsli

Kartoffelsuppe mit
Sprossen
(Rezept Seite 85)

Jägerbraten
Böhmische Knödel
(Rezept Seite 181)
Eichblattsalat

Wiener Flammeri
mit Erdbeermark
(Rezept Seite 201)

Florentiner
Rahmsuppe
(Rezept Seite 88)

Seelachsfilet, paniert
(Rezept Seite 112)
Remouladensauce
Kartoffelsalat
(Rezept Seite 75)

Apfelschaum

Sauerampfersuppe
(Rezept Seite 88)

Truthahnroulade,
gefüllt
Blumenkohl
Petersilienkartoffeln

Buttermilchcreme
mit Zwetschgen
(Rezept Seite 202)

Fleischbrühe mit
Maultäschle

Kalbsrollbraten
(Rezept Seite 115)
Teigwaren
Salat

Dany-Sahne

Riebelesuppe
(Rezept Seite 95)

Rinderroulade
Hausfrauenart
Rotkrautgemüse
Kartoffelbrei

Falsches Spiegelei
(Rezept Seite 201)

Buchweizensuppe
(Rezept Seite 89)

Nasi Goreng
(asiatisches Reis-
gericht)
(Rezept Seite 116)
Salat

Heidelbeerquark-
speise
(Rezept Seite 202)

Sagosuppe
mit Gemüsestreifen
(Rezept Seite 90)

Linsen/Spätzle/
Saiten
(Rezept Seite 117)

Obstsalat mit Sahne
(Rezept Seite 199)

Gemüseeintopf
mit Rindfleischeinlage
(Rezept Seite 118)
Brötchen

Windbeutel, gefüllt

Zucchinicremesuppe
(Rezept Seite 97)

Cannelloni
Tomatensauce
Bohnensalat mit Mais

Mousse au chocolat

Sternchensuppe

Fleischspieß Hawaii
(Rezept Seite 119)
Bunter Reis
(Rezept Seite 179)
Salat

Obstschnitte

Fleischbrühe mit
Eierstich

Roastbeef
Teigwaren
Salat

Fruchtdickmilch

Grünkernsuppe
(Rezept Seite 91)

Gefüllte Krautroulade
Kartoffelstücke
Feldsalat mit
Kracherle
(Rezept Seite 74)

Karamelcreme
(Rezept Seite 205)

Karottenrahmsuppe
(Rezept Seite 92)

Schweineschnitzel,
paniert
(Rezept Seite 117)
Pommes frites
Kopfsalat in Joghurt-
dressing
(Rezept Seite 69)

Obst (Apfel)

Eierflockensuppe

Ungarisches Gulasch
(Rezept Seite 120)
Semmelknödel
(Rezept Seite 181)
Salat

Milchmix
(Rezept Seite 62)

Suppe Carmen
(Rezept Seite 92)

Fischroulade
Basilikumkartoffeln
Feldsalat mit Weizen-
keimlingen

Birnenkompott

Wildkräutersuppe
(Rezept Seite 93)

Schweinerücken
Rowentener Art
(Rezept Seite 121)
Rosenkohl
Minzekartoffeln
(Rezept Seite 182)

Banane Suchard

Grießklößchensuppe
(Rezept Seite 227)

Sauerbraten
Spätzle
Salat

Erdbeerjoghurt

Klare Suppe mit
Schnittnudeln

Schlachtplatte
Sauerkraut
Kartoffelbrei oder
Röstkartoffeln

Obst (Orange)

Currycremesuppe
(Rezept Seite 93)

Jägerroulade
Kaiserschoten
Petersilienkartoffeln

Rote Grütze mit
Vanillesauce

Minestrone
(Rezept Seite 95)

Spaghetti bolognese
Gurkensalat mit
Dillstreifen

Walnußcreme

Steinpilzcremesuppe

Maultaschen in Ei
Kartoffelsalat
(Rezept Seite 75)
Salat

Gemischtes Kompott

Deutsche Reissuppe

Truthahnbrust, gefüllt
Leipziger Allerlei
Schupfnudeln
(Rezept Seite 183)

Früchtecreme

Dillcremesuppe
(Rezept Seite 94)

Fleischkäse
Lauchgemüse
(Rezept Seite 190)
Kartoffelbrei

Mandelcreme

Irish Stew
(Rezept Seite 125)
Brötchen

Vanilleeis mit
Fruchtsauce

Hirsesuppe mit
Gemüsestreifen
(Rezept Seite 96)

Badischer Gärtner-
braten
Erbsengemüse
Kartoffeln

Sommerberger Wald-
beerengrütze
mit Vanillesauce
(Rezept Seite 204)

Suppe Risi-bisi

Rinderbraten
(Rezept Seite 126)
Teigwaren
Spinatsalat mit
Pinienkernen

Obst (Aprikose)

Frühlingssuppe
(Rezept Seite 96)

Thüringer Rost-
bratwurst
Bayerisch Kraut
(Rezept Seite 191)
Kartoffeln

Vanillecreme mit
Aprikosen

Blumenkohlsuppe
(Rezept Seite 97)

Lasagne
(Rezept Seite 127)
Salat

Sahnehirse mit
frischen Früchten
(Rezept Seite 206)

Klare Hühnersuppe
mit Gemüsestreifen

Wildgulasch
(Rezept Seite 128)
Kartoffelklöße
(Rezept Seite 183)
Salat

Dessert Granny Smith

Schwäbische Brot-
suppe
(Rezept Seite 98)

Schweinebraten
Wirsinggemüse
(Rezept Seite 191)
Kartoffeln

Bananencreme

Fleischbrühe mit
Markklößchen
(Rezept Seite 98)

Luganer Schweine-
steak
(Rezept Seite 113)
Kroketten
Salat

Müslijoghurt

Gulaschsuppe

Ostindische Hühner-
pfanne
(Rezept Seite 129)
Mixsalat (Vitalsalat) in
Sauerrahmdressing
(Rezept Seite 77)

Birne mit
Schokoladensauce

Lauchsuppe mit
roten Linsen
(Rezept Seite 99)

Empanadas mit
Tomatensauce
Kopfsalat

Ambrosiaspeise

Gemüsesuppe
Gärtnerart

Scholle, paniert
Remouladensauce
Kartoffelsalat
(Rezept Seite 75)

Pfirsichkompott mit
Sahne

Champignoncreme-
suppe
(Rezept Seite 99)

Lammkotelett
grüne Bohnen
Rosmarinkartoffeln
(Rezept Seite 184)

Birne Floretta
(Rezept Seite 206)

Tomatensuppe mit
Zucchini

Gefüllte Auberginen
mit Streifen vom
Lengfischfilet
(Rezept Seite 130)
Quinoa-Risotto mit
Zitronenmelisse
(Rezept Seite 184)

Preiselbeercreme

Gemüsebrühe mit
Dinkel

Putenschnitzel mit
Kressesahnesauce
grüne Nudeln
Lollo Rosso

Apfelküchle mit
Vanillesauce

Kerbelsuppe mit
Karottenstreifen

Hirschkalbsbraten
Baden-Baden
Spätzle und Salat

Joghurtmousse mit
Erdbeeren

Kressesuppe mit
Safransahne
(Rezept Seite 101)

Fischklößchen in
Safransauce
(Rezept Seite 131)
Kartoffeln mit
Lauchstreifen
Spinatsalat mit ge-
bratenen Tofurauten
(Rezept Seite 72)

Sprossenmüsli mit
Walnußkernen

Grüne Suppe mit
Rettichsprossen
(Rezept Seite 86)

Putencurry Butterfly
(Rezept Seite 133)
Zitronenreis
Salatherz Mimosa
(Rezept Seite 74)

Brombeerquark
(Rezept Seite 204)

Rinderbrühe mit
Korianderflädle
(Rezept Seite 90)

Putenschnitzel im
Kokosflockenbett
(Rezept Seite 132)
Erdnußreis
Karottensalat mit
Apfelstreifen

Kirschen Imperial

Maiscremesuppe
(Rezept Seite 89)

Schweinebraten in
Majoransauce
(Rezept Seite 134)
Blumenkohl polnisch
Kartoffelgratin
(Rezept Seite 185)

Erdbeermilchmix
(Rezept Seite 205)

Hühnercremesuppe
(Rezept Seite 87)

Kalbsgulasch
Safrannudeln
(Rezept Seite 187)
Salat

Rhabarberspeise
(Rezept Seite 209)

Rinderbrühe royale
(Rezept Seite 91)

Lengfischfilet in
Safransauce
(Rezept Seite 135)
Zitronen-
Ofenkartoffeln
(Rezept Seite 186)
Salat

Obstsalat mit Sahne
(Rezept Seite 199)

Flädlesuppe
(Rezept Seite 100)

Kalbsnierenbraten
(Rezept Seite 114)
Kohlrabigemüse
Tessiner Kartoffeln
(Rezept Seite 186)

Schoko-Grieß-
Pudding
(Rezept Seite 207)

Grünkernsuppe
(Rezept Seite 91)

Kirschenmichel
mit Vanillesauce
(Rezept Seite 209)

Kompott

Sternchensuppe

Quarkauflauf
mit Fruchtsauce

Obstsalat mit Sahne
(Rezept Seite 199)

Klare Hühnersuppe
mit Gemüsestreifen

Luganer Schweine-
steak
(Rezept Seite 113)
Rösti
(Rezept Seite 187)
Radicchio mit Weizen-
keimlingen
(Rezept Seite 79)

Milchreis mit Früchten
(Rezept Seite 207)

Steinpilzcremesuppe

Truthahnbrust, gefüllt
Grünkohl mit Nüssen
(Rezept Seite 194)
Petersilienkartoffeln

Obst

Klare Suppe mit Dinkel

Lammkotelett
grüne Bohnen
Ofenkartoffeln mit
Majoransahne
(Rezept Seite 188)

Birne Floretta
(Rezept Seite 206)

Fleischbrühe mit
Maultäschle

Kalbsrollbraten
(Rezept Seite 115)
Basilikumspätzle
(Rezept Seite 188)
Salat

Kaiserschmarren mit
Äpfeln
(Rezept Seite 203)

Deutsche Reissuppe

Champignons in
Kressesauce
Tomatensalat mit
Schafskäse
(Rezept Seite 77)
Pariser Brot

Sommerberger
Waldbeerengrütze mit
Vanillesauce
(Rezept Seite 204)

Hirsesuppe

Badischer Gärtner-
braten
Erbsengemüse in
Currysahne
(Rezept Seite 190)
Kartoffeln

Mandelcreme

Fleischbrühe Risi-bisi

Roastbeef
Teigwaren
Kohlrabi-Möhren-
Apfel-Rohkostsalat
(Rezept Seite 75)

Obstschnitte

Riebelesuppe
(Rezept Seite 95)

Rinderbraten
(Rezept Seite 126)
Knöpfle
Linsensalat
(Rezept Seite 78)

Ananascreme
(Rezept Seite 199)

Champignoncreme-
suppe
(Rezept Seite 99)

Putenschnitzel in
Kressesahnesauce
grüne Nudeln
Rohkostsalatteller

Sahnehirse mit
frischen Früchten
(Rezept Seite 206)

Klare Gemüsesuppe

Käse-Kartoffel-
Kuchen
(Rezept Seite 136)
Basilikumsauce
Salat

Ananascreme
(Rezept Seite 199)

Nudelsuppe

Risotto mit
Topinambur
(Rezept Seite 137)
Tomatensauce
Löwenzahnsalat

Obst

Kartoffelsuppe

Vollkornnudeln
mit Gemüse
und Ingwersauce
(Rezept Seite 138)
Zucchinisalat
(Rezept Seite 216)

Orangencreme mit
Joghurt
(Rezept Seite 203)

Gerstengraupensuppe
Kartoffelgratin mit
Rotkraut
(Rezept Seite 139)
Spinat-Joghurt-Sauce
Salat

Haselnußcreme
(Rezept Seite 200)

Tomatensuppe mit
Backerbsen
Kürbisgratin
(Rezept Seite 139)
Salat der Saison

Eistörtchen

Spargelcremesuppe
(Rezept Seite 86)

Gurken mit Dinkelreis
(Rezept Seite 140)
Tomatensauce
Sellerie-Apfel-Rohkost

Schokoladenmus

Sauerampfersuppe

Buchweizen-Dinkel-
Apfel-Überraschung
(Rezept Seite 141)
Sauerrahmsauce
Salat

Obst

Grünkernsuppe
(Rezept Seite 91)

Linsenbratlinge,
überbacken
(Rezept Seite 142)
Kartoffelpüree
Gurkensalat

Heidelbeer-
quarkspeise
(Rezept Seite 202)

Sagosuppe mit
Gemüsestreifen
(Rezept Seite 90)

Austernpilze mit
Petersilienwurzeln
(Rezept Seite 144)
Semmelknödel
(Rezept Seite 181)
Friséesalat

Obstschnitte

Karottenrahmsuppe
(Rezept Seite 92)

Windbeutel mit
pikanter Füllung
(Rezept Seite 143)
Risotto
Radicchiosalat

Buttermilchcreme mit
Zwetschgen
(Rezept Seite 202)

Zucchinicremesuppe
(Rezept Seite 97)

Blumenkohl Asia
(Rezept Seite 146)
Karottenrohkost mit
Birnen

Erdbeerjoghurt

Hirselasagne
(Rezept Seite 145)
Salate der Saison

Banane Suchard

Currycremesuppe
(Rezept Seite 93)

Blätterteigkraut-
brötchen
(Rezept Seite 147)
Kümmelkartoffeln,
gebacken
Feldsalat

Rote Grütze

Wildkräutersuppe
(Rezept Seite 93)

Zucchinigratin auf
Gerstensockel
(Rezept Seite 148)
Champignonsauce
Lollo-Rosso-Salat

Vanilleeis mit
Fruchtsauce

Kerbelsuppe

Reispfanne mit
Hülsenfrüchten
(Rezept Seite 149)
Brokkoligemüse

Bananencreme

Lauchsuppe mit
roten Linsen
(Rezept Seite 99)

Kartoffeln Romanow
(Rezept Seite 149)
Zitronen-Joghurt-
Sauce
Salat

Obst

Klare Gemüsesuppe

Kartoffeln
italienische Art
(Rezept Seite 150)
Blumenkohlrohkost

Ambrosiaspeise

Schwäbische
Brotsuppe
(Rezept Seite 98)

Spinattimbale
(Rezept Seite 150)
Käsesauce
Hirse mit Walnüssen

Preiselbeercreme

Lasagne mit Kohlrabi
und Spinat
(Rezept Seite 151)
Tomatensalat mit
frischem Basilikum

Müslijoghurt

Rosenkohl-Quiche mit
gehackten Walnüssen
(Rezept Seite 152)
Salate der Saison

Pfirsichkompott mit
Sahne

Kressesuppe mit
Sahnehäubchen

Blumenkohlkartoffeln,
gebacken
(Rezept Seite 152)
Rosmarinsauce
Zuckerhutsalat

Vanilleeis mit
Früchten

Radicchio mit
Orangen und Schafs-
käse, gebacken
(Rezept Seite 154)
Gurkensauer-
rahmsauce
Polenta

Mandelcreme

Deutsche Reissuppe

Karotten-Brokkoli-
Schwarzwurzel-Gratin
(Rezept Seite 154)
Vollkornspirelli
Feldsalat

Obst

Spargelcremesuppe
(Rezept Seite 86)

Quark-Hirseflocken-
Plätzchen mit Apfel-
Pflaumen-Rotkohl
(Rezept Seite 153)

Eistörtchen

Buchweizensuppe
(Rezept Seite 89)

Champignonstrudel
mit Rotweinzwiebeln
Kartoffelmandel-
bällchen
Salat

Mandarinenmus

Rote-Bete-Flan mit
Meerrettichsauce
(Rezept Seite 155)
Dinkelbulgur
Lollo-Rosso-Salat

Bananensalat

Kürbiscremesuppe

Spinatauflauf mit
Sesamkruste
(Rezept Seite 157)
Paprikarahmsauce
Schwarzwurzelgemüse

Früchtejoghurt

Gemüsebrühe mit
Dinkelflädle

Hirseschnitten mit
Pilzragout
(Rezept Seite 158)
Fenchelrohkost

Pflaumengrütze

Lauchcremesuppe

Gefüllte Auberginen
mit Tomatenreis
(Rezept Seite 159)
Eisbergsalat

Nußschnitte

Kräutercremesuppe

Spiralnudeln mit
Weißkraut
(Rezept Seite 160)
Paprikasalat
rot-grün-gelb

Bayerischcreme

Pastinakencremesuppe

Nudeltaschen mit
Karotten-Lauch-Füllung
(Rezept Seite 161)
Zucchini-Zitronen-
Sauce
Salate der Saison

Kiwischeiben mit
Sahnetupfer

Gemüsebrühe mit
Grießkräuterklößchen

Sauerkraut-Kartoffel-
Röllchen
(Rezept Seite 162)
Kümmelsauce
Karotten-Nuß-Salat

Bananenschiffchen
mit Schokoladen-
streuseln

Tomatencremesuppe

Pfannkuchen mit
Bergkäse
(Rezept Seite 162)
Gurkensalat mit
frischem Dill

Heidelbeergrütze

Klare Gemüsebrühe
mit Brokkoliröschen

Gemüse-Pie
(Rezept Seite 163)
Salate der Saison

Erdbeerkompott

Haferflockensuppe mit
Gemüsestreifen

Pikanter Krautkuchen
(Rezept Seite 164)

Birne Helene

Zwiebelsuppe

Rote-Bete-Bratlinge
(Rezept Seite 166)
Meerrettich-Zitronen-
Sauce
Kartoffelpüree
Salat

Birnenmus

Gebrannte
Grießsuppe

Sellerie-Nuß-Bratlinge
(Rezept Seite 166)
Tomatensauce
Buchweizen
Spinatrohkost

Eisdessert

Selleriecremesuppe
(Rezept Seite 84)

Maisringe mit
Gemüsefüllung
(Rezept Seite 165)
Bataviasalat

Apfelmus

Klare Brühe mit
Gemüsestreifen

Karotten im
Zwiebackmantel
(Rezept Seite 160)
Thymiansauce
Vollkornreis

Eiscreme, mit
Früchten garniert

Gemüsesuppe
Florentiner Art
(Rezept Seite 88)

Selleriescheiben in
Käse-Nuß-Hülle
(Rezept Seite 167)
Rahmsauce mit
Tomatenstückchen
Haferrisotto
Salat

Dickmilch mit
Früchten

Pilzcremesuppe

Ingwergemüse
auf Rollgerste
(Rezept Seite 167)
Zuckerhutsalat

Rote Grütze

Karottencremesuppe
(Rezept Seite 92)

Hirsebratlinge mit
Frischkäse
(Rezept Seite 168)
Currysauce
Kartoffelkrusteln
Spinatrohkost

Obstsalat

Sauerampfersuppe
(Rezept Seite 88)

Gerstenbratlinge mit
Haselnüssen
(Rezept Seite 169)
Kräutersauce
Brokkoligemüse

Sauerkirschspeise

Tomatensuppe mit
Backerbsen

Erbsensoufflé
(Rezept Seite 168)
Minzesauce
Reis mit Tomaten-
stückchen
Bataviasalat

Bananenquark

Wildkräutersuppe
(Rezept Seite 93)

Gratinierte Gemüse-
nester
(Rezept Seite 170)
Süß-saure Sauce
Zuckerhutsalat

Mandelpudding

Reissuppe mit
Zitronenmelisse

Pikante Zucchini-
röllchen
(Rezept Seite 170)
Currysauce
Petersilienkartoffeln

Heidelbeerjoghurt

Pilzcremesuppe

Lauchgratin mit
Brokkoli
(Rezept Seite 172)
Sauerrahmsauce
Tomatensalat mit
frischem Basilikum

Eisdessert

Hirsesuppe mit
Gemüsestreifen
(Rezept Seite 96)

Zucchini-Karotten-
Pastete
(Rezept Seite 173)
Zitronensauce
Kartoffelpüree
Salat

Gemischtes Kompott

Spinatcremesuppe

Pikante Gemüse-
pfanne
(Rezept Seite 174)
Salbeisauce
Fenchelrohkost

Schokoladenpudding

Käse-Gemüse-
Kuchen
(Rezept Seite 175)
Salate der Saison

Melonenschnitze

Menüvorschläge zu Spezialitätenwochen

Schwäbische Spezialitätenwoche

Flädlesuppe

Schwäbischer
Filderrostbraten
(Rezept Seite 228)
Spätzle
oder
Schupfnudeln
oder
Maultäschle
Fildersauerkraut

Vanilleeis mit heißen
Himbeeren

Schwäbische
Kartoffelsuppe
(Rezept Seite 227)

Saure Kutteln
(Rezept Seite 229)
Salat
Röstkartoffeln

Ofenschlupfer mit
Vanillesauce
(Rezept Seite 231)
oder
Obstsalat mit Sahne

Grießklößchensuppe
(Rezept Seite 227)

Linsen/Spätzle/Saiten
(Rezept Seite 117)
geraucher Bauch

Erdbeerquark

Schwäbische Hochzeitssuppe

Filetspitzen
aus der Pfanne
(Rezept Seite 230)
Pommes frites
Kroketten
Spätzle

Apfelküchle mit
Vanillesauce
(Rezept Seite 230)

Tomatensuppe mit
Backerbsen

Bodenseefelchen
Salzkartoffeln
Kopfsalat

Marmorpudding

Französische Spezialitätenwoche

Soupe de courge
(Kürbissuppe mit
Lauch)

Coq au vin
(Huhn in Burgunder)
Würfelkartoffeln
Schafskäsesalat

Mousse au chocolat

Consommé aux profi-
teroles (Kraftsuppe
mit Windbeutelchen)

Lammkoteletts
südfranzösische Art
(Rezept Seite 235)
Speckbohnen
Bäckerinkartoffeln

Salade de fruits

Potage Parmentier
(Kartoffelsuppe
französische Art)

Quiche lorraine
(Rezept Seite 233)
Salat mit
Champignons
in Senfsauce

Far breton
(Rosinenkuchen)
(Rezept Seite 237)

Soupe à l'oignon
(Zwiebelsuppe)

Pariser Pfeffersteak
(Rezept Seite 233)
Pommes alumettes
(Streichholzkartoffeln)
Nizzasalat

Crêpes Suzette
(Eierpfannkuchen
mit Grand Marnier)
(Rezept Seite 236)

Potage Crecy
(Karottensuppe)

Bouillabaisse
marseillaise
(Rezept Seite 232)
Knoblauch-
mayonnaise
Pariser Brot

Crème au caramel
(Karamelcreme)

Spanische Spezialitätenwoche

Katalanische
Tomatensuppe
(Rezept Seite 238)

Lammkoteletts
mit Romescosauce
(rote Fischsauce)
(Rezept Seite 242)
grüne Bohnen
Rosmarinkartoffeln

Melocotones con vino
(Pfirsiche in Wein)
(Rezept Seite 248)

Sopa de picadillo
(Rezept Seite 240)

Paella valenciana
(Rezept Seite 241)
Berenjenas
con salsa de tomate
(Auberginen mit
Tomatensauce)
(Rezept Seite 244)

Natillas (Cremespeise)
(Rezept Seite 248)

Caldo gallego
(Galicische
Gemüsesuppe)
(Rezept Seite 240)

Schweinekotelett
nach Madrider Art
(Rezept Seite 244)
Kartoffeln
mit Petersilie
Ensalada
Doña Maria
(Rezept Seite 243)

Fresas con nata
(Erdbeeren mit Sahne)
(Rezept Seite 247)

Sopa siglo XV
(Suppe des 15. Jahrh.)
(Rezept Seite 239)

Pollo campurriano
(Reispfanne mit Huhn)
(Rezept Seite 246)
Ensalada de verano
(Sommersalat)

Filloas a la crema

Sopa de menudillos
de pollo
(Geflügelinnereien)

Lubina Isabel
la Católica
(Wolfsbarsch mit
Salzkartoffeln)
(Rezept Seite 245)
Ensalada de verduras
con salsa de ajo
(Gemüsesalat mit
Knoblauchsauce)

Gelatina de naranja
(Orangensülze)
(Rezept Seite 247)

Karibische Spezialitätenwoche

Tomaten-Orangen-Suppe Barbados
(Rezept Seite 249)

Rindfleischstreifen in Rosinen-Essig-Sauce Picadillo
(Rezept Seite 252)
Reis mit Kidneybohnen und Kokosmilch
(Rezept Seite 256)

Jamaikanische Kaffeecreme

Pfirsich-Maracuja-Bisque Martinique
(Rezept Seite 250)

Geschmortes Lamm Sint Maarten
(Rezept Seite 253)
Bohnen
Kartoffeln nach kreolischer Art
(Rezept Seite 255)

Rum-Pfannkuchen mit zerdrückter Banane
(Rezept Seite 256)

Grüne Suppe Callaloo
(Rezept Seite 250)

Karibisches Kokosnußhuhn
Koriandermuscheln

Bananencreme Havanna

Hühnersuppe Trinidad
(Rezept Seite 251)

Mariniertes Schweinefilet mit Mango-Papaya-Chutney
(Rezept Seite 254)
Maniok-Schnittlauch-Bratlinge

Mandeln-Semolina-Schnitte

Pumpkinsuppe Curaçao

Gedämpfter Snapper mit Orangen-Curry-Sauce
(Rezept Seite 255)
gemischter Reis

Fruchtsalat Karibik
(Rezept Seite 257)

Asiatische Spezialitätenwoche

Indonesische Reistafelsuppe
(Rezept Seite 258)

Schweinefleisch süß-sauer
(Rezept Seite 260)
Kurkumanudeln
Regenbogensalat
(Rezept Seite 264)

Schokoladenspeise mit Litschis

Chinasuppe Mandarin

Gebratene Ente mit Beijing-Soja-Sauce
Nußreis mit Mangostücken
(Rezept Seite 263)

Ananas auf Zimtschaum

Hühnersuppe Singapur

Chop Suey
(Rezept Seite 261)
feine Bandnudeln
Salat mit Cashewkernen

Gebackene Banane mit Hibiskussauce

Indonesische
Bihunsuppe
(Rezept Seite 259)

Gemüsepfanne
(Rezept Seite 262)
Gebratener Reis
Yangzhou

Orangencreme mit
kandiertem Ingwer

Tofusuppe

Fischfilet mit
Zuckererbsen
(Rezept Seite 263)
Rosinen-Mandel-
Duftreis
Blattsalate mit Soja-
bohnenkeimlingen

Asiatischer
Fruchtsalat mit
Litschis
(Rezept Seite 265)

Menüvorschläge Abendessen

Kasseler Rippenspeer
Gouda
Essiggurke
Tomate
Butter/Diätmargarine
Tee
Zucker/Süßstoff
Brotauswahl

Emmentaler
Jagdwurst
Paprika
Eiersalat mit Alfalfa-
sprossen
(Rezept Seite 219)
Butter/Diätmargarine
Tee
Zucker/Süßstoff
Brotauswahl

Fleischwurst
Wörishofener
Rahmkäse
Senf
Rettich
Butter/Diätmargarine
Tee
Zucker/Süßstoff
Brotauswahl

Gemischter
kalter Braten
(Schwein/Kalb)
Bel Paese
Waldorfsalat
(Rezept Seite 215)
Butter/Diätmargarine
Tee
Zucker/Süßstoff
Brotauswahl

Streichwurst
Rottaler Klosterkäse
Friséesalat
Tomate
Butter/Diätmargarine
Tee
Zucker/Süßstoff
Brotauswahl

Ripple
Frischkäse
Essiggurke/Senf
Rettichstück
Butter/Diätmargarine
Tee
Zucker/Süßstoff
Brotauswahl

Bierschinken
Jagdwurst
Lyoner
Ecke Camembert
Butter/Diätmargarine
Tee
Zucker/Süßstoff
Brotauswahl

Saiten
Rahmfrischkäse
Walnußkäse
Senf
Butter/Diätmargarine
Tee
Zucker/Süßstoff
Brotauswahl

Butterkäse
Bierschinken
Essiggurke
Butter/Diätmargarine
Tee
Zucker/Süßstoff
Weizenvollkornbrot
Brotauswahl

Nudelsalat mit
Zucchini und Tomaten
(Rezept Seite 216)
Jagdwurst
Paprika
Tomate
Butter/Diätmargarine
Tee
Zucker/Süßstoff
Brotauswahl

Schwarzwälder
Schinken
Biarom
Joghurt
Rettichstück
Butter/Diätmargarine
Tee
Zucker/Süßstoff
Brotauswahl

Fisch in
Tomatensauce
Kümmelkäse
1 Scheibe Esrom
Hanseatiksalat mit
Rohkost
(Rezept Seite 215)
Butter/Diätmargarine
Tee
Zucker/Süßstoff
Brotauswahl

Teewurst
Bergkäse
Schwedischer Salat
(Rezept Seite 221)
Butter/Diätmargarine
Tee
Zucker/Süßstoff
Laugenbrezel
Brotauswahl

Leberpastete
Chester
Ecke Camembert
Rettichstück
Butter/Diätmargarine
Tee
Zucker/Süßstoff
Brotauswahl

Gekochter Schinken
Scheibe Bierschinken
Doppelrahm-
frischkäse
Gurkenstück
Butter/Diätmargarine
Tee
Zucker/Süßstoff
Brotauswahl

Frikadelle mit Ketchup
Kräuterquark
(Rezept Seite 63)
Zucchinisalat
(Rezept Seite 216)
Butter/Diätmargarine
Tee
Zucker/Süßstoff
Brotauswahl

Bockwurst
Frischkäse
Senf
Karottensalat mit
Apfelstücken und
geröstetem Sesam
(Rezept Seite 73)
Butter/Diätmargarine
Tee
Zucker/Süßstoff
Brotauswahl

Hähnchenschlegel mit
Ananasringen
Le Tartare
Radieschen
Butter/Diätmargarine
Tee
Zucker/Süßstoff
Brotauswahl

Käseaufschnitt mit
Mortadella
Grüner Salat mit
Sprossen und
Melonen
Butter/Diätmargarine
Tee
Zucker/Süßstoff
Brotauswahl

Gelbwurst
Räucherkäse
Orangen-Fenchel-
Salat mit Mandeln
Butter/Diätmargarine
Tee
Zucker/Süßstoff
Brotauswahl

Bianco mit
Stuttgarter
Schinkenwurst
Tomatensalat mit
Basilikum
Butter/Diätmargarine
Tee
Zucker/Süßstoff
Scheibe
Leinsamenbrot
Brotauswahl

Straßburger
Wurstsalat
Bonbel
Rettichstück
Butter/Diätmargarine
Tee
Zucker/Süßstoff
Brotauswahl

Steppenkäse mit
Bierwurst/
Bierschinken
Pikanter Hirsesalat
mit Basilikum
Tomate
Butter/Diätmargarine
Tee
Zucker/Süßstoff
Brotauswahl

Pasteten-
wurstaufschnitt
Wilstermarsch-Käse
Selleriesalat in
Walnußsauce
Butter/Diätmargarine
Tee
Zucker/Süßstoff
Scheibe Sesambrot
Brotauswahl

Gemischter
Schinkenteller
mit Valmeuse-Käse
und frischem
Obstsalat
Butter/Diätmargarine
Tee
Zucker/Süßstoff
Vollkornbrötchen
Brotauswahl

Gemüsesülze mit
Kräuterdip
Greyerzer
Stück Sauermilchkäse
(Mainzer)
Butter/Diätmargarine
Tee
Zucker/Süßstoff
Brotauswahl

Paprikalyoner
Streichkäse
Gefüllte Tomate mit
Hüttenkäse
Butter/Diätmargarine
Tee
Zucker/Süßstoff
Brotauswahl

Kohlrabi-Apfel-Salat
(Rezept Seite 218)
1 Scheibe Danbo
Cervelatwurst mit
Kräuterlyoner
Butter/Diätmargarine
Tee
Zucker/Süßstoff
Brotauswahl

Putenaufschnitt
mit Heringssalat
(Rezept Seite 219)
Havarti
Fruchtdickmilch
Butter/Diätmargarine
Tee
Zucker/Süßstoff
Brotauswahl

Corned beef
Tomatensalat mit
Basilikum
Kochkäse
Butter/Diätmargarine
Tee
Zucker/Süßstoff
Vierkornbrötchen
Brotauswahl

Durchschnittswerte:

EW: 24,0
Fett: 29,0
KH: 67,0
kcal: 643
kJ: 2701

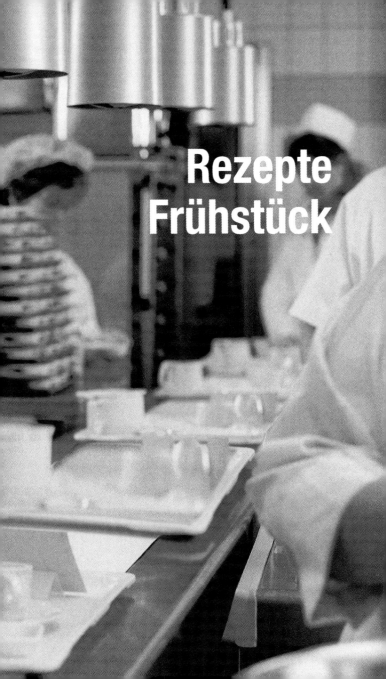

Rezepte
Frühstück

Um die Muskeltätigkeit des Körpers anzuregen, ist das Frühstück von großer Bedeutung. Aus diesem Grund muß das Frühstück einen höheren Stellenwert bekommen.

Das Frühstück sollte mit einer Auswahl an Vollkornbroten, frischem Müsli aus Getreide, Obst und fettarmen Milchprodukten angeboten werden. Zukkerarme Konfitüren sowie magerer Geflügel- und Wurstaufschnitt gehören ebenfalls zu einem ausgewogenen Frühstücksangebot.

Der folgende Rezeptteil bietet Ihnen einige Vorschläge an, um Ihr Frühstück abwechslungsreich und appetitlich zu gestalten.

Frischkornmüsli

Zubereitungszeit: ······ 🕐 ·· **25 Minuten**
ohne die Weizeneinweichzeit

300 g Weizen
½ l Wasser
300 g Joghurt
(1,5 % Fett)
50 g Obstdicksaft
200 g Bananen
200 g Äpfel
200 g Birnen
200 g Orangen
50 g Rosinen
25 g Zitronensaft
50 g Haselnußkerne
(grob gehackt)

Die Weizenkörner mittelfein schroten und mit kaltem Wasser zu einem Brei verrühren. Diesen mindestens 180 Minuten, besser noch über Nacht, zugedeckt quellen lassen. Den Joghurt und den Obstdicksaft unter den gequollenen Weizenbrei heben. Das Obst schälen, in kleine Würfel schneiden und zusammen mit den gewaschenen Rosinen dem Müsli beimengen. Zitronensaft je nach Geschmack zugeben, das Müsli in Schalen anrichten. Auf dem angerichteten Müsli gehackte Haselnußkerne verteilen.

274 kcal – 7,4 g EW – 41,2 g KH – 8,1 g Fett

Kräuterquark mit Pinienkernen

Zubereitungszeit: ······ 🕐 ·· **15 Minuten**

800 g Magerquark
(unter 10 % Fett)
¼ l Milch
(3,5 % Fett)
Jodsalz
Pfeffer
(frisch gemahlen)
25 g Petersilie
25 g Schnittlauch
25 g Borretsch
25 g Pimpernelle
25 g Kerbel
30 g Pinienkerne
(ohne Schale)

Den Quark mit der Milch glatt rühren und mit Jodsalz und Pfeffer leicht abschmecken. Die Kräuter waschen, fein hacken und unter die Quarkmasse heben, eventuell noch nachwürzen. Die Pinienkerne ohne Fettzugabe in einer beschichteten Pfanne goldgelb rösten und über den angerichteten Kräuterquark streuen.

103 kcal – 15,0 g EW – 5,0 g KH – 2,3 g Fett

Früchtequark

800 g Magerquark
(unter 10 % Fett)
¼ l Milch
(3,5 % Fett)
30 g Obstdicksaft
50 g Honig
100 g Birnen
100 g Bananen
100 g Ananas (Dose)
100 g Orangen
50 g Kiwi
20 g Zitronenmelisse

Den Quark mit Milch, Obstdicksaft und Honig verrühren. Birnen, Bananen und Orangen schälen und in kleine Würfel schneiden. Ananas aus der Dose auf ein Sieb leeren und ebenfalls würfeln. Die Kiwi schälen, in Scheiben schneiden und als Garnitur beiseite legen. Zitronenmelisse waschen und kleine Blätter abzupfen. Den Früchtequark anrichten, mit den Kiwischeiben und den Zitronenmelisseblättern ausgarnieren.

149 kcal – 11,1 g EW – 20,1 g KH – 1,2 g Fett

Apfelmüsli mit Kürbiskernen

250 g Weizen
0,4 l Wasser
500 g Joghurt
(1,5 % Fett)
50 g Honig
400 g Äpfel
50 g Rosinen
25 g Zitronensaft
25 g Kürbiskerne

Die Weizenkörner mittelfein schroten und mit kaltem Wasser zu einem Brei verrühren. Diesen mindestens 180 Minuten, besser noch über Nacht, zugedeckt quellen lassen. Den Joghurt und den Honig unter den gequollenen Weizenbrei heben. Die Äpfel schälen, in kleine Würfel schneiden und zusammen mit den gewaschenen Rosinen dem Müsli beimengen. Zitronensaft je nach Geschmack zugeben, das Müsli in Schalen anrichten. Die Kürbiskerne ohne Fettzugabe in einer beschichteten Pfanne goldgelb rösten. Das angerichtete Müsli mit Kürbiskernen bestreuen.

254 kcal – 10,8 g EW – 32,8 g KH – 8,1 g Fett

Rezepte
Zwischen-
mahlzeiten

Da die Zeit zwischen dem Frühstück, dem Mittag- und Abendessen recht lang ist, bieten sich Zwischenmahlzeiten an, um Hungergefühle oder Heißhunger vor der jeweiligen Hauptmahlzeit zu verhindern.

Durch das Angebot von kleinen Mahlzeiten (Zwischenmahlzeiten) entlasten Sie den Stoffwechsel und haben zudem den Vorteil, daß überflüssige Pfunde abgebaut werden können, ohne dabei quälenden Hunger zu verspüren.

Buttermilchcreme mit Früchten

10 g Blattgelatine
80 g Birnen
80 g Erdbeeren
80 g Äpfel
80 g Himbeeren
50 g Zucker
10 g Zitronensaft
1,2 l Buttermilch
10 g Pistazien
(geschält)

Die Blattgelatine in kaltem Wasser einweichen. Die Früchte waschen und außer den Himbeeren in kleine Würfel schneiden. Zucker, Zitronensaft und zwei Drittel der Buttermilch in einem kleinen Topf erwärmen und darin die ausgedrückten Gelatineblätter auflösen. Die flüssige und lauwarme Gelatine unter die restliche Buttermilch rühren. Das klein geschnittene Obst sowie die Himbeeren in die Dessertschalen verteilen und die Buttermilch darübergießen. Mindestens 120 Minuten in den Kühlschrank stellen. Die Pistazien grob hacken und vor dem Servieren auf die Buttermilchcreme streuen.

Tip:

Bei der Verarbeitung von Gelatine ist die Verwendung von Feigen, Ananas und Kiwi zu unterlassen, da sonst die Bindung gerinnt.

88 kcal – 5,5 g EW – 12,7 g KH – 1,3 g Fett

Obstsalat mit Buchweizenflocken

120 g Buchweizenflocken
300 g Melonen
300 g Himbeeren
300 g Johannisbeeren
300 g Brombeeren
30 g Zucker
20 g Zitronensaft

Die Buchweizenflocken in einer beschichteten Pfanne ohne Fettzugabe leicht anbräunen. Die Melonen schälen, halbieren, die Kerne entfernen, danach das Fruchtfleisch würfeln. Die anderen Obstsorten waschen und mit den Melonenwürfeln mischen. Das Ganze mit Zucker und Zitronensaft abschmecken. Den Obstsalat nun in Dessertschalen anrichten und mit den Buchweizenflocken bestreut servieren.

102 kcal – 2,5 g EW – 20,0 g KH – 1,0 g Fett

Vielkornmüsli

Zubereitungszeit: ······ ⏱ ··**25 Minuten**
ohne die Einweichzeit

100 g Hirse
0,2 l Fruchtsaft
(ungesüßt)
100 g Weizen
100 g Hafervoll-
kornschrot
300 g Joghurt
(1,5 % Fett)
flüssiger Süßstoff
200 g Ananas
200 g Kiwi
200 g Äpfel
200 g Birnen
20 g Zitronensaft
10 g Minzeblätter

Die Hirse mit der Hälfte des Fruchtsaftes verrühren. Den Weizen grob schroten und mit der
anderen Hälfte des Fruchtsaftes einweichen.
Beide Quellmassen zugedeckt über Nacht stehen
lassen. Den Hafervollkornschrot mit dem fettarmen Joghurt vermischen und mit etwas Süßstoff
abschmecken. Die Ananas von ihrer Schale
befreien und den Strunk in der Mitte herausschneiden. Das Ananasfleisch in kleine Würfel
schneiden. Die Kiwi schälen und würfeln. Äpfel
und Birnen ebenfalls schälen, würfeln und mit
Zitronensaft beträufeln. Die einzelnen Getreide-
mischungen zusammenleeren und das Obst hinzugeben. Danach das Ganze mit Zitronensaft
und Süßstoff abschmecken und in Dessertschalen
verteilen. Zum Schluß das Vielkornmüsli mit den
gewaschenen Minzeblättern garnieren.

240 kcal – 6,7 g EW – 45,6 g KH – 2,8 g Fett

Milchmix

Zubereitungszeit: ······ ⏱ ··**15 Minuten**
Kühlzeit: ············ ⏱ ··**30 Minuten**

500 g Erdbeeren
500 g Bananen
0,2 l Orangensaft
40 g Zucker
1,6 l Milch
(3,5 % Fett)
40 g Pistazien
(geschält)

Die Erdbeeren waschen, von den Stielansätzen
befreien. Die Bananen schälen, in grobe Stücke
schneiden und mit den Erdbeeren, dem Orangensaft und Zucker sowie der Milch pürieren.
30 Minuten abkühlen lassen, danach in Cocktailgläser füllen. Pistazien grob hacken und über
den Milchmix streuen.

215 kcal – 7,1 g EW – 26,4 g KH – 8,4 g Fett

Kräuterquark mit Paprikawürfeln

800 g Magerquark
(unter 10 % Fett)
¼ l Milch
(3,5 % Fett)
Jodsalz
Pfeffer (frisch
gemahlen)
25 g Petersilie
25 g Schnittlauch
25 g Borretsch
25 g Pimpernelle
25 g Kerbel
250 g Paprikafrüchte
(bunt)

Den Quark mit der Milch glatt rühren und mit Jodsalz und Pfeffer leicht abschmecken. Kräuter waschen, fein hacken und unter die Quarkmasse heben, eventuell noch etwas nachwürzen. Den Paprika waschen, vierteln, von den Kernen befreien und in feine Würfel schneiden, unter den Kräuterquark mischen, in Dessertschalen anrichten und servieren.

103 kcal – 15,0 g EW – 5,0 g KH – 2,3 g Fett

Quinoa-Müsli mit Orangenspalten

Zubereitungszeit: · · · · · · 🕐 · · 20 Minuten

180 g Quinoa
(Inkareis)
0,45 l Orangensaft
Süßstoff
120 g Korinthen
800 g Orangen
20 g Zitronensaft
15 g Zitronenmelisse-
blätter

Die Quinoakörner mit ¾ des Fruchtsaftes und etwas Süßstoff verrühren. Das Ganze in einem Topf aufkochen, vom Herd nehmen und die Körner zugedeckt 15 Minuten quellen lassen. Die Quinoakörner danach zum Auskühlen auf ein Cromarganblech geben. Die Korinthen im restlichen Saft einweichen. Die Orangen schälen und filetieren. Pro Person 3 Orangenfilets als Garnitur beiseite legen, die restlichen Filets einmal durchschneiden und mit den Korinthen unter die Quinoakörner heben. Das Müsli mit Zitronensaft und Süßstoff abschmecken und in kleine Dessertschalen abfüllen. Die gewaschenen und abgetrockneten Zitronenmelisseblätter als Garnitur auf dem Müsli verteilen.

150 kcal – 3,1 g EW – 31,1 g KH – 1,0 g Fett

Buttermilch-Erdbeer-Flip

Zubereitungszeit: ······ ⊕ ·· **20 Minuten**

600 g Erdbeeren
50 g Honig
Süßstoff
6 g Vanillemark
1¼ l Buttermilch
10 g Zitronenmelisse-
blätter
10 g Paranuß
(gehackt)

Die Erdbeeren waschen, putzen und im Mixer pürieren. Mit Honig, etwas Süßstoff und dem Vanillemark abschmecken. Die Buttermilch mit dem Erdbeerpüree verrühren und nochmals abschmecken. Den Flip in Cocktailgläsern anrichten. Die gewaschenen und abgetropften Zitronenmelisseblätter am Cocktailglasrand als Garnitur einstecken. Die gehackte Paranuß über den Cocktail streuen.

86 kcal – 5,0 g EW – 12,0 g KH – 1,0 g Fett

Avocado mit Apfel-Karotten-Salat

Zubereitungszeit: ······ ⊕ ·· **20 Minuten**

1,2 kg Avocado
20 g Zitronensaft
20 g Kopfsalatblätter
(gewaschen)
250 g Äpfel
300 g Joghurt
(1,5 % Fett)
250 g Möhren
Jodsalz
Pfeffer
Zucker
20 g Schnittlauch

Die Avocados schälen, halbieren und den Kern entfernen. Das Fruchtfleisch in Scheiben schnei-den und mit Zitronensaft beträufeln. Kopfsalat-blätter auf die Vorspeisenteller legen und darauf die Avocadoscheiben fächerartig anordnen. Joghurt mit Zitronensaft abschmecken, Äpfel schälen, in feine Streifen raspeln und sofort unter den Joghurt heben. Die Möhren ebenfalls schälen, fein raspeln und unter die Joghurt-Apfel-Masse rühren. Den Salat mit Salz, Pfeffer und etwas Zucker abschmecken und neben den Avocadofächern anordnen. Schnittlauch waschen, in feine Röllchen schneiden und über den Salat streuen.

219 kcal – 4,8 g EW – 7,8 g KH – 18,0 g Fett

Rezepte
Salate
und
Salatsaucen

Frischer Salat sollte **immer** in Ihrem Speisenangebot enthalten sein. Denn Salate tragen zu Fitneß und Gesundheit bei, indem sie uns mit wichtigen Vitaminen, Nähr- und Mineralstoffen sowie Ballaststoffen versorgen. Von Natur aus haben Salate meist wenig Kalorien und schmecken, durch gekonnte Kombinationen und mit raffinierten Dressings zubereitet, einfach köstlich.

Kräuterdressing

Zubereitungszeit: ⏱ 15 Minuten

12 g Petersilie
12 g Schnittlauch
6 g Dill
5 g Borretsch
5 g Kerbel
5 g Pimpernelle
50 g Sonnenblumenöl
75 g Essig
20 g Zitronensaft
¼ l Wasser
20 g Senf
20 g Zucker
50 g Zwiebeln
(in kleinen Würfeln)
Jodsalz
Pfeffer
flüssige Würze

Kräuter waschen, klein schneiden, mit Öl, Essig, Zitronensaft, Wasser, Senf, Zucker, den gewürfelten Zwiebeln sowie den Gewürzen mischen und abschmecken.

64 kcal – 0,6 g EW – 3,7 g KH – 5,2 g Fett

Joghurtdressing

Zubereitungszeit: ⏱ 20 Minuten

300 g Joghurt
(3,5 % Fett)
60 g Mayonnaise
(50 % Fett)
40 g Sonnenblumenöl
25 g Weinessig
20 g Senf
20 g Zitronensaft
10 g Zucker
10 g Petersilie
10 g Schnittlauch
10 g Dill
Jodsalz
Pfeffer
flüssige Würze

Joghurt mit der Mayonnaise verrühren. Mit Öl, Essig, Senf, Zitronensaft, Zucker, den gewaschenen, feingehackten Kräutern und den Gewürzen abschmecken.

132 kcal – 1,8 g EW – 3,2 g KH – 12 g Fett

Kräuterrahm-dressing

200 g Zwiebeln
(geschält)
60 g Brunnenkresse
20 g Schnittlauch
20 g Petersilie
20 g Dill
20 g Borretsch
10 g Kerbel
10 g Basilikum
10 g Oregano
10 g Sauerampfer
10 g Estragon
80 g Essig
10 g Senf
Jodsalz
Pfeffer
flüssige Würze
50 g Olivenöl
120 g Sahne
(30 % Fett)

Die Zwiebeln, die gewaschenen Kräuter, Essig, Senf und Gewürze in einen Mixer geben und zerkleinern. Danach langsam das Öl darunterrühren, zum Schluß die Sahne beimengen. Bei scharfem Essig etwas weniger nehmen. Der Sauce der auch eine Knoblauchzehe hinzugefügt werden.

98 kcal – 1,2 g EW – 2,5 g KH – 9 g Fett

French dressing

25 g Estragon
25 g Schnittlauch
10 g Kerbel
50 g Sonnenblumenöl
40 g Essig
16 g Senf
5 g Zucker
Jodsalz
Pfeffer
flüssige Würze

Kräuter waschen, klein schneiden und mit Öl, Essig, Senf, Zucker sowie den Gewürzen mischen und abschmecken.

58 kcal – 0,5 g EW – 2,9 g KH – 4,8 g Fett

Dressing, leicht und zucker- frei, mit feinen Kräutern

Zubereitungszeit: · · · · · · 🕐 · · **15 Minuten**

400 g Joghurt
(0,3 % Fett)
25 g Essig
20 g Zitronensaft
20 g Senf
Jodsalz
Pfeffer
flüssige Würze
Süßstoff
10 g Petersilie
10 g Schnittlauch
10 g Dill
5 g Borretsch
5 g Kerbel
5 g Pimpernelle

Joghurt mit Essig, Zitronensaft, Senf und den Gewürzen mischen. Alle Kräuter waschen, fein schneiden und unter die Salatsauce heben.

22 kcal – 2,2 g EW – 2,3 g KH – 0,4 g Fett

Thousand-Islands-Dressing

Zubereitungszeit: · · · · · · 🕐 · · **15 Minuten**

50 g rote Paprika-
schote
200 g Mayonnaise
(50 % Fett)
100 g Joghurt
(3,5 % Fett)
100 g Tomaten-
ketchup
25 g Meerrettich
Jodsalz
Pfeffer
Paprikapulver
Tabasco

Paprikaschote entkernen und so fein wie möglich hacken. Mayonnaise, Joghurt, Ketchup und Meer- rettich miteinander verrühren. Paprikaschoten- würfel zugeben und das Ganze mit Jodsalz, Pfef- fer, Paprika und Tabasco abschmecken.

169 kcal – 1,1 g EW – 3,4 g KH – 16,2 g Fett

Speckdressing

Zubereitungszeit: ······ 🕐 ·· **20 Minuten**

100 g Speck
100 g Zwiebeln
100 g Mayonnaise
(50 % Fett)
60 g Sahne
(30 % Fett)
80 g Essig
Jodsalz
Pfeffer
Paprika

Durchwachsener geraucher Bauch in sehr feine Würfel schneiden, in einer Pfanne auslassen. Zwiebeln schälen, in feine Würfel schneiden, zum Speck geben und etwas glasig werden lassen. Den Pfanneninhalt erkalten lassen. Die Mayonnaise mit der Sahne glatt rühren, dann die Speck-Zwiebel-Mischung dazurühren. Mit Essig, Jodsalz, Pfeffer und Paprika die Salatsauce abschmecken.

134 kcal – 4,9 g EW – 1,8 g KH – 11,5 g Fett

72

Spinatsalat mit gebratenen Tofurauten

Zubereitungszeit: ······ 🕐 ·· **25 Minuten**

800 g Tofu
20 g Sojasauce
10 g Zitronensaft
80 g Orangensaft
20 g Balsamico-
Essig
12 g Knoblauchzehe
200 g Zwiebeln
20 g Obstessig
20 g Walnußöl
Jodsalz
Pfeffer
20 g Olivenöl
600 g Spinat
(mittlere Blätter)
40 g Schnittlauch
(gewaschen)

Den Tofu in etwa ¾ cm dicke Rauten schneiden und mit Sojasauce, Zitronensaft, Orangensaft, Balsamico-Essig etwa 90 Minuten marinieren. Die Knoblauchzehe und die Zwiebeln schälen und sehr fein würfeln. Obstessig mit Walnußöl, Jodsalz und Pfeffer zu einer Salatsauce verrühren. Olivenöl in einer Pfanne erhitzen und die Tofurauten von beiden Seiten goldbraun anbraten. Tofu herausnehmen und in derselben Pfanne die Zwiebeln mit dem Knoblauch und der Tofumarinade leicht andünsten. Spinat waschen und mit der Salatmarinade anmachen. Tofu auf Tellern anrichten. Die erwärmte Tofumarinade über den Tofu verteilen und mit fein geschnittenen Schnitt-

123 kcal – 7,8 g EW – 5,2 g KH – 7,5 g Fett

Indisches Dressing

Zubereitungszeit: ······ 🕐 ·· **30 Minuten**

100 g Äpfel
5 g Zitronensaft
120 g Zwiebeln
100 g Mayonnaise
(50 % Fett)
60 g Sahne
(30 % Fett)
5 g Zucker
Curry
Jodsalz
Pfeffer
30 g Petersilie
30 g Kerbel
30 g Estragon

Äpfel schälen, fein reiben und sofort mit Zitronensaft beträufeln. Zwiebel schälen und in feine Würfel schneiden. Äpfel und Zwiebeln mit der Mayonnaise und Sahne verrühren. Das Ganze mit Zucker, Curry, Jodsalz und Pfeffer abschmecken. Die Kräuter waschen, fein hacken und unter die Salatsauce heben.

125 kcal – 4,8 g EW – 2,6 g KH – 10,1 g Fett

Karottensalat mit Äpfeln und geröstetem Sesam

Zubereitungszeit: ······ 🕐 ·· **25 Minuten**

1,2 kg Karotten
500 g Äpfel
20 g Zitronensaft
40 g Sonnenblumenöl
Jodsalz
Pfeffer
300 g Magermilchjoghurt (0,3 % Fett)
60 g Sesam

Karotten und Äpfel waschen, schälen, raspeln und mit einer Sauce aus Zitronensaft, Sonnenblumenöl, Gewürzen und Magermilchjoghurt anmachen. Sesam goldgelb rösten und über den Salat streuen.

139 kcal – 3,7 g EW – 13,2 g KH – 7,5 g Fett

Salatherz Mimosa

500 g Kopfsalat
500 g Orangen
300 g Joghurt
(1,5 % Fett)
100 g Crème fraîche
(40 % Fett)
20 g Walnußöl
10 g Pfefferminze
50 g Meerrettich
Jodsalz
Pfeffer
20 g Mandelblätter
10 g Kerbelblätter

Die äußeren Blätter des Kopfsalates entfernen und den Kopf vierteln. Die Salatviertel mit dem Strunk waschen und zum Abtropfen auf ein Gitter legen. ¾ der Orangen filetieren, ¼ zu Saft auspressen. Den Joghurt mit Crème fraîche, Orangensaft und dem Walnußöl verrühren und mit der gewaschenen und fein geschnittenen Pfefferminze, Meerrettich, Salz und Pfeffer abschmecken. Die Mandelblätter in einer Pfanne ohne Fettzugabe goldgelb rösten. Die Strünke der Kopfsalatviertel entfernen, jeweils ein Viertel Kopfsalat auf einem Teller anrichten, mit Salatsauce übergießen und mit 2 Orangenspalten, den gerösteten Mandelblättern und den Kerbelblättern garnieren.

113 kcal – 2,9 g EW – 6,9 g KH – 7,8 g Fett

Feldsalat mit Kracherle

500 g Feldsalat
Jodsalz
Pfeffer
20 g Zucker
80 g Weinessig
10 g Zitronensaft
30 g Sonnenblumenöl
20 g Zwiebeln
10 g Petersilie
150 g Weißbrotwürfel

Feldsalat putzen und gründlich waschen. Salz, Pfeffer, Zucker, Essig, Zitronensaft und Sonnenblumenöl zu einer Salatsauce mischen. Die gewürfelten Zwiebeln sowie die fein gehackte Petersilie unter die Sauce heben. Sauce abschmecken. Den abgetrockneten Feldsalat mit der Sauce mischen und auf Salattellern anrichten. Die goldgelb gerösteten Weißbrotwürfel auf dem Feldsalat verteilen.

86 kcal – 2,2 g EW – 8,9 g KH – 4,4 g Fett

Kartoffelsalat

Zubereitungszeit: · · · · · · 🕐 · · **30 Minuten**
ohne Kochzeit für Kartoffeln

1½ kg Kartoffeln
(gekocht)
100 g Zwiebeln
(geschält)
½ l Fleischbrühe
60 g Essig
10 g Zucker
Jodsalz
Pfeffer
flüssige Würze
20 g Senf
60 g Sonnenblumenöl
20 g Schnittlauch

Die gekochten Kartoffeln pellen, in dünne Scheibchen schneiden und in eine Schüssel geben. Die fein gewürfelten Zwiebeln, Fleischbrühe, Essig, Zucker, Salz, Pfeffer, flüssige Würze, Senf und das Sonnenblumenöl untermischen und den Salat abschmecken. Den Schnittlauch waschen, in feine Röllchen schneiden und auf dem fertig angerichteten Kartoffelsalat verteilen.

194 kcal – 3,6 g EW – 14,7 g KH – 12,8 g Fett

Kohlrabi-Möhren-Apfel-Rohkostsalat

Zubereitungszeit: · · · · · · 🕐 · · **30 Minuten**

1,4 kg Kohlrabi
800 g Möhren
800 g Äpfel
30 g Walnüsse
200 g Joghurt
(1,5 % Fett)
100 g saure Sahne
(10 % Fett)
40 g Honig
20 g Zitronensaft
20 g Petersilie
Pfeffer
Jodsalz

Kohlrabi, Möhren und Äpfel waschen, schälen und grob raspeln. Walnüsse fein hacken. Alles mischen und mit dem Dressing, bestehend aus Joghurt, saurer Sahne, Honig, Zitronensaft, gewaschener und gehackter Petersilie sowie Pfeffer und Salz, anmachen. Den Salat auf Tellern anrichten. Über den Salat die fein gehackten Walnüsse streuen.

133 kcal – 5,5 g EW – 17,4 g KH – 4,2 g Fett

Rohkostsalatteller

Zubereitungszeit: ······ ⏲ ·· **15 Minuten**

800 g Weißkraut
100 g Zwiebeln
400 g Zucchini
80 g Mais (Dose)
400 g Möhren
20 g Weinessig
40 g Sonnenblumenöl
Pfeffer
Jodsalz
Zucker
flüssige Würze
20 g Schnittlauch

Die äußeren Blätter des Weißkrauts entfernen und in feine Streifen schneiden. Die Zwiebeln schälen und in feine Scheiben schneiden. Nun die gewaschenen ungeschälten Zucchini würfeln, den Mais auf ein Sieb leeren. Die Möhren leicht abreiben und in Streifen schneiden, danach alles mischen. Aus Essig, Öl, Pfeffer, Salz, Zucker und der flüssigen Würze eine Marinade herstellen. Den Salat damit anmachen und etwa 10 Minuten ziehen lassen. Danach den Salat auf Tellern anrichten. Den gewaschenen Schnittlauch in feine Röllchen schneiden und über den Salat verteilen.

Tip:
Aus dem Rohkostsalatteller läßt sich unter Verwendung von Eichblattsalat, Kopfsalat oder anderen Blattsalaten ein bunter Salatteller herstellen, eventuell müßte man dafür auf einige Rohkostsalate verzichten.

108 kcal – 2,9 g EW – 10,8 g KH – 5,6 g Fett

Zucchinisalat

Zubereitungszeit: ······ ⏲ ·· **45 Minuten**

1,4 kg Zucchini
10 g Thymian
10 g Knoblauchzehe
Jodsalz
Pfeffer
150 g Zwiebeln
(geschält)
30 g Obstessig
40 g Sonnenblumenöl

Zucchini waschen und mit der Schale in Scheiben schneiden. Mit Thymian, zerdrückter Knoblauchzehe, Salz und Pfeffer kurz andünsten. Aus Salz, Pfeffer, den fein gewürfelten Zwiebeln, Essig und Sonnenblumenöl eine Marinade vorbereiten und über die noch lauwarmen Zucchini gießen. Etwa 20 Minuten ziehen lassen, danach servieren.

84 kcal – 3,4 g EW – 4,9 g KH – 5,2 g Fett

Mixsalat (Vital-salat) in Sauer-rahmdressing

Zubereitungszeit: ······ ⏱ ·· **30 Minuten**

800 g Eisbergsalat
600 g Gurken
600 g Möhren
600 g Tomaten
300 g roter Rettich
100 g Brunnenkresse
200 g Joghurt
(3,5 % Fett)
200 g Sauerrahm
40 g Sonnenblumenöl
25 g Obstessig
20 g Senf
20 g Zitronensaft
10 g Zucker
10 g Petersilie
10 g Schnittlauch
10 g Dill
Jodsalz
Pfeffer
flüssige Würze

Den Eisbergsalat putzen, waschen und abtropfen lassen. Die Gurken und die Möhren waschen und schälen. Die Gurken in feine Scheiben schneiden, die Möhren in feine Streifen hobeln. Die Tomaten waschen und in Scheiben schneiden. Den roten Rettich waschen, abbürsten und danach in grobe Streifen hobeln und salzen. Die Brunnenkresse waschen und abtropfen lassen. Den Joghurt mit dem Sauerrahm verrühren. Mit Öl, Essig, Senf, Zitronensaft, Zucker, den gewaschenen fein gehackten Kräutern und den Gewürzen abschmecken. Alle vorbereiteten Salatzutaten in einer Schüssel mischen und mit der Salatsauce angemacht servieren.

146 kcal – 4,7 g EW – 10,3 g KH – 9,1 g Fett

Tomatensalat mit Schafskäse

Zubereitungszeit: ······ ⏱ ·· **25 Minuten**

1,2 kg Tomaten
100 g Zwiebeln
(geschält)
250 g Schafskäse
40 g Olivenöl
50 g Essig
10 g Zucker
10 g Petersilie
10 g Basilikum
10 g Thymian
Jodsalz
Pfeffer

Schnittfeste Tomaten waschen und in Scheiben schneiden, die Zwiebeln fein würfeln und über die Tomatenscheiben verteilen. Schafskäse würfeln. Aus Olivenöl, Essig, Zucker, den gewaschenen und gehackten Kräutern, Salz und Pfeffer eine Marinade herstellen und über die Tomaten gießen. Salat leicht mischen und auf Tellern anrichten. Den Schafskäse über den Tomatensalat verteilen.

152 kcal – 10,0 g EW – 5,6 g KH – 9,5 g Fett

Linsensalat

300 g Linsen
(getrocknet)
0,9 l Wasser
900 g Gemüsebrühe
(Rezept Seite 83)
20 g Apfelessig
40 g Maiskeimöl
Jodsalz
Pfeffer
120 g Zwiebeln
500 g Paprikafrüchte
(bunt)
350 g Möhren
300 g Champignons
10 g Basilikum
10 g Petersilie

Die Linsen mit dem Wasser und der Gemüsebrühe bei schwacher Hitze in etwa 30 Minuten
bißfest kochen. Den Essig, das Öl sowie Salz
und Pfeffer unter die gegarten Linsen heben und
erkalten lassen. Die Zwiebeln schälen und in feine
Würfel schneiden. Die Paprikaschoten, Möhren
und Champignons putzen und waschen. Die
Paprikaschoten und die Champignons in feine
Würfel schneiden. Die Möhren schälen und
raspeln. Das Basilikum und die Petersilie
waschen, trockentupfen und grob hacken. Die
Linsen nun auf einem Teller anrichten. Zwiebeln,
Paprika, Champignons und Möhren mit Salz,
Pfeffer, Essig und Öl leicht marinieren und über
die Linsen verteilen. Zum Schluß das Ganze, mit
den Kräutern bestreut, servieren.

164 kcal – 9,1 g EW – 20,0 g KH – 4,8 g Fett

Radicchio mit Weizenkeimlingen und gewürfeltem Feta

Zubereitungszeit: · · · · · 🕐 · · **30 Minuten**
Keimzeit der Weizensprossen: 3 Tage

800 g Radicchio
300 g Äpfel
20 g Zitronensaft
100 g Weizen-
keimlinge
100 g Feta
50 g Sonnenblumenöl
20 g Obstessig
100 g Zwiebeln
Jodsalz
Pfeffer

Radicchio putzen, waschen und trockenschleudern. Äpfel schälen, in feine Scheiben schneiden und mit Zitronensaft beträufeln, damit die Äpfel nicht braun werden. Weizenkeimlinge (3 Tage gekeimt) waschen. Feta grob würfeln. Aus Sonnenblumenöl, Obstessig, gewürfelten Zwiebeln, Zitronensaft, Salz und Pfeffer eine Salatsauce herstellen, den Radicchio damit anmachen und auf Tellern anrichten. Apfelscheiben, Fetawürfel sowie Weizenkeimlinge über den Radicchio verteilen, danach servieren.

128 kcal – 5,4 g EW – 7,9 g KH – 7,9 g Fett

Rezepte / Salate und Salatsaucen

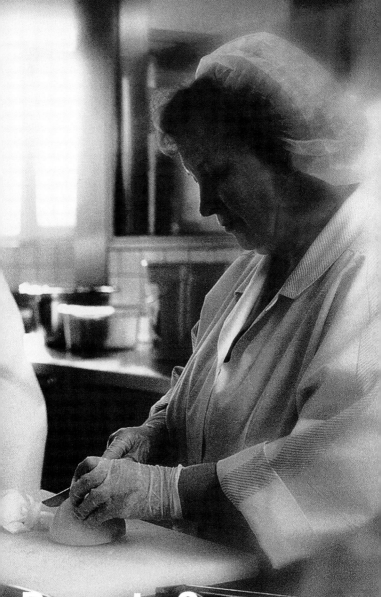

Rezepte Suppen

Ein Suppenangebot darf auf keinem Speisenplan fehlen. Als Basis für die Suppen sollten Gemüsebrühen, fettarme Rinder-, Geflügel- oder Kalbfleischbrühen Verwendung finden. Natürlich muß auch hier geprüft bzw. kalkuliert werden, ob man Trockenprodukte (Convenience-Produkte) einsetzen muß, um z. B. Personalkosten einzusparen. Sollten Convenience-Produkte eingesetzt werden, so ist vor allem auf die Qualität (u. a. Salzgehalt, Fettgehalt usw.) zu achten.

Gemüsebrühe

(Basis für einige Suppen und Saucen)

Zubereitungszeit: · · · · · · 🕐 · · **75 Minuten**

250 g Karotten
250 g Sellerie
200 g Lauch
25 g Petersilienwurzeln
150 g Zwiebeln
4 Nelken
2 Lorbeerblätter
4 Wacholderbeeren
150 g Tomaten
Muskatnuß (gerieben)

Das Gemüse waschen, putzen und in grobe Würfel schneiden. Halbierte Zwiebeln auf der Herdplatte kurz bräunen. Das Gemüse zusammen mit 3,75 l kaltem Wasser auffüllen, aufkochen und köcheln lassen. Nach 15 Minuten Gewürze dazugeben und das Ganze weitere 30 Minuten köcheln lassen. Danach die grob zerteilten Tomaten zugeben und die Gemüsebrühe nochmals 20 Minuten ziehen lassen. Kurz vor dem Passieren etwas Muskatnuß in die Gemüsebrühe reiben, Gemüsebrühe durch ein Passiersieb gießen und zur weiteren Verarbeitung kalt stellen.

38 kcal – 3 g EW – 5 g KH – 0,5 g Fett

Rinderbrühe

(Basis für einige Suppen und Saucen)

Zubereitungszeit: · · · · · · 🕐 · · **150 Minuten**

1 kg Rinderknochen
100 g Karotten
75 g Sellerie
75 g Lauch
25 g Petersilienwurzeln
4 Nelken
2 Lorbeerblätter
4 Wacholderbeeren
Pfefferkörner
100 g Zwiebeln
150 g Tomaten
Muskatnuß

Die Rinderknochen waschen, in kochendes Wasser geben und einmal aufkochen. Das Wasser abgießen und die Knochen in kaltem Wasser abkühlen lassen. Die erkalteten Knochen mit 4 l kaltem Wasser aufkochen und zirka 60 Minuten köcheln. Das Gemüse putzen, waschen, zusammenbinden und mit den Gewürzen sowie den auf der Herdplatte angebräunten, halbierten Zwiebeln in die Brühe geben. Nach weiteren 35 Minuten die grob zerteilten Tomaten zugeben und das Ganze nochmals 30 Minuten köcheln. Kurz vor dem Passieren etwas Muskatnuß in die Knochenbrühe reiben. Die Brühe nun durch ein Passiersieb gießen und zur weiteren Verarbeitung kalt stellen.

43 kcal – 3 g EW – 3 g KH – 2 g Fett

Gemüsesuppe mit Dinkel

Zubereitungszeit: ······ 🕐 ·· **25 Minuten**

120 g Zwiebeln
40 g Olivenöl
80 g Dinkelvollkorn-
schrot
2 l Gemüsebrühe
(Rezept Seite 83)
200 g Sellerie
200 g Karotten
100 g Lauch
Jodsalz
Streuwürze
Muskatnuß (gerieben)

Die Zwiebeln schälen, fein hacken und in dem Öl leicht bräunen. Den Dinkelvollkornschrot zufügen und ebenfalls leicht anschwitzen. Die kalte Gemüsebrühe unter Rühren zugießen, kurz aufkochen und den Dinkelschrot bei schwacher Hitze etwa 6 Minuten ausquellen lassen. Den Sellerie und die Karotten waschen, schälen und in feine Streifen raspeln. Den Lauch waschen, grüne Blätter entfernen und den übrigen Lauch in feine Röllchen schneiden. Das Gemüse nun unter die Dinkelsuppe heben und noch etwa 15 Minuten kochen. Die Dinkelsuppe mit den Gewürzen abschmecken (Vorsicht bei Verwendung von Muskat!).

77 kcal – 1,9 g EW – 7,0 g KH – 4,4 g Fett

Selleriecreme-suppe

Zubereitungszeit: ······ 🕐 ·· **35 Minuten**

200 g Sellerie
50 g Lauch
50 g Margarine
50 g Mehl (Type 405)
2 l Gemüsebrühe
(Rezept Seite 83)
Jodsalz
flüssige Würze
Streuwürze
30 g Sahne
(30 % Fett)
20 g Selleriekraut

Den geputzten und gewaschenen Sellerie sowie den Lauch klein schneiden. Aus Margarine und Mehl eine helle Schwitze bereiten und mit der abgekühlten Gemüsebrühe auffüllen, mit einem Schneebesen glatt rühren und das Ganze aufkochen lassen. Das Gemüse zugeben, 20 Minuten kochen und mit den Gewürzen abschmecken. Kurz vor dem Servieren die Sahne sowie das gewaschene und gehackte Selleriegrün zufügen.

91 kcal – 4,8 g EW – 11,0 g KH – 4,7 g Fett

Kartoffelsuppe mit Sprossen

Zubereitungszeit: ······ ⊕ ·· **45 Minuten**

1 kg Kartoffeln
2 l Gemüsebrühe
(Rezept Seite 83)
200 g Lauch
100 g Karotten
100 g Sellerie
30 g Margarine
Jodsalz
flüssige Würze
Streuwürze
Muskat
30 g Petersilie
20 g Majoran
10 g Selleriekraut
200 g Alfalfasprossen

Kartoffeln schälen, weich kochen, passieren und mit der Gemüsebrühe vermischen. Lauch, Karotten und Sellerie waschen, schälen und in feine Würfel schneiden. Das Gemüse in Margarine andünsten, in die Suppe geben und mit den Gewürzen abschmecken. Die Kräuter und die Alfalfasprossen waschen und der Suppe beimengen.

117 kcal – 4,1 g EW – 17,3 g KH – 3,1 g Fett

Klare Brühe mit Kräuterklößchen

Zubereitungszeit: ······ ⊕ ·· **25 Minuten**

30 g Petersilie
30 g Kerbel
30 g Liebstöckel
10 g Thymian
20 g Basilikum
40 g Butter
80 g Grieß
200 g Hühnerei
Jodsalz
Pfeffer
Streuwürze
Muskatnuß (gerieben)
2 l Rinderbrühe
(Rezept Seite 83)

Kräuter waschen und fein hacken. Butter schaumig rühren, nach und nach Grieß und Eier zugeben, die Kräutermischung unterrühren, würzen und etwa 25 Minuten ruhen lassen. Mit einem Teelöffel kleine Klößchen abstechen, in die kochende Rinderbrühe geben und 10 Minuten bei schwacher Hitze ziehen lassen. Die Suppe vor dem Servieren nochmals abschmecken.

81 kcal – 2,2 g EW – 6,4 g KH – 4,9 g Fett

Spargelcreme-suppe

500 g Spargel
(tiefgekühlt)
2 l Gemüsebrühe
(Rezept Seite 83)
50 g Margarine
50 g Mehl (Type 405)
Jodsalz
Streuwürze
flüssige Würze
30 g Sahne
(30 % Fett)
Schnittlauch
Petersilie

Den aufgetauten Spargel waschen, in Stücke schneiden und in der Gemüsebrühe gar kochen. Den Spargel aus der Brühe nehmen. Margarine zerlassen, Mehl darin anschwitzen, mit der abgekühlten Spargelbrühe ablöschen und etwa 15 Minuten kochen lassen. Den Spargel der Suppe beigeben und mit den Gewürzen abschmecken. Die Suppe mit der Sahne und den gewaschenen, fein gehackten Kräutern vollenden.

116 kcal – 3,0 g EW – 7,7 g KH – 7,8 g Fett

Grüne Suppe mit Rettichsprossen

100 g Sauerampfer
100 g Petersilie
100 g Kresse
50 g Kerbel
50 g Zitronenmelisse
100 g Sellerie
100 g Lauch
50 g Margarine
50 g Mehl (Type 405)
2 l Gemüsebrühe
(Rezept Seite 83)
30 g Rettichsprossen
50 g Sahne
(30 % Fett)
Jodsalz
Pfeffer
Streuwürze

Die Kräuter putzen und waschen. 1/3 der Kräuter klein schneiden, 2/3 mixen. Sellerie und Lauch waschen, in feine Würfel schneiden und in der Margarine andünsten, das Mehl hinzugeben, leicht anschwitzen lassen, danach mit der kalten Gemüsebrühe auffüllen und aufkochen. Nun die gemixten Kräuter in die Suppe gießen und etwa 10 Minuten leicht kochen lassen. Die Rettichsprossen kalt abspülen, mit der Sahne in die Suppe einrühren und erhitzen, mit den Gewürzen abschmecken und kurz vor dem Servieren die klein geschnittenen Kräuter unter die Suppe heben.

178 kcal – 6,5 g EW – 15,7 g KH – 9,4 g Fett

Hühnercreme-suppe

Zubereitungszeit: ······ 🕐 ·· **90 Minuten**

150 g Suppenhuhn
60 g Zwiebeln
40 g Lauch
40 g Sellerie
1 l Rinderbrühe
(Rezept Seite 83)
1 l Wasser
Lorbeerblatt
Pfefferkörner
Nelken
50 g Margarine
50 g Mehl (Type 405)
Jodsalz
Streuwürze
Schnittlauch
30 g Sahne
(30 % Fett)

Das Huhn zum Kochen vorbereiten. Zwiebeln schälen und grob würfeln. Lauch und Sellerie waschen und in grobe Stücke schneiden. Die Rinderbrühe mit dem Wasser mischen und aufkochen. Suppenhuhn, Gemüse, Lorbeerblatt, Pfefferkörner und Nelken in die Brühen geben und zum Kochen bringen. Nach etwa 60 Minuten eine Schwitze aus Margarine und Mehl herstellen. Das fertig gegarte Suppenhuhn aus der Brühe nehmen. Die Brühe passieren und etwas erkalten lassen. Nun die Hühnerbrühe mit der Schwitze mischen, aufkochen und mit den restlichen Gewürzen abschmecken. Den Schnittlauch waschen und in feine Röllchen schneiden. Das Hühnerfleisch in feine Würfel schneiden. Die Suppe nun mit dem Hühnerfleisch, dem Schnittlauch und der Sahne vollenden.

137 kcal – 5,0 g EW – 4,4 g KH – 10,6 g Fett

Fadennudel-suppe

Zubereitungszeit: ······ 🕐 ·· **20 Minuten**

100 g Sellerie
100 g Karotten
100 g Lauch
2 l Rinderbrühe
(Rezept Seite 83)
160 g Fadennudeln
Jodsalz
flüssige Würze
Muskatnuß (gerieben)
Streuwürze
10 g Petersilie

Sellerie und Karotten waschen, fein würfeln. Lauch waschen und in feine Röllchen schneiden. Das Gemüse in die kochende Rinderbrühe geben und nach 10 Minuten die Fadennudeln zufügen. Nach weiteren 5 Minuten mit den Gewürzen abschmecken und mit der frisch gewaschenen und gehackten Petersilie vollenden.

68 kcal – 2,5 g EW – 12,4 g KH – 0,9 g Fett

Florentiner Rahmsuppe

600 g Spinat
(passiert, tiefgekühlt)
200 g Sellerie
200 g Karotten
50 g Margarine
50 g Mehl (Type 405)
2 l Gemüsebrühe
(Rezept Seite 83)
10 g Basilikum
10 g Petersilie
50 g Sahne
(30 % Fett)
Jodsalz
Streuwürze
Pfeffer
Muskat

Den Spinat auftauen. Sellerie und Karotten waschen, schälen, in feine Würfel schneiden und in der Margarine andünsten. Das Mehl hinzufügen, leicht anschwitzen und danach mit der kalten Gemüsebrühe auffüllen und aufkochen. Nun den Spinat hinzufügen und zirka 20 Minuten leicht wellen lassen. Die Kräuter waschen, fein hacken, unter die Suppe heben und mit der Sahne und den Gewürzen abschmecken.

112 kcal – 3,1 g EW – 9,7 g KH – 6,4 g Fett

Sauerampfersuppe

400 g Sauerampfer
150 g Sellerie
150 Lauch
50 g Margarine
50 g Mehl (Type 405)
2 l Gemüsebrühe
(Rezept Seite 83)
10 g Schnittlauch
10 g Petersilie
30 g Sahne
(30 % Fett)
25 Crème fraîche
(40 % Fett)
Jodsalz
Pfeffer
Streuwürze

Den Sauerampfer waschen (Stielansätze entfernen) und in grobe Streifen schneiden. Sellerie und Lauch ebenfalls waschen, in feine Würfel schneiden und in der Margarine andünsten. Das Mehl hinzufügen, leicht anschwitzen lassen, danach mit der kalten Gemüsebrühe auffüllen und aufkochen. Nun den Sauerampfer hinzufügen und etwa 15 Minuten leicht wellen lassen. Mit dem Passierstab die Suppe fein pürieren. Die Kräuter waschen, in feine Streifen schneiden, unter die Suppe heben und mit der Sahne, Crème fraîche sowie den Gewürzen abschmecken.

134 kcal – 2,5 g EW – 11,8 g KH – 8,5 g Fett

Maiscremesuppe   Zubereitungszeit: ······ 🕐 ·· 30 Minuten

250 g Mais (Dose)
200 g Zwiebeln
300 g Karotten
50 g Butter
1½ l Gemüsebrühe
(Rezept Seite 83)
120 g Maismehl
Jodsalz
Pfeffer
Streuwürze
flüssige Würze
50 g Sahne
(30 % Fett)
10 g Kerbel

Den Mais aus der Dose entnehmen und kurz abspülen. Die Zwiebeln schälen und in feine Würfel schneiden, Karotten schälen und fein raspeln. Die Zwiebelwürfel mit etwas Butter in einem Topf kurz angehen lassen, Karotten hinzugeben und nach etwa 2 Minuten das Ganze mit der kalten Gemüsebrühe auffüllen und aufkochen. Nach etwa 15 Minuten den Maisgrieß hineinrühren, mit den Gewürzen abschmecken und etwa 5 Minuten unter stetigem Rühren kochen. Maiskörner der Suppe beifügen. Die Suppe mit der Sahne und dem gewaschenen, gehackten Kerbel vollenden.

191 kcal – 3,8 g EW – 26,7 g KH – 7,1 g Fett

Buchweizensuppe   Zubereitungszeit: ······ 🕐 ·· 20 Minuten

160 g Buchweizen-
mehl
2 l Gemüsebrühe
(Rezept Seite 83)
50 g Zwiebeln
30 g Margarine
100 g Karotten
100 g Lauch
100 g Sellerie
Jodsalz
Streuwürze
flüssige Würze
20 g Petersilie

Buchweizenmehl mit einem ½ l kalter Gemüsebrühe anrühren. Die restliche Gemüsebrühe zum Kochen bringen. Die Buchweizenmasse in die kochende Gemüsebrühe einrühren. Zwiebeln schälen, fein würfeln und in der Margarine andünsten. Karotten, Lauch und Sellerie putzen, waschen, in feine Würfel schneiden, danach zu den Zwiebeln geben und etwa 5 Minuten weiterdünsten lassen. Das Gemüse in die Suppe geben und mit den Gewürzen abschmecken. Petersilie waschen, fein hacken und vor dem Servieren unter die Suppe heben.

113 kcal – 5,6 g EW – 16,9 g KH – 2,2 g Fett

Sagosuppe mit Gemüsestreifen

Zubereitungszeit: ······ 🕐 ·· **40 Minuten**

100 g Lauch
200 g Karotten
100 g Sellerie
2 l Gemüsebrühe
(Rezept Seite 83)
120 g Gersten-
graupen (Sago)
100 g Erbsen
(grün, Dose)
100 g Spargel (Dose)
Jodsalz
Pfeffer
Streuwürze
flüssige Würze
20 g Schnittlauch

Lauch, Karotten und Sellerie putzen, waschen und in feine Würfel schneiden. Die Gemüsebrühe aufkochen lassen und den Sago einstreuen, nach 12 Minuten Lauch, Karotten und Sellerie zugeben. Nach weiteren 15 Minuten Kochzeit die Erbsen und den in kleine Stücke geschnittenen Spargel hinzufügen. Mit den Gewürzen abschmecken und mit dem gewaschenen, in feine Röllchen geschnittenen Schnittlauch bestreuen.

100 kcal – 6,0 g EW – 15,9 g EW – 1,1 g Fett

Rinderbrühe mit Korianderflädle

Zubereitungszeit: ······ 🕐 ·· **25 Minuten**

200 g Mehl
(Type 405)
0,3 l Milch
(3,5 % Fett)
50 g Ei
Koriander
Jodsalz
Pfeffer
30 g Pflanzenfett
2 l Rinderbrühe
(Rezept Seite 83)
Streuwürze
flüssige Würze
10 g Schnittlauch
10 g Petersilie

Aus Mehl, Milch, Eiern und Koriander einen Pfannkuchenteig herstellen, mit Salz und Pfeffer abschmecken und dünne Flädle ausbacken, diese erkalten lassen und in Streifen geschnitten der abgeschmeckten Rinderbrühe als Einlage beigeben. Die Suppe mit den gewaschenen und fein geschnittenen Kräutern vor dem Servieren garnieren.

145 kcal – 3,7 g EW – 15,9 g KH – 6,8 g Fett

Rinderbrühe royale

Zubereitungszeit: ······ 🕐 ·· **55 Minuten**

348 g Eier (6 Eier
à 58 g, Klasse 4)
250 g Milch
(3,5 % Fett)
Jodsalz
Pfeffer
Muskatnuß (gerieben)
10 g Butter
2 l Rinderbrühe
(Rezept Seite 83)
30 g Schnittlauch

Eier und Milch mit etwas Jodsalz, Pfeffer und
dem geriebenen Muskat verrühren. Die flüssige
Masse in eine mit Butter ausgestrichene Form
füllen, in ein Wasserbad setzen und im Ofen etwa
45 Minuten stocken lassen. Den Eierstich vom
Rand der Form lösen, stürzen und in Rauten
schneiden. Rinderbrühe aufkochen. Schnittlauch
waschen, in feine Röllchen schneiden und in die
Rinderbrühe geben. Eierstich in die einzelnen
Suppenschalen verteilen und mit der Rinderbrühe
aufgefüllt servieren.

120 kcal – 9,1 g EW – 5,6 g KH – 6,4 g Fett

Grünkernsuppe

Zubereitungszeit: ······ 🕐 ·· **35 Minuten**

250 g Karotten
100 g Sellerie
250 g Lauch
30 g Olivenöl
200 g Grünkerngrieß
2 l Gemüsebrühe
(Rezept Seite 83)
Jodsalz
Pfeffer
Streuwürze
flüssige Würze
10 g Petersilie
10 g Schnittlauch

Karotten und Sellerie schälen und klein würfeln.
Den Lauch putzen, waschen und in feine Ringe
schneiden. Das Gemüse in einem Teil des Oli-
venöls andünsten. Das restliche Öl erhitzen und
darin den Grünkerngrieß goldgelb anrösten. Dann
die kalte Gemüsebrühe zugießen und aufkochen.
Das Gemüse hinzufügen, mit den Gewürzen
abschmecken und die Suppe etwa 20 Minuten
kochen lassen. Petersilie und Schnittlauch waschen und in feine Streifen schneiden. Die Suppe
vor dem Servieren mit den Kräutern verfeinern.

93 kcal – 5,8 g EW – 2,6 g KH – 6,3 g Fett

Karottenrahm-suppe

Zubereitungszeit: ······ 🕐 ·· **40 Minuten**

800 g Karotten
50 g Margarine
50 g Mehl (Type 405)
2 l Gemüsebrühe
(Rezept Seite 83)
Jodsalz
Streuwürze
flüssige Würze
50 g Sahne
(30 % Fett)
20 g Petersilie

Die Karotten waschen, putzen und in feine Streifen raspeln. Aus der erhitzten Margarine und dem Mehl eine helle Schwitze herstellen, mit der Gemüsebrühe glatt rühren und aufkochen. Karotten zugeben, mit den Gewürzen abschmecken und etwa 20 Minuten kochen lassen. Vor dem Servieren Sahne unterheben und mit gewaschener, fein gehackter Petersilie bestreuen.

114 kcal – 2,5 g EW – 9,1 g KH – 7,2 g Fett

92

Suppe Carmen (tomatierte Suppe mit Reis)

Zubereitungszeit: ······ 🕐 ·· **35 Minuten**

120 g Reis
150 g Karotten
150 g Lauch
100 g Sellerie
100 g Paprikafrüchte
(bunt)
20 g Olivenöl
2 l Rinderbrühe
(Rezept Seite 83)
Jodsalz
Streuwürze
flüssige Würze
Muskatnuß (gerieben)
Thymian (gerebelt)
50 g Tomatenmark
10 g Petersilie
10 g Schnittlauch

Den Reis waschen und in Wasser etwa 18 Minuten bißfest kochen. Danach kalt abspülen und abtropfen lassen. Karotten, Lauch, Sellerie und Paprika putzen, waschen und in feine Würfel schneiden. Das Gemüse in Olivenöl andünsten. Rinderbrühe erwärmen und mit den Gewürzen abschmecken. Tomatenmark, Reis und Gemüse der Brühe zufügen und das Ganze aufkochen. Die Kräuter waschen, in feine Streifen schneiden und der Suppe vor dem Servieren zufügen.

84 kcal – 1,8 g EW – 10,9 g KH – 2,4 g Fett

Wildkräutersuppe

Zubereitungszeit: · · · · · · 🕐 · · **40 Minuten**

100 g Sauerampfer
100 g Petersilie
100 g Kerbel
50 g Oregano
50 g Basilikum
100 g Sellerie
100 g Lauch
50 g Margarine
50 g Mehl (Type 405)
2 l Gemüsebrühe
(Rezept Seite 83)
30 g Sahne
(30 % Fett)
25 g Crème fraîche
(40 % Fett)
Jodsalz
Pfeffer
Streuwürze

Die Kräuter putzen und waschen. $\frac{1}{3}$ der Kräuter klein schneiden, $\frac{2}{3}$ mixen. Sellerie und Lauch waschen, in feine Würfel schneiden und in der Margarine andünsten. Das Mehl hinzugeben, leicht anschwitzen lassen, danach mit der kalten Gemüsebrühe auffüllen und aufkochen. Nun die gemixten Kräuter in die Suppe geben und etwa 20 Minuten leicht kochen. Die Suppe mit der Sahne, Crème fraîche und den Gewürzen abschmecken. Kurz vor dem Servieren die klein geschnittenen Kräuter unter die Suppe heben.

151 kcal – 6,5 g EW – 14,7 g KH – 6,8 g Fett

Rezepte / Suppen

93

Currycremesuppe

Zubereitungszeit: · · · · · · 🕐 · · **25 Minuten**

225 g Zwiebeln
250 g Äpfel
50 g Margarine
50 g Mehl (Type 405)
2 l Gemüsebrühe
(Rezept Seite 83)
Curry
Jodsalz
Pfeffer
Streuwürze
flüssige Würze
100 g Reis
30 g Sahne
(30 % Fett)
20 g Petersilie

Die Zwiebeln und die Äpfel schälen (den Äpfeln die Kerngehäuse entfernen) und in kleine Würfel schneiden. Danach in der Margarine kurz andünsten, mit Mehl bestäuben, mit der kalten Gemüsebrühe auffüllen und aufkochen. Die Suppe nun mit dem Curry und den anderen Gewürzen abschmecken. Den Reis einstreuen und die Suppe 15 Minuten kochen lassen. Danach die Sahne in die Suppe einrühren und vor dem Servieren die gewaschene und fein gehackte Petersilie über die Suppe streuen.

128 kcal – 5,4 g EW – 18,6 g KH – 3,2 g Fett

Klare Brühe mit Grießklößchen

Zubereitungszeit: ······ 🕐 ·· **25 Minuten**
Quellzeit: ············ 🕐 ·· **30 Minuten**

20 g Petersilie
20 g Schnittlauch
80 g Butter
180 g Grieß
145 g Eier (2,5 Eier
à 58 g, Klasse 4)
Jodsalz
Pfeffer
Streuwürze
Muskatnuß (gerieben)
2 l Rinderbrühe
(Rezept Seite 83)

Die Petersilie und den Schnittlauch waschen. Die Petersilie fein hacken, den Schnittlauch in feine Röllchen schneiden. Die Butter schaumig rühren, nach und nach Grieß, Eier, Gewürze sowie die Petersilie unterrühren und die Masse etwa 30 Minuten ruhen lassen (Quellzeit). Die Rinderbrühe aufkochen und mit den Gewürzen abschmecken. Mit dem Teelöffel von der Grießmasse Nockerln abstechen, in die kochende Brühe geben und 10 bis 15 Minuten bei schwacher Hitze ziehen lassen. Vor dem Servieren die Schnittlauchröllchen in die Suppe geben.

179 kcal – 5,4 g EW – 18,4 g KH – 8,8 g Fett

Dillcremesuppe

Zubereitungszeit: ······ 🕐 ·· **35 Minuten**

200 g Dill
100 g Kresse
150 g Sellerie
150 Lauch
50 g Margarine
50 g Mehl (Type 405)
2 l Gemüsebrühe
(Rezept Seite 83)
10 g Petersilie
10 g Schnittlauch
30 g Sahne
(30 % Fett)
25 g Crème fraîche
(40 % Fett)
Jodsalz
Pfeffer
Streuwürze

Den Dill waschen (die Stielansätze entfernen) und in grobe Streifen schneiden. Kresse waschen und mixen. Sellerie und Lauch putzen, waschen, in kleine Würfel schneiden und in der Margarine andünsten. Mehl hinzufügen, leicht anschwitzen lassen, danach mit der kalten Gemüsebrühe auffüllen und aufkochen. Nun den Dill und die Kresse hinzufügen und etwa 15 Minuten leicht wellen lassen. Petersilie und Schnittlauch waschen, in feine Streifen bzw. Röllchen schneiden und unter die Suppe heben. Die Suppe mit der Sahne, Crème fraîche und den Gewürzen abschmecken.

167 kcal – 7,5 g EW – 16,1 g KH – 6,9 g Fett

Minestrone

40 g Räucherspeck
100 g Zwiebeln
100 g Lauch
100 g Sellerie
100 g Karotten
100 g Weißkohl
100 g Tomaten
(geschält, Dose)
10 g Olivenöl
200 g Tomatenmark
2 l Gemüsebrühe
(Rezept Seite 83)
40 g Reis
40 g Eierteigwaren
(Hörnchen)
Jodsalz
Knoblauchzehe
Streuwürze
10 g Majoran
10 g Kerbel
20 g Petersilie

Den Räucherspeck in kleine Würfel schneiden. Die Zwiebeln schälen, Lauch, Sellerie und Karotten putzen, waschen und klein würfeln. Den Weißkohl putzen und in feine Streifen schneiden. Die geschälten Tomaten aus der Dose beigeben. Den Räucherspeck in Öl andünsten, Gemüse und Tomatenmark hinzufügen und mit der Gemüsebrühe auffüllen. Wenn die Suppe zu kochen anfängt, zuerst den Reis und nach weiteren 5 Minuten die Hörnchen zusetzen. Ist der Reis gar, die Suppe mit den Gewürzen abschmecken. Zuletzt die gewaschenen, fein gehackten Kräuter über die Suppe streuen.

147 kcal – 6,8 g EW – 13,8 g KH – 6,7 g Fett

Rezepte / Suppen

95

Riebelesuppe

Zubereitungszeit: · · · · · · 🕐 · · **25 Minuten**

100 g Sellerie
100 g Karotten
100 g Lauch
2 l Rinderbrühe
(Rezept Seite 83)
140 g Riebele
Jodsalz
flüssige Würze
Muskatnuß (gerieben)
Streuwürze
10 g Petersilie

Sellerie und Karotten waschen und fein würfeln. Lauch waschen und in feine Röllchen schneiden. Das Gemüse in die kochende Rinderbrühe geben und nach 10 Minuten die Riebele zufügen. Nach weiteren 5 Minuten mit den Gewürzen abschmecken. Zum Schluß mit der frisch gewaschenen und gehackten Petersilie vollenden.

102 kcal – 5,5 g EW – 13,7 g KH – 2,5 g Fett

Hirsesuppe mit Gemüsestreifen

100 g Lauch
200 g Karotten
100 g Sellerie
2 l Gemüsebrühe
(Rezept Seite 83)
120 g Hirse
(gewaschen)
100 g Erbsen
(grün, Dose)
100 g Spargel (Dose)
Jodsalz
Pfeffer
Streuwürze
flüssige Würze
20 g Schnittlauch

Lauch, Karotten und Sellerie putzen, waschen und in feine Würfel schneiden. Gemüsebrühe aufkochen lassen und die Hirse einstreuen, nach 12 Minuten das Gemüse dazugeben. Nach etwa 15 Minuten die Erbsen und den in kleine Stücke geschnittenen Spargel zufügen. Mit den Gewürzen abschmecken und kurz vor dem Servieren den gewaschenen und in feine Röllchen geschnittenen Schnittlauch unterheben.

106 kcal – 6,1 g EW – 16,8 g KH – 1,4 g Fett

96

Frühlingssuppe

2 l Rinderbrühe
(Rezept Seite 83)
150 g Karotten
150 g Erbsen
(tiefgekühlt)
150 g Blumenkohl
150 g Spargel
(tiefgekühlt)
120 g Suppennudeln
Jodsalz
Streuwürze
flüssige Würze
Muskatnuß (gerieben)
20 g Petersilie
20 g Schnittlauch

Die Rinderbrühe zum Kochen bringen. Karotten und Blumenkohl waschen und putzen. Karotten in feine Streifen schneiden, den Blumenkohl in kleine Röschen teilen. Spargel kurz antauen lassen und in kleine Stücke schneiden. Gemüse sowie die noch tiefgekühlten Erbsen in die Rinderbrühe geben und die Brühe aufkochen. Nun die Suppennudeln einstreuen und etwa 15 Minuten kochen lassen. Die Suppe mit den Gewürzen abschmecken. Die Kräuter waschen, fein schneiden und kurz vor dem Servieren der Suppe unterheben.

91 kcal – 5,7 g EW – 10,2 g KH – 2,8 g Fett

Blumenkohl-suppe

800 g Blumenkohl
50 g Margarine
50 g Mehl (Type 405)
2 l Gemüsebrühe
(Rezept Seite 83)
Jodsalz
Streuwürze
Muskatnuß (gerieben)
flüssige Würze
50 g Sahne
(30 % Fett)
20 g Petersilie

Blumenkohl waschen, putzen und in feine Röschen teilen. Aus der erhitzten Margarine und dem Mehl eine helle Schwitze herstellen, diese mit der Gemüsebrühe glatt rühren und aufkochen. Blumenkohl zugeben, mit den Gewürzen abschmecken und etwa 20 Minuten kochen lassen.Vor dem Servieren die Sahne und die gewaschene, fein gehackte Petersilie unter die Suppe heben.

Tip:

Um der Gemüsebrühe einen besseren Blumenkohlgeschmack zu verleihen, ist es notwendig, daß man die Strünke des Blumenkohls zerkleinert und in der Gemüsebrühe etwa 20 Minuten mitkochen läßt.

147 kcal – 6,4 g EW – 16,3 g KH – 5,8 g Fett

Zucchinicreme-suppe

Zubereitungszeit: · · · · · · 🕐 · · **35 Minuten**

300 g Zwiebeln
40 g Olivenöl
800 g Zucchini
40 g Mehl (Type 405)
2 l Gemüsebrühe
(Rezept Seite 83)
Jodsalz
Pfeffer
Streuwürze
flüssige Würze
50 g Sahne
(30 % Fett)

Die geschälten und fein gewürfelten Zwiebeln in Öl anschwitzen. Die gewaschenen und fein gewürfelten Zucchini zugeben, kurz schmoren lassen, mit Mehl bestäuben und mit der kalten Gemüsebrühe auffüllen. Die Suppe nach dem Aufkochen mit den Gewürzen abschmecken und etwa 15 Minuten kochen. Vor dem Servieren die Suppe mit Sahne verfeinern.

116 kcal – 5,1 g EW – 9,5 g KH – 5,9 g Fett

Schwäbische Brotsuppe

200 g Weißbrot
2 l Rinderbrühe
(Rezept Seite 83)
50 g Ei (1 Ei à 58 g,
Klasse 4)
100 g Milch
(3,5 % Fett)
Jodsalz
Streuwürze
flüssige Würze
Muskatnuß (gerieben)
10 g Petersilie
10 g Schnittlauch
10 g Spitzwegerich

Weißbrot in Würfel schneiden und in der Rinderbrühe verkochen lassen. Das Ei mit der Milch verquirlen und langsam unter die kochende Brühe heben. Die Suppe mit den Gewürzen abschmecken und mit den gewaschenen, fein geschnittenen Kräutern verfeinern.

108 kcal – 5,7 g EW – 13,4 g KH – 3,2 g Fett

Klare Brühe mit Markklößchen

250 g Rindermark
200 g Ei
250 g Brötchen
20 g Petersilie
Jodsalz
Pfeffer
Muskatnuß (gerieben)
Streuwürze
flüssige Würze
2 l Rinderbrühe
(Rezept Seite 83)
20 g Schnittlauch

Rindermark schmelzen, durch ein feines Sieb streichen und erkalten lassen. Das gesiebte Mark schaumig rühren. Das Ei und die in Wasser eingeweichten und ausgedrückten Brötchen sowie die gewaschene und fein gehackte Petersilie unter das Mark rühren. Mit den Gewürzen abschmecken und die Masse etwa 10 Minuten ruhen lassen (Quellzeit). Die Rinderbrühe aufkochen und abschmecken. Mit dem Teelöffel aus der Markmasse Nockerln abstechen, in die kochende Brühe geben und 10 bis 15 Minuten bei schwacher Hitze ziehen lassen. Vor dem Servieren den gewaschenen und in feine Röllchen geschnittenen Schnittlauch in die Suppe geben.

156 kcal – 10,1 g EW – 15,1 g KH – 5,7 g Fett

Lauchsuppe mit roten Linsen

Zubereitungszeit: ······ 🕐 ·· **40 Minuten**

50 g Sellerie
50 g Lauch
50 g Karotten
50 g Zwiebeln
40 g Olivenöl
200 g rote Linsen
2 l Gemüsebrühe
(Rezept Seite 83)
80 g Sahne
(30 % Fett)
600 g Lauch
10 g Zitronensaft
Jodsalz
Pfeffer
Streuwürze
Cayennepfeffer
80 g Crème fraîche
10 g Zitronenmelisse

Sellerie, Lauch und Karotten waschen, danach in feine Würfel schneiden. Die Zwiebeln schälen und ebenfalls klein würfeln. Das Olivenöl in einem Topf erhitzen, die Zwiebeln und das Gemüse darin andünsten. Die Linsen waschen, zum Gemüse geben und unter Rühren mit kalter Gemüsebrühe auffüllen. Die Suppe aufkochen lassen und zugedeckt bei schwacher Hitze etwa 10 Minuten garen, danach die Sahne untermengen. Den Lauch putzen, waschen und in dünne Ringe schneiden. Die Lauchringe mit dem Zitronensaft der Suppe beifügen und mit den Gewürzen abschmecken. Nach etwa 20 Minuten die Crème fraîche unter die Lauchsuppe heben. Die Zitronenmelisse waschen und zu kleinen Blättchen zupfen, vor dem Servieren als Garnitur auf die Suppe streuen.

332 kcal – 10,9 g EW – 22,5 g KH – 21 g Fett

Champignoncremesuppe

Zubereitungszeit: ······ 🕐 ·· **35 Minuten**

500 g Champignons
50 g Margarine
50 g Mehl (Type 405)
2 l Gemüsebrühe
(Rezept Seite 83)
Jodsalz
Streuwürze
Muskatnuß (gerieben)
flüssige Würze
50 g Sahne
(30 % Fett)
20 g Schnittlauch

Champignons waschen, putzen und in Scheiben schneiden. Aus Margarine und Mehl eine helle Schwitze herstellen, diese mit der kalten Gemüsebrühe glatt rühren und aufkochen lassen. Die Champignons zugeben, mit den Gewürzen abschmecken und etwa 20 Minuten kochen lassen. Vor dem Servieren die Sahne und den gewaschenen, in feine Röllchen geschnittenen Schnittlauch unter die Suppe heben.

118 kcal – 5,8 g EW – 12,1 g KH – 4,9 g Fett

Wiener Kerbelsuppe mit Karottenstreifen

200 g Kerbel
100 g Karotten
150 g Sellerie
150 g Lauch
50 g Margarine
50 g Mehl (Type 405)
2 l Gemüsebrühe
(Rezept Seite 83)
10 g Schnittlauch
10 g Petersilie
30 g Sahne
(30 % Fett)
25 g Crème fraîche
(40 % Fett)
Jodsalz
Pfeffer
Streuwürze

Den Kerbel waschen (Stielansätze entfernen) und in grobe Streifen hacken. Die Karotten waschen und in Streifen schneiden. Sellerie und Lauch putzen, waschen, fein würfeln und in der Margarine andünsten. Das Mehl hinzufügen, leicht anschwitzen lassen, danach mit der kalten Gemüsebrühe auffüllen und aufkochen. Nun $2/3$ des Kerbels hinzufügen und etwa 15 Minuten leicht wellen lassen. Petersilie und Schnittlauch waschen, in feine Streifen schneiden und mit dem restlichen Kerbel unter die Suppe heben. Die Suppe mit Sahne, Crème fraîche und den Gewürzen abschmecken.

151 kcal – 5,9 g EW – 12,5 g KH – 8,1 g Fett

Flädlesuppe

200 g Mehl
(Type 405)
0,3 l Milch
(3,5 % Fett)
50 g Ei
30 g Pflanzenfett
Jodsalz
Pfeffer
2 l Rinderbrühe
(Rezept Seite 83)
Streuwürze
flüssige Würze
10 g Schnittlauch
10 g Petersilie

Aus Mehl, Milch und Eiern einen Pfannkuchenteig herstellen, mit Salz und Pfeffer abschmecken und dünne Flädle ausbacken, diese erkalten lassen und in Streifen geschnitten der abgeschmeckten Rinderbrühe als Einlage beigeben. Die Suppe mit den gewaschenen und fein geschnittenen Kräutern vor dem Servieren garnieren.

145 kcal – 3,7 g EW – 15,9 g KH – 6,8 g Fett

Kressesuppe mit Safransahne

Zubereitungszeit: ······ ⏱ ·· 35 Minuten

400 g Kresse
50 g Zwiebeln
50 g Möhren
50 g Lauch
50 g Sellerie
50 g Margarine
50 g Mehl (Type 405)
2 l Gemüsebrühe
(Rezept Seite 83)
50 g Sahne
(30 % Fett)
Safran
Jodsalz
Pfeffer
Streuwürze

Die Kresse waschen und 3/4 davon fein mixen, den Rest grob hacken. Die Zwiebeln schälen und in feine Würfel schneiden. Möhren, Lauch und Sellerie putzen, waschen und ebenfalls in feine Würfel schneiden. Margarine erhitzen und darin die Zwiebeln glasig dünsten. Das restliche Gemüse zugeben, leicht angehen lassen, mit Mehl bestäuben, mit der kalten Gemüsebrühe auffüllen und aufkochen. Die gemixte Kresse in die Suppe gießen und alles zusammen etwa 15 Minuten leicht wellen lassen. 1/3 der Sahne mit etwas Safranpulver steif schlagen. Den anderen Teil der Sahne unter die Suppe mischen und mit den Gewürzen abschmecken. Die Suppe in vorgewärmte Teller geben und mit der steif geschlagenen Safransahne sowie der grob gehackten Kresse vor dem Servieren garnieren.

184 kcal – 7,5 g EW – 16,1 g KH – 9,4 g Fett

Bündner Gerstensuppe

Zubereitungszeit: ······ ⏱ ·· 35 Minuten

200 g Lauch
200 g Karotten
200 g Sellerie
120 g Gerstengraupen
2 l Rinderbrühe
(Rezept Seite 83)
10 g Spitzwegerich
20 g Petersilie
20 g Liebstöckel
10 g Kerbel
Jodsalz
Streuwürze
flüssige Würze

Das Suppengemüse (Lauch, Karotten, Sellerie) putzen, waschen und in feine Würfel schneiden. Die Gerstengraupen in die kochende Rinderbrühe einstreuen, nach 10 Minuten Kochzeit das Gemüse dazugeben. In der Zwischenzeit die Kräuter waschen und fein hacken. Wenn die Gerstengraupen weich sind, die Kräuter zugeben. Die Suppe nun mit den Gewürzen abschmecken und servieren.

106 kcal – 5,8 g EW – 14,9 g KH – 2,4 g Fett

Rezepte
Hauptgerichte

Bei Hauptgerichten mit Fleisch und Geflügel sollten Sie beim Einkauf auf magere Fleischstücke achten, da diese in der Regel weniger Fett, also weniger Kalorien enthalten. Eine Fleischportion von durchschnittlich 150 g ist in der Regel ausreichend für eine Person. Fisch enthält zumeist weniger Fett als eine vergleichbare Menge Fleisch. Zudem ist zu beachten, daß z. B. der Seefisch ein guter Jodlieferant ist. Eine Fischmahlzeit pro Woche sollte immer auf Ihrem Speiseplan stehen. Wählen Sie fettarme Sorten wie Kabeljau oder Seelachs. Bei Ihren Zubereitungsmethoden können Sie die bewährten Gartechniken wählen, die eine schonende Zubereitung des Fisches zulassen und bei denen Sie zudem Bratfett sparen.

Gewürzt wird vor allem mit vielen frischen Kräutern und Gewürzen; Salz hingegen sollten Sie nur sehr sparsam verwenden.

Königsberger Klopse mit Kapernsauce

Zutaten Fleischklopse:
500 g Rinderbug
500 g Schweinebug
150 g Weißbrot
½ Zitrone
(unbehandelt)
100 g Zwiebeln
20 g Margarine
60 g Sardellenfilets
120 g Ei
20 g Petersilie
Jodsalz
Pfeffer
gekörnte Brühe

Zutaten Kapernsauce:
100 g Zwiebeln
100 g Margarine
100 g Mehl
(Type 405)
1 l Rinderbrühe
(Rezept Seite 83)
50 g Sardellenfilets
½ Zitrone
Jodsalz
Pfeffer
Streuwürze
flüssige Würze
50 g Crème fraîche
(40 % Fett)
20 g Petersilie

Zubereitung Fleischklopse:

Rinderbug und Schweinebug durch den Fleischwolf drehen. Weißbrot in lauwarmem Wasser einweichen und ausdrücken. Zitrone waschen, abtrocknen und halbieren. Von der einen Hälfte ein Stück Schale abschneiden und fein hacken, Saft auspressen. Die Zwiebeln schälen, würfeln und in der Margarine glasig andünsten. Sardellenfilets abwaschen und in feine Würfel schneiden. Alle Zutaten nun unter die Hackmasse mischen, das Ei sowie die gewaschene, fein gehackte Petersilie dazugeben. Die Masse mit den Gewürzen abschmecken und zu kleinen Bällchen formen. Wasser mit gekörnter Brühe aufkochen und darin die Klopse garen.

Zubereitung Kapernsauce:

Die Zwiebeln schälen, in feine Würfel schneiden und in der Margarine andünsten. Das Ganze mit dem Mehl bestäuben, mit der kalten Rinderbrühe auffüllen und aufkochen lassen. Die Sauce mit 1 Liter der Klopsbrühe auffüllen und weitere 10 Minuten kochen. Sardellenfilets fein hacken, Zitrone schälen und in Würfel schneiden, alles unter die Sauce heben und mit den Gewürzen abschmecken. Crème fraîche und die gewaschene, fein gehackte Petersilie vor dem Servieren unter die Sauce heben.

342 kcal – 22,8 g EW – 19,3 g KH – 19,3 g Fett

Lammkeule in Rosmarinsauce

1,8 kg Lammkeule
(mit Knochen)
6 g Rosmarin
100 g Lauch
100 g Karotten
100 g Sellerie
100 g Zwiebeln
60 g Pflanzenfett
50 g Tomatenmark
Knoblauch
1 l Rinderbrühe
(Rezept Seite 83)
Jodsalz
Pfeffer
30 g Pflanzenfett
50 g Zwiebeln
30 g Mehl (Type 405)
2 g Rosmarin
2 g Thymian

Lammfleisch auslösen, Knochen klein hacken und das Fleisch mit Rosmarin einreiben. Lauch, Karotten und Sellerie waschen, putzen und in grobe Stücke schneiden. Die Zwiebeln schälen und in Würfel schneiden. Das Pflanzenfett erhitzen, die Lammknochen darin angehen lassen, Zwiebeln hinzufügen und danach mit Lauch, Karotten und Sellerie ergänzen. Tomatenmark sowie Knoblauch nach etwa 10 Minuten hinzufügen und mit der kalten Rinderbrühe ablöschen. Das Lammfleisch würzen, mit dem Pflanzenfett anbraten und unter mehrmaligem Angießen mit der Lammjus garen. Aus dem restlichen Fett, den gewürfelten Zwiebeln und dem Mehl eine hellbraune Schwitze bereiten, mit Bratensaft und der restlichen Lammjus auffüllen, gut durchkochen und nochmals mit Rosmarin und etwas Thymian abschmecken.

313 kcal – 22,8 g EW – 3,9 g KH – 21,9 g Fett

Gaisburger Marsch

900 g Suppen-
knochen (gesägt)
900 g Rinderbug
120 g Zwiebeln
Lorbeerblatt
Nelken
Sellerie
Karotten
Petersilienwurzeln
gekörnte Brühe
Pfeffer
Jodsalz
950 g Kartoffeln
(geschält)
450 g Spätzle
(Trockenware)
250 g Zwiebeln
20 g Butter
20 g Schnittlauch

Suppenknochen in etwas Wasser kurz blanchieren, dann mit dem Rinderbug sowie einer ge-
spickten Zwiebel in Wasser aufsetzen (Zwiebel
schälen und das Lorbeerblatt mit den Nelken in
die Zwiebel stecken). Sellerie und Karotten waschen, putzen, in grobe Würfel schneiden und mit
den gewaschenen Petersilienwurzeln sowie den
Gewürzen zum kochenden Fleisch geben. Geschälte Kartoffeln in Würfel schneiden. Spätzle
bißfest kochen und abkühlen lassen. Zwiebeln
schälen, in Scheiben schneiden und in der Butter
goldbraun rösten. Wenn das Rindfleisch weich ist,
die Brühe passieren. Die Kartoffeln der passierten
Brühe zugeben und etwa 8 Minuten garen. Inzwischen das Rindfleisch würfeln. Nun alle Zutaten
unter die Brühe heben und die Suppe nochmals
abschmecken. Vor dem Servieren den gewaschenen und in feine Röllchen geschnittenen Schnittlauch über den Eintopf streuen.

437 kcal – 35,3 g EW – 48,9 g KH – 9,9 g Fett

Ratsherrn-geschnetzeltes

950 g Schweine-
fleisch (Bug)
Pfeffer
Jodsalz
Paprika
Knoblauchzehe
20 g Sonnenblumenöl
100 g Schweine-
bauch (geraucht,
durchwachsen)
200 g Zwiebeln
250 g Paprikafrüchte
(bunt)
500 g Stein-
champignons
30 g Pflanzenfett
20 g Tomatenmark
100 g Rinderbrühe
(Rezept Seite 83)
20 g Bratensaft
30 g süße Sahne
(30 % Fett)
30 g saure Sahne
10 g Zitronensaft
20 g Petersilie

Das Schweinefleisch quer zu den Fasern in dünne
Streifen schneiden, mit Pfeffer, Salz, Paprika, der
geschälten, ausgepreßten Knoblauchzehe und
dem Öl marinieren. Den Schweinebauch in feine
Würfel schneiden. Zwiebeln schälen und ebenfalls
in kleine Würfel schneiden. Paprika halbieren,
waschen und nach Entfernung der Kerne in feine
Streifen schneiden. Steinchampignons waschen
und in grobe Scheiben zerteilen. Das Fleisch
in der Hälfte des Pflanzenfetts scharf anbraten,
herausnehmen und in eine Schüssel geben. Mit
der anderen Hälfte des Fetts den Speck angehen
lassen und die Zwiebeln hinzufügen. Nach etwa
2 Minuten Paprikawürfel und die Champignons
zufügen. Das Ganze mit Tomatenmark, Rinderbrühe, Bratensaft, Zitronensaft sowie der süßen
und sauren Sahne vollenden. Das Fleisch nun
der Sauce beimengen und alles aufkochen
lassen. Kurz vor dem Servieren die gewaschene
und fein gehackte Petersilie über das Geschnet-
zelte streuen.

303 kcal – 22,8 g EW – 0,9 g KH – 22,2 g Fett

Tortellini Carbonara

1½ kg Tortellini
(tiefgekühlt)
500 g Rinderbrühe
(Rezept Seite 83)
60 g Pflanzen-
margarine
60 g Mehl (Type 405)
200 g Milch
(3,5 % Fett)
300 g Sahne
(30 % Fett)
150 g Erbsen
150 g Vorderschinken
(gekocht)
Jodsalz
Pfeffer
Muskatnuß (gerieben)
Streuwürze
flüssige Würze
100 g Parmesan
(gerieben)
200 g Emmentaler
(gerieben)

Tortellini in der Rinderbrühe garen. Aus Margarine, Mehl, Milch, Rinderbrühe (Brühe von den gegarten Tortellini) und Sahne eine weiße Sauce herstellen. Den Schinken in feine Streifen schneiden und mit den Erbsen der Sauce beifügen. Die Sauce mit den Gewürzen abschmecken. Tortellini aus der Brühe nehmen, Sauce und Käse darübergeben und servieren.

599 kcal – 26,4 g EW – 38,0 g KH – 36,0 g Fett

Gefüllter Putenrollbraten

Zubereitungszeit: · · · · · · ⏲ · · **45 Minuten**
Garzeit: · · · · · · · · · · · · · ⏲ · · **60 Minuten**

1,6 kg Putenbrust
(mit Knochen)
40 g Senf (scharf)
Jodsalz
Pfeffer
200 g Schweinebrät
(gewürzt)
40 g Pflanzenfett
100 g Zwiebeln
50 g Karotten
50 g Sellerie
20 g Tomatenmark
1 l Rinderbrühe
(Rezept Seite 83)
Streuwürze
Bratensaft (pastös)
Paprika
20 g Maisstärke

Putenbrust auslösen und flach klopfen. Die Innenseite der Brust mit Senf bestreichen, leicht mit Salz und Pfeffer würzen, das Schweinebrät darauf verteilen. Fleisch aufrollen und mit Bindfaden umwickeln. Knochen klein hacken und in Fett anrösten. Zwiebeln schälen grob würfeln und zu den Knochen geben. Karotten und Sellerie putzen, waschen, in Würfel schneiden und den Knochen hinzufügen. Nun die Knochen und das Röstgemüse aus dem Schmortopf in eine Schüssel geben. Den Putenrollbraten im Schmortopf von allen Seiten anbraten, die Knochen und das Röstgemüse wieder in den Topf umfüllen, Tomatenmark einrühren und das Ganze weiter anrösten. Nach etwa 10 Minuten mit der kalten Rinderbrühe ablösen und mit Streuwürze, Bratensaft und Paprika leicht abschmecken. Den Rollbraten zugedeckt bei schwacher Hitze 60 Minuten schmoren. Fertig gegarten Putenrollbraten aus dem Topf nehmen, Sauce passieren und mit der Maisstärke leicht binden.

Tip:

Aus betriebswirtschaftlicher Sicht (Personalkosten) ist es empfehlenswert, den Putenrollbraten bereits gefüllt einzukaufen.

236 kcal – 32,5 g EW – 2,7 g KH – 9,8 g Fett

Gefüllte Kalbsbrust

Zubereitungszeit: ······ 🕐 ·· **45 Minuten**
Garzeit: ·············· 🕐 ·· **30 Minuten**

1,6 kg Kalbsbrust
(mit Knochen)
Jodsalz
Pfeffer
100 g Zwiebeln
25 g Margarine
200 g Rinder-
hackfleisch
200 g Schweine-
hackfleisch
150 g Toastbrot
220 g Ei
20 g Petersilie
Streuwürze
flüssige Würze
40 g Pflanzenfett
100 g Zwiebeln
50 g Karotten
50 g Sellerie
20 g Tomatenmark
1 l Rinderbrühe
(Rezept Seite 83)
Streuwürze
Bratensaft (pastös)
20 g Maisstärke

Die Kalbsbrust auslösen, eine Tasche einschneiden, die Innenseite mit Salz und Pfeffer würzen.
Die Zwiebeln schälen, in feine Würfel schneiden
und mit der Margarine goldbraun anbraten.
Rinder- und Schweinehack in eine Schüssel um-
leeren. Das Toastbrot in Würfel schneiden. Die
Petersilie waschen, hacken und mit den Eiern,
Zwiebeln sowie den Toastwürfeln unter die Hack-
fleischmasse heben und abschmecken. Die Füll-
masse in die Kalbsbrust einfüllen und das Ende
mit einem Bindfaden zunähen. Knochen klein
hacken und in Fett anrösten. Zwiebeln schälen,
grob würfeln und zu den Knochen geben. Karotten
und Sellerie putzen, waschen, in Würfel schneiden
und ebenfalls den Knochen hinzufügen. Nun
die Knochen und das Röstgemüse aus dem
Schmortopf in eine Schüssel umfüllen. Die Kalbsbrust im Schmortopf von allen Seiten anbraten,
die Knochen und das Röstgemüse wieder zurück
in den Topf leeren, Tomatenmark einrühren
und das Ganze weiter anrösten. Während des
Schmorens nach und nach Rinderbrühe zugießen
und das Fleisch immer wieder mit dem Fond
bestreichen, der sich im Schmortopf ansammelt.
Wenn die Kalbsbrust gar ist, diese aus dem Bräter
nehmen, die Sauce passieren und mit Streuwürze
sowie Bratensaft vervollständigen. Mit der Maisstärke leicht binden.

Tip:
Aus betriebswirtschaftlicher Sicht (Personalkosten) ist es empfehlenswert, die Kalbsbrust
bereits gefüllt einzukaufen.

266 kcal – 37,8 g EW – 3,1 g KH – 10,5 g Fett

Badisches Schäufele

Zubereitungszeit: ······ 🕐 ·· **120 Minuten**

1,4 kg Schäufele
(Schweinebug)
50 g Karotten
50 g Sellerie
50 g Lauch
100 g Zwiebeln
Wacholderbeeren
Nelken
Lorbeerblatt
Jodsalz
Pfeffer

Den gepökelten Schweinebug in Wasser aufkochen. Karotten, Sellerie und Lauch putzen, waschen und in grobe Stücke schneiden. Zwiebeln schälen und ebenfalls in grobe Stücke teilen. Alles zusammen mit den Gewürzen zum kochenden Fleisch geben und in etwa 110 Minuten abwellen lassen.

363 kcal – 15,8 g EW – 3,4 g KH – 30,5 g Fett

Seelachsfilet, paniert

Zubereitungszeit: ······ 🕐 ·· **30 Minuten**

1½ kg Seelachsfilets
Jodsalz
Pfeffer
Worcestershiresauce
20 g Zitronensaft
20 g Dill
200 g Mehl
(Type 405)
120 g Ei
250 g Semmelbrösel
200 g Pflanzenfett
120 g Zitrone

Fischfilets waschen, portionieren und mit Salz, Pfeffer, Worcestershiresauce und Zitronensaft marinieren. Den Dill waschen, fein hacken und über die Fischfilets streuen. Fischfilets zuerst im Mehl, dann im verquirlten Ei und zum Schluß in den Semmelbröseln wenden. Pflanzenfett in einer Bratpfanne heiß werden lassen und die Fischfilets bei mittlerer Hitze auf jeder Seite etwa 5 Minuten braten. Den Fisch mit einer Zitronenscheibe garniert servieren.

Tip:
Aus betriebswirtschaftlicher Sicht (Personalkosten) ist es empfehlenswert, das panierte Seelachsfilet tiefgekühlt einzukaufen.

459 kcal – 32,9 g EW – 29,1 g KH – 22,0 g Fett

Kalbsgulasch

Zubereitungszeit: ······ 🕐 ·· **30 Minuten**
Garzeit: ············· 🕐 ·· **60 Minuten**

1,2 kg Kalbfleisch
(Bug)
250 g Zwiebeln
20 g Pflanzenfett
20 g Tomatenmark
Jodsalz
Pfeffer
Streuwürze
Bratensaft (pastös)
80 g Mehl (Type 405)
1 l Rinderbrühe
(Rezept Seite 83)

Kalbfleisch in Würfel schneiden. Zwiebeln schälen und in Scheiben schneiden. Fleisch und Zwiebeln in einem Schmortopf anbraten. Tomatenmark und Gewürze hinzufügen. Die Fleischmasse mit Mehl bestäuben und mit der kalten Rinderbrühe auffüllen. Nach etwa 60 Minuten das fertige Gulasch nachwürzen und servieren.

271 kcal – 22,5 g EW – 6,2 g KH – 16,5 g Fett

Luganer Schweinesteak

Zubereitungszeit: ······ 🕐 ·· **45 Minuten**

1,4 kg Schweine-
rücken
Jodsalz
Pfeffer
Paprika
200 g Zwiebeln
200 g Vorderschinken
(gekocht)
500 g Tomaten
(gewürfelt, Dose)
200 g Emmentaler
40 g Pflanzenfett
150 g Senf
(mittelscharf)
10 g Oregano
10 g Basilikum

Aus dem Schweinerücken Steaks schneiden, leicht klopfen und mit Salz, Pfeffer und Paprika würzen. Die Zwiebeln schälen und in feine Streifen, den Schinken in Würfel schneiden. Die gewürfelten Tomaten auf ein Sieb geben, Saft ablaufen lassen. Emmentaler in Scheiben schneiden. Die Schinkenwürfel, Tomatenstücke und Zwiebelscheiben sowie eine Scheibe Käse auf das mit Senf bestrichene, angebratene Schweinesteak legen. Im Backofen bei mittlerer Hitze überbacken.

509 kcal – 34,7 g EW – 4,4 g KH – 37,5 g Fett

Kalbsnieren-braten

2,2 kg Kalbsnieren-stück (mit Nieren und Knochen)
Jodsalz
Pfeffer
Paprika
100 g Zwiebeln
80 g Karotten
60 g Sellerie
30 g Pflanzenfett
20 g Tomatenmark
20 g Bratensaft (pastös)
1 l Rinderbrühe *(Rezept Seite 83)*
20 g Maisstärke

Kalbsnierenstück auslösen, entfettete Nieren darin einrollen, mit Küchengarn zum Rollbraten binden und diesen würzen. Knochen zerkleinern. Zwiebeln schälen und grob würfeln. Karotten und Sellerie waschen und in grobe Würfel schneiden. Das Öl in einem Bräter erhitzen und den Braten rundherum braun anbraten. Das Fleisch aus dem Bräter nehmen und die Knochen im Bräter stark anrösten. Zwiebeln, Karotten und den Sellerie zu den Knochen geben. Das Tomatenmark zufügen und weiter kräftig anbraten. Bratensaft und Rinderbrühe vermischen und damit die Knochen ablöschen. Kalbsnierenbraten in den Bräter legen und durch mehrmaliges Ablöschen mit der Rinderbrühe in etwa 150 Minuten fertig garen. Nierenbraten aus dem Bräter nehmen, Sauce passieren und mit der Maisstärke leicht abbinden. Sauce nochmals nachwürzen.

338 Kcal – 26,4 g EW – 6,7 g KH – 21,8 g Fett

Kalbsrollbraten

Zubereitungszeit: · · · · 🕐 · · · **50 Minuten**
Garzeit: · · · · · · · · · · · 🕐 · · **150 Minuten**

2 kg Kalbsschulter
(mit Knochen)
Jodsalz
Pfeffer
Paprika
100 g Zwiebeln
80 g Karotten
60 g Sellerie
30 g Pflanzenfett
20 g Tomatenmark
20 g Bratensaft
(pastös)
1 l Rinderbrühe
(Rezept Seite 83)
20 g Maisstärke

Kalbsschulter auslösen, Rollbraten innen leicht würzen und mit Küchengarn zum Rollbraten binden. Braten auch außen würzen. Knochen zerkleinern. Zwiebeln schälen und grob würfeln. Karotten und Sellerie waschen und in grobe Würfel schneiden. Das Öl in einem Bräter erhitzen und den Braten rundherum braun anbraten. Das Fleisch herausnehmen und die Knochen im Bräter stark anrösten. Zwiebeln, Karotten und den Sellerie zu den Knochen geben. Das Tomatenmark zufügen und weiter kräftig anbraten. Bratensaft und Rinderbrühe vermischen und damit die Knochen ablöschen. Kalbsrollbraten in den Bräter legen und durch mehrmaliges Ablöschen mit der Rinderbrühe in etwa 150 Minuten fertig garen. Den Rollbraten aus dem Bräter nehmen, Sauce passieren und mit Maisstärke leicht abbinden. Sauce nochmals nachwürzen.

312 kcal – 26,1 g EW – 6,5 g KH – 19,2 g Fett

Nasi Goreng (asiatisches Reisgericht)

Zubereitungszeit: ······ 🕐 ·· **60 Minuten**

750 g Hähnchen-
brustfilet
Sojasauce
2 Knoblauchzehen
Pfeffer
Glutamat
160 g Morcheln
200 g Glasnudeln
200 g Zwiebeln
200 g Karotten
200 g Lauch
40 g Sesamöl
60 g Bambus-
sprossen (Dose)
60 g Sojabohnen-
keimlinge
40 g Sesam
(in Öl angebraten)
Zucker
Salz
Ingwer
20 g Kartoffelstärke

Hühnerfleisch quer zur Faser in kleine Streifen schneiden, mit Sojasauce, geschälten und zerdrückten Knoblauchzehen, etwas Pfeffer und Glutamat würzen und ziehen lassen. Morcheln sehr gut waschen und in Streifen schneiden. Glasnudeln kochen, im kochenden Wasser abschrecken und im Sieb abtropfen lassen, danach ein- bis zweimal durchschneiden. Zwiebeln schälen, Karotten und Lauch putzen, waschen und alles in kleine Streifen schneiden. Zuerst Zwiebeln, Lauch, Karotten getrennt hintereinander in heißem Öl kurz andünsten. Bambussprossen und Sojabohnenkeimlinge hinzufügen. Gemüse zu den Glasnudeln geben. Hühnerfleisch im Öl anbraten. Anschließend in derselben Pfanne die Morcheln kurz dünsten. Gebratenes Hühnerfleisch und Pilze in die Schüssel mit den Glasnudeln und dem Gemüse füllen. Alle gebratenen Zutaten in der Schüssel gut durchmischen und dabei mit Sojasauce, angebratenem Sesam, Zucker, Salz, Ingwer und Glutamat würzen. Zum Schluß etwas Speisestärke mit Wasser verrühren und die Masse unter kurzem Aufkochen leicht abbinden.

333 kcal – 30,7 g EW – 19,5 g KH – 13,7 g Fett

Linsen/Spätzle/Saiten

Zubereitungszeit: ······ 🕐 ·· **60 Minuten**

600 g Linsen
1½ l Gemüsebrühe
(Rezept Seite 83)
100 g Zwiebeln
250 g Karotten
200 g Sellerie
200 g Lauch
30 g Pflanzenfett
200 g Schweine-
bauch (gewürfelt,
geräuchert)
750 g Spätzle
(Trockenware)
900 g Saiten
20 g Butter
Pfeffer
Jodsalz
Streuwürze
20 g Essig

Die gewaschenen Linsen in der Gemüsebrühe garen. Zwiebeln schälen und in feine Würfel schneiden. Karotten, Sellerie und Lauch putzen, waschen und in feine Würfel schneiden. Zusammen mit den Zwiebeln und dem gewürfelten, geräucherten Bauch in Pflanzenfett anbraten und zu den Linsen geben. Spätzle abkochen, abspülen und abtropfen lassen. Wurst in Wasser erhitzen, aber nicht kochen lassen. Spätzle in Butter erwärmen. Linsen mit Pfeffer, Salz, Streuwürze und Essig abschmecken. Linsen, Spätzle und Saiten sofort servieren.

730 kcal – 30,6 g EW – 42,9 g KH – 46,1 g Fett

117

Schweine-schnitzel, paniert

Zubereitungszeit: ······ 🕐 ·· **20 Minuten**

1,3 kg Schweinekeule
Jodsalz
Pfeffer
Paprika
60 g Mehl (Type 405)
40 g Ei
80 g Milch
(3,5 % Fett)
150 g Paniermehl
60 g Pflanzenfett
150 g Zitrone

Fleisch in Scheiben schneiden, leicht klopfen und würzen. Aus Mehl, Ei und Milch einen flüssigen Teig vorbereiten. Das Fleisch darin eintauchen, abstreifen, in Paniermehl wenden und das Paniermehl anklopfen. Die Schnitzel in Pflanzenfett braten. Auf das angerichtete Schnitzel eine Zitronenscheibe legen.

433 kcal – 25,6 g EW – 13,4 g KH – 29,4 g Fett

Gemüseeintopf mit Rindfleischeinlage

Zubereitungszeit: ····· ⏰ ···**50 Minuten**
Garzeit: ············ ⏰ ··**120 Minuten**

850 g Rinderbug
Lorbeerblatt
Pfefferkörner
Jodsalz
15 g Fleischbrühwürze
800 g Kartoffeln (mit Schale)
800 g Weißkraut
800 g Karotten
600 g grüne Bohnen
600 g Lauch
500 g Sellerie
250 g Blumenkohl
100 g Zwiebeln
10 g Butter
500 g Erbsen (tiefgekühlt)
10 g Liebstöckel
10 g Petersilie
Streuwürze
flüssige Würze

Rindfleisch in Würfel schneiden, in siedendes Wasser geben und mit dem Lorbeerblatt, den Pfefferkörnern, Salz und der abgeschmeckten Fleischbrühwürze in etwa 75 Minuten fast weich garen. Kartoffeln schälen und würfeln. Weißkraut, Karotten, Bohnen, Lauch, Sellerie und Blumenkohl putzen, waschen und in Stücke teilen. Zwiebeln schälen, in feine Streifen schneiden und mit Butter goldgelb andünsten. Erbsen kurz unter Wasser abschwenken. Das fast fertige Rindfleisch aus der Brühe nehmen und die Brühe passieren. Das Fleisch, Gemüse, Kartoffeln und Zwiebeln in die aufkochende Brühe leeren und den Eintopf so lange sieden lassen, bis Fleisch und Gemüse gar sind. Liebstöckel und Petersilie waschen, grob hacken und dem Gemüseeintopf hinzufügen. Eintopf nochmals abschmecken, danach servieren.

387 kcal – 34,5 g EW – 43,5 g KH – 7,3 g Fett

Fleischspieß Hawaii

Zutaten Fleischspieß:

900 g Schweine-
fleisch (Keule)
150 g Räucherspeck
300 g Ananas
250 g Zwiebeln
20 g Pflanzenfett
Jodsalz
Pfeffer
Paprika

Zutaten Currysauce:

50 g Margarine
100 g Zwiebeln
100 g Äpfel
100 g Bananen
50 g Mehl (Type 405)
1 l Rinderbrühe
(Rezept Seite 83)
0,1 l Orangensaft
Curry
Jodsalz
Pfeffer
Streuwürze
30 g Sahne

Zubereitung Fleischspieß:

Das Schweinefleisch in grobe Würfel, den Räu-
cherspeck in feine Scheiben und eine Scheibe
anschließend in 4 cm dicke Stücke schneiden.
Das Fruchtfleisch einer frischen Ananas grob
würfeln und mit dem Räucherspeck umwickeln.
Zwiebeln schälen und in grobe Stücke schneiden.
Den Fleischspieß in der Reihenfolge Fleisch,
Ananas, Zwiebeln (je 3mal) anfertigen. Das Pflan-
zenfett in einer Pfanne erhitzen und die gewürzten
Fleischspieße darin bei mittlerer Hitze anbraten.

Zubereitung Currysauce:

Margarine in einem Topf erhitzen. Geschälte und
in Würfel geschnittene Zwiebeln zugeben und glasig andünsten. Die Äpfel und Bananen schälen, in
kleine Stücke schneiden und zu den Zwiebeln geben. Nach etwa 5 Minuten Mehl zugeben, kurze
Zeit danach die kalte Rinderbrühe sowie den
Orangensaft zugießen und mit Curry bestäuben.
Die Sauce mit den Gewürzen abschmecken und
vor dem Servieren mit der Sahne vollenden.

Tip:

Aus betriebswirtschaftlicher Sicht (Personalkosten) ist es empfehlenswert, die Fleischspieße
tiefgekühlt einzukaufen.

360 kcal – 19,4 g EW – 15,8 g KH – 23,2 g Fett

Ungarisches Gulasch

Zubereitungszeit: · · · · · · 🕐 · · **25 Minuten**
Garzeit: · · · · · · · · · · · · 🕐 · · **90 Minuten**

1¼ kg Rinderbug
(ohne Knochen)
800 g Zwiebeln
100 g Pflanzenfett
10 g Paprikapulver
30 g Mehl (Type 405)
2 l Rinderbrühe
(Rezept Seite 83)
Knoblauch
Kümmel
Majoran
Zitronenschale

Rinderbug in Würfel und geschälte Zwiebeln in Scheiben schneiden. Pflanzenfett erhitzen und das Fleisch darin anbraten. Die Zwiebeln hinzugeben und das Ganze weiter anbraten. Nach etwa 5 Minuten Paprikapulver und Mehl beifügen und mit der kalten Rinderbrühe auffüllen. Knoblauch schälen, durch die Knoblauchpresse drücken, mit den gehackten Gewürzen (Kümmel und Zitronenschale) sowie dem Majoran zum Gulasch geben und in etwa 90 Minuten weich kochen.

261 kcal – 21,5 g EW – 8,7 g KH – 15,5 g Fett

Rotbarschroulade mit Petersilienpesto

Zubereitungszeit: · · · · · · 🕐 · · **60 Minuten**

60 g Petersilie
30 g Schnittlauch
40 g Kapern
10 g grüner Pfeffer
60 g Senf
(mittelscharf)
250 g Butter
1,8 kg Rotbarschfilets
(à 180 g)
Zitronensaft
Jodsalz
Pfeffer
Worcestershiresauce

Petersilie waschen und fein hacken. Schnittlauch waschen und in feine Röllchen schneiden. Die Kapern fein hacken und den grünen Pfeffer zerdrücken. Alle vorbereiteten Zutaten mit Senf verrühren und in die flüssige Butter geben. Fischfilets mit Zitronensaft, Salz, Pfeffer und Worcestershiresauce marinieren. Nun ⅔ der Butter-Kräuter-Mischung auf die Fischfilets streichen. Anschließend die Fischfilets aufrollen und mit den Nahtstellen nach unten in eine ofenfeste ausgebutterte Form setzen. Die Butter-Kräuter-Mischung auf den Rouladen verteilen. Im Konvektomat bei 220 °C etwa 20 Minuten garen. Zu den Fischrouladen passen junge Kartoffeln und Gurkensalat.

488 kcal – 46,8 g EW – 3,7 g KH – 30,2 g Fett

Schweinerücken Rowentener Art

2,2 kg Schweine-
rücken
(mit Knochen)
200 g Backpflaumen
Jodsalz
Pfeffer
Majoran
Paprikapulver
50 g Pflanzenfett
100 g Zwiebeln
60 g Karotten
60 g Sellerie
60 g Lauch
40 g Tomatenmark
30 g Bratensaft
(pastös)
1 l Rinderbrühe
(Rezept Seite 83)
½ l Orangensaft
30 g Kartoffelstärke
30 g Sahne

Den Schweinerücken ausbeinen und in etwa 45 cm große Stücke schneiden. Den Schweinerücken in der Mitte durchbohren und mit den Backpflaumen füllen. Die Knochen in kleine Stücke hacken. Das Fleisch würzen und im Fett von allen Seiten anbraten. Zwiebeln schälen und in grobe Stücke schneiden. Karotten, Sellerie und Lauch putzen, waschen und ebenfalls in grobe Stücke zerteilen. Knochen, Zwiebeln und das Gemüse zum Schweinerücken geben und mitbraten. Nach etwa 15 Minuten Tomatenmark und Bratensaft zufügen, mit Rinderbrühe und Orangensaft auffüllen. Nachdem das Fleisch weich ist, die Sauce passieren, mit der Kartoffelstärke abbinden und mit der Sahne vollenden.

514 kcal – 18,5 g EW – 4,3 g KH – 45,3 g Fett

Rezepte / Hauptgerichte

121

Sauerbraten

1,4 kg Rinderkeule
(ohne Knochen)
200 g Zwiebeln
200 g Karotten
50 g Lauch
50 g Sellerie
Pfefferkörner
Nelken
Senfkörner
Lorbeerblatt
Thymian
Jodsalz
1½ l Wasser
0,15 l Essig
30 g Pflanzenfett
20 g Tomatenmark
10 g Senf
20 g Bratensaft
(pastös)
30 g Kartoffelstärke
50 g Crème fraîche
(40 % Fett)

Das Fleisch in größere Bratenstücke teilen, die Zwiebeln schälen und in grobe Scheiben schneiden. Karotten, Lauch und Sellerie putzen, waschen und in grobe Stücke schneiden. Das Fleisch in eine Schüssel legen und mit Zwiebeln, Gemüse, Gewürzen, Wasser und Essig auffüllen. Das Ganze etwa 3 Tage im Kühlhaus beizen. Danach das Fleisch aus der Beize nehmen, abtrocknen und in Pflanzenfett an allen Seiten anbraten. Tomatenmark, Senf zugeben und mit der Marinade auffüllen. Zugedeckt 105 Minuten garen lassen. Wenn das Fleisch gar ist, aus der Sauce nehmen, die Sauce passieren und mit Bratensaft abschmecken. Die Sauce vor dem Servieren mit Kartoffelstärke binden und mit der Crème fraîche vollenden.

276 kcal – 28,2 g EW – 4,6 g KH – 15,3 g Fett

Sauce bolognaise   Zubereitungszeit: ⋯⋯ 🕐 ⋯ **45 Minuten**

400 g Schweinebug
400 g Rinderbug
200 g Zwiebeln
200 g Karotten
200 g Sellerie
40 g Pflanzenfett
80 g Tomatenmark
20 g Mehl (Type 405)
500 g Tomaten
(geschält, Dose)
1 l Gemüsebrühe
(Rezept Seite 83)
Knoblauchzehe
Jodsalz
Pfeffer
Basilikum
Oregano
Lorbeerblatt
Rosmarin
Jodsalz
Pfeffer

Fleisch durch die grobe Scheibe eines Fleisch-wolfs drehen. Die Zwiebeln schälen und fein würfeln. Karotten, Sellerie putzen, waschen und in feine Streifen schneiden. Das Fett erhitzen, das Fleisch darin anbraten und nach etwa 5 Minuten die Zwiebeln zugeben. Nach weiteren 5 Minuten das in Streifen geschnittene Gemüse hinzufügen. Tomatenmark unter die heiße Masse rühren, kurz mit anbraten. Das Ganze danach mit den geschäl-ten Tomaten und der kalten Gemüsebrühe ab-löschen. Knoblauch schälen, durch die Knob-lauchpresse drücken. Mit dem Knoblauch, den Kräutern und den Gewürzen der Fleischsauce ihren einzigartigen Geschmack verleihen.

299 kcal – 21,1 g EW – 6,2 g KH – 20,1 g Fett

Schwäbische Maultaschen in Ei

124

600 g Mehl
(Type 405)
280 g Ei
(für den Nudelteig)
Jodsalz
Wasser
150 g Speck (durch-
wachsen, geräuchert)
150 g Zwiebeln
120 g Weißbrot
20 g Petersilie
500 g Brät
250 g Schweine-
hackfleisch
250 g Ei
(für die Hackmasse)
500 g Spinat
(passiert, tiefgekühlt)
Jodsalz
Muskatnuß (gerieben)
Pfeffer
50 g Eiweiß
1½ l Rinderbrühe
(Rezept Seite 83)
650 g Ei
20 g Petersilie
30 g Margarine

Unter Verwendung von Mehl, Eiern, Salz und Wasser einen Nudelteig herstellen und etwa 60 Minuten ruhen lassen. Den Speck fein würfeln und in
einer Pfanne andünsten, danach die geschälten
und in Würfel geschnittenen Zwiebeln dazugeben.
Weißbrot in Wasser einweichen, ausdrücken,
und zusammen mit der gewaschenen Petersilie
durch den Wolf drehen. Brät, Schweinehack-
fleisch, Weißbrot, Petersilie, Ei und den aufgetauten Spinat sowie die Gewürze vermischen.
Die Nudelteigbahnen gleichmäßig mit der Fleischmasse bestreichen, dabei einen kleinen Rand
lassen, der mit Eiweiß bestrichen wird. Nun
den Nudelteig vorsichtig von der Längsseite her
zweimal überschlagen und andrücken. Schräge
Stücke von etwa 5 cm Breite schneiden, diese
in die kochende Rinderbrühe geben und 10 bis
12 Minuten ziehen lassen. Die abgekühlten Maultaschen in etwa 1 cm dicke Streifen schneiden.
Die Eier aufschlagen und mit der gewaschenen
und fein gehackten Petersilie mischen. Maul-
taschenstreifen mit der Margarine in einer Pfanne
anbraten, die Eimasse darübergießen und kurz
stocken lassen. Maultaschen gleich servieren.

636 kcal – 36,7 g EW – 54,8 g KH – 28,1 g Fett

Irish Stew

Zubereitungszeit: ····· 🕐 ·· **30 Minuten**
Garzeit: ············ 🕐 ·· **90 Minuten**

1 kg Hammelfleisch
(ohne Knochen)
1,2 kg Weißkraut
1,8 kg Kartoffeln
(mit Schale)
400 g Zwiebeln
50 g Pflanzenfett
1½ l Rinderbrühe
(Rezept Seite 83)
Knoblauch
Jodsalz
Streuwürze
flüssige Würze
Pfeffer
10 g Liebstöckel
10 g Petersilie
10 g Basilikum

Hammelfleisch in 2 cm große Quadrate schneiden. Weißkohl putzen, waschen und grob würfeln. Kartoffeln schälen und ebenfalls würfeln. Zwiebeln schälen und in Streifen schneiden. Das Pflanzenfett in einem Topf erhitzen und die Zwiebeln darin andünsten. Fleisch zugeben und mit der Rinderbrühe auffüllen. Mit Knoblauch, Salz, Streuwürze, flüssiger Würze sowie Pfeffer abschmecken und zugedeckt etwa 60 Minuten wellen lassen. Danach mit Weißkraut und den Kartoffelwürfeln auffüllen. Die Kräuter waschen, fein hacken und unter das Irish Stew mengen. Den Eintopf im Backofen noch eine 30 Minuten garen lassen, danach servieren.

511 kcal – 22,0 g EW – 35,6 g KH – 30,6 g Fett

Rinderbraten

Zubereitungszeit: ······ 🕑 ·· **20 Minuten**
Garzeit: ·············· 🕑 ·· **90 Minuten**

1,4 kg Rinderkeule
(ohne Knochen)
Jodsalz
Pfeffer
Paprikapulver
100 g Zwiebeln
80 g Karotten
60 g Sellerie
30 g Pflanzenfett
20 g Tomatenmark
20 g Bratensaft
(pastös)
1 l Rinderbrühe
(Rezept Seite 83)
20 g Maisstärke

Rinderkeule mit Salz, Pfeffer und Paprika würzen.
Zwiebeln schälen und grob würfeln. Karotten und
Sellerie waschen und in grobe Würfel schneiden.
Das Fett erhitzen und den Braten rundherum
braun anbraten. Das Fleisch aus dem Bräter
nehmen und die Zwiebelwürfel anrösten. Karotten
und Sellerie zu den Zwiebeln geben. Das Tomatenmark unter das Röstgemüse heben und weiter
kräftig anbraten. Bratensaft und Rinderbrühe vermischen und damit das Röstgemüse ablöschen.
Rinderbraten in den Bräter legen und durch mehrmaliges Ablöschen mit der Rinderbrühe in etwa
150 Minuten fertig garen. Den Braten aus dem
Bräter nehmen, Sauce passieren und mit Maisstärke leicht abbinden. Die Sauce nochmals nachwürzen.

294 kcal – 27,1 g EW – 14,2 g KH – 13,5 g Fett

Lasagne

Zubereitungszeit: ······ ⏱ ·· **50 Minuten**
Garzeit: ············· ⏱ ·· **30 Minuten**

600 g Mehl
(Type 405)
280 g Ei
(für den Nudelteig)
Jodsalz
Wasser
120 g Kalbsbug
120 g Schweinebug
320 g Zwiebeln
30 g Pflanzenfett
Lorbeerblatt
Knoblauchzehe
Oregano
Basilikum
Jodsalz
Pfeffer
Streuwürze
flüssige Würze
450 g Tomaten
(geschält, Dose)
120 g Tomatenmark
60 g Margarine
60 g Mehl (Type 405)
250 g Milch
(3,5 % Fett)
1½ l Rinderbrühe
(Rezept Seite 83)
200 g Emmentaler
(gerieben)
100 g Parmesan
(gerieben)

Von Mehl, Eiern, Salz und Wasser einen Nudelteig herstellen und etwa 60 Minuten ruhen lassen.
Den Kalbsbug und den Schweinebug durch den Fleischwolf drehen. Zwiebeln schälen und in feine Würfel schneiden. Pflanzenfett in einer Pfanne erhitzen, die Zwiebeln mit dem Hackfleisch darin anbraten. Mit Lorbeerblatt, Oregano, Basilikum, Salz, Pfeffer und Streuwürze abschmecken. Die geschälten Tomaten und das Tomatenmark zugeben. Aus Margarine, Mehl, Milch und Rinderbrühe eine Béchamelsauce bereiten. Nudelteig ausrollen und in 60 x 30 cm große Stücke schneiden.
Die Lasagne wird wie folgt in eine ausgefettete Auflaufform geschichtet: Béchamelsauce, Nudelteig, Fleischsauce, geriebener Käse (Emmentaler-Parmesan-Mischung). Das Ganze dreimal wiederholen. Die Lasagne bei 175 °C 30 Minuten backen.

773 kcal – 48,5 g EW – 43,3 g KH – 42,7 g Fett

Wildgulasch

Zubereitungszeit: ······ 🕐 ·· **60 Minuten**

Garzeit: ············· 🕐 ·· **60 Minuten**

1,45 kg Hirsch-
kalbsschulter
(ohne Knochen)
200 g Zwiebeln
125 g Räucherspeck
(geraucht,
durchwachsen)
60 g Pflanzenfett
40 g Tomatenmark
50 g Mehl (Type 405)
1½ l Rinderbrühe
(Rezept Seite 83)
Pfefferkörner
Wacholderbeeren
Jodsalz
Nelken
Lorbeerblatt
Streuwürze
200 g Stein-
champignons
50 g saure Sahne
30 g Crème fraîche
(40 % Fett)
150 g Preiselbeeren

Das Fleisch von Sehnen und Häuten befreien,
dann in Würfel schneiden. Die Zwiebeln schälen
und in feine Ringe schneiden. Den Räucherspeck
fein würfeln. Das Pflanzenfett in einem Topf erhitzen und das Wildfleisch darin scharf anbraten.
Das Fleisch aus dem Topf nehmen und den Speck
darin anbraten. Nun die Zwiebeln zum Speck
geben und etwa 5 Minuten weiterrösten lassen,
dann das Fleisch in den Topf zurücktun. Tomatenmark hinzufügen und mit Mehl bestreuen. Das
Ganze mit der kalten Rinderbrühe ablöschen und
mit den Gewürzen abschmecken. Das Gulasch
zugedeckt 60 Minuten schmoren lassen. Die
Steinchampignons in feine Scheiben schneiden
und mit dem Wildgulasch vermischen. Das Gulasch nochmals aufkochen, danach mit saurer
Sahne und Crème fraîche vollenden. Die Preiselbeeren als Geschmacksträger entweder unter
das Gulasch heben oder extra servieren.

484 kcal – 36,2 g EW – 7,8 g KH – 32,7 g Fett

Ostindische Hühnerpfanne

Zubereitungszeit: ······ ⏲ ·· **45 Minuten**

800 g Hühnerbrust
(ohne Knochen)
200 g Blumenkohl
(frisch)
200 g Zuckerschoten
(tiefgekühlt)
200 g Romanesco
(tiefgekühlt)
300 g Champignons
10 g Zitronensaft
200 g Zucchini
300 g Mango
500 g Bananen
200 g Sojasprossen
(Dose)
40 g Margarine
50 g Sojaöl
30 g Mehl
1 l Gemüsebrühe
50 g Mango-Chutney
Jodsalz
Kurkuma
Pfeffer
Curry
Cayennepfeffer
Koriander (gemahlen)
Streuwürze

Hühnerbrust in Würfel schneiden. Blumenkohl putzen und waschen. Zuckerschoten und Romanesco auftauen. Das Gemüse in Wasser bißfest kochen. Die Champignons in Scheiben schneiden und mit dem Zitronensaft vermischen. Zucchini waschen und stifteln. Mango waschen und würfeln. Die Bananen schälen und in Scheiben schneiden, auch hier mit dem Zitronensaft vermengen. Sojasprossen aus der Dose auf ein Sieb leeren. Die Champignons mit der Margarine andünsten. Die Zucchinistifte mit Sojaöl in der Pfanne 2 bis 3 Minuten al dente schmoren. Öl in die Pfanne gießen und die Hühnerbrustwürfel unter Rühren in etwa 6 Minuten goldbraun braten. Mit Margarine, Mehl, kalter Gemüsebrühe, Mango-Chutney und den Gewürzen eine Currysauce bereiten. Alle Zutaten in die Sauce geben und aufkochen lassen, nochmals abschmecken und servieren. Mango-Chutney kann zu diesem Gericht als Beilage auch extra serviert werden.

233 kcal – 16,9 g EW – 21,5 g KH – 8,2 g Fett

Gefüllte Auberginen mit Streifen vom Lengfischfilet

1,8 kg Auberginen
Streuwürze
30 g Pflanzenfett
1¼ kg Lengfischfilets (tiefgekühlt)
10 g Zitronensaft
Fischgewürz
200 g Zwiebeln
400 g Paprikafrüchte (bunt)
400 g Weißkraut
250 g Champignons
250 g Zucchini
250 g Tomaten (geschält, Dose)
Jodsalz
Thymian
Pfeffer
10 g Petersilie
10 g Kerbel

Auberginen waschen und so aushöhlen, daß ein kleiner Rand stehen bleibt. Die ausgehöhlten Auberginen mit Streuwürze bestreuen und kurz in Pflanzenfett andünsten. Lengfischfilets auftauen, waschen, in Streifen schneiden und mit Zitronensaft und Fischgewürz marinieren. Zwiebeln schälen und in feine Streifen schneiden. Paprikaschoten waschen, halbieren, von den Kernen befreien und würfeln. Weißkraut, Champignons und Zucchini putzen, waschen und in feine Streifen schneiden. Die geschälten Tomaten in eine Schüssel leeren. Zwiebeln in Pflanzenfett angehen lassen, Weißkraut, Champignons, Zucchini und die geschälten Tomaten zu den Zwiebeln geben und etwa 10 Minuten dünsten. Lengfischfilets in einer anderen Pfanne anbraten, anschließend unter das Gemüse heben. Die Fisch-Gemüse-Masse mit den Gewürzen abschmecken. Petersilie und Kerbel waschen, grob hacken und unter die Masse heben, diese in die vorgewärmten Auberginen füllen und servieren.

306 kcal – 39,4 g EW – 20,3 g KH – 6, 6 g Fett

Fischklößchen in Safransauce

Zubereitungszeit: · · · · · · 🕐 · · **90 Minuten**

1,2 kg Seelachsfilets
200 g Zwiebeln
30 g Petersilie
10 g Kerbel
100 g Weißbrot
(ohne Rinde)
30 g Sahne
Jodsalz
Pfeffer
Streuwürze
Zitronensaft
50 g Lauch
50 g Sellerie
50 g Karotten
½ l Gemüsebrühe
(Rezept Seite 83)
40 g Fischfondpulver
50 g Pflanzen-
margarine
50 g Mehl (Type 405)
Safran
Kurkuma
20 g Sahne
(30 % Fett)
10 g Dill

Seelachsfilets waschen und in Stücke teilen. Zwiebeln schälen, die Hälfte davon in kleine Würfel schneiden, die andere Hälfte fein reiben. Petersilie und Kerbel waschen. Weißbrot in der Sahne einweichen. Alles zusammen mit dem Fisch, den geriebenen Zwiebeln, Gewürzen und Zitronensaft fein kuttern. Lauch, Sellerie und Karotten putzen, waschen und in feine Streifen schneiden. Gemüsebrühe aufkochen und mit dem Fischfondpulver abschmecken. Fischmasse zu kleinen Klößchen formen und in der Brühe abkochen. Danach einen Teil des Fonds erkalten lassen. Margarine erhitzen und die gewürfelten Zwiebeln darin andünsten. Gemüse hinzugeben und mit Mehl bestäuben. Das Ganze mit dem etwas erkalteten Fischfond auffüllen. Mit Safran und Kurkuma abschmecken. Sahne sowie den gewaschenen, klein geschnittenen Dill hinzufügen. Sauce über die angerichteten Fischklößchen geben.

231 kcal – 29,1 g EW – 7,9 g KH – 8,6 g Fett

Hirschkalbskeule

Einlegezeit:	⏱	**3 Tage**
Zubereitungszeit:	⏱	**50 Minuten**
Garzeit:	⏱	**60 Minuten**

2 kg Hirschkalbskeule
(mit Knochen)
80 g Essig
100 g Zwiebeln
50 g Karotten
50 g Sellerie
30 g Lauch
Wacholderbeeren
Senfkörner
Lorbeerblatt
Jodsalz
Pfefferkörner
Streuwürze
50 g Pflanzenfett
20 g Tomatenmark
60 g Mehl (Type 405)
60 g saure Sahne

Keule auslösen und Knochen zerkleinern. Essig mit dem Wasser vermengen. Zwiebeln schälen und grob würfeln. Karotten, Sellerie und Lauch putzen, waschen und grob teilen. Das Gemüse mit den Gewürzen zu der Essigmarinade geben und das Fleisch einige Tage darin einlegen. Das Fleisch nach etwa 3 Tagen aus der Marinade nehmen und abtropfen lassen. Nun das Fleisch in Pflanzenfett zusammen mit den Knochen gut anbraten, Tomatenmark zufügen, mit Mehl bestäuben und die kalte Marinade über das Fleisch gießen. Das Ganze aufkochen lassen und abgedeckt in etwa 60 Minuten gar schmoren. Fertiges Fleisch aus dem Topf nehmen, Sauce passieren und mit der sauren Sahne vollenden.

245 kcal – 29,0 g EW – 6,9 g KH – 10,5 g Fett

Putenschnitzel im Kokosflockenbett

Zubereitungszeit:	⏱	**30 Minuten**

1¼ kg Truthahnschnitzel
Pfeffer
Jodsalz
Paprika
200 g Mehl
(Type 405)
120 g Ei
80 g Paniermehl
160 g Kokosflocken
40 g Pflanzenfett

Truthahnschnitzel leicht klopfen und mit Pfeffer, Salz und Paprika würzen. Mehl mit dem aufgeschlagenen Ei vermischen. Paniermehl unter die Kokosflocken heben. Schnitzel durch die Mehl-Eier-Mischung ziehen und mit der Kokos-Paniermehl-Mischung panieren. Schnitzel nun im Fett goldgelb ausbraten.

276 kcal – 28,5 g EW – 12,3 g KH – 11,7 g Fett

Putencurry Butterfly

1,2 kg Puten-
geschnetzeltes
Jodsalz
Pfeffer
Streuwürze
20 g Margarine
100 g Zwiebeln
50 g Margarine
50 g Mehl (Type 405)
1 l Gemüsebrühe
(Rezept Seite 83)
100 g Äpfel
80 g Bananen
Curry
Kurkuma
Streuwürze
Jodsalz
Pfeffer
40 g Sahne
250 g Ananas (Dose)
100 g Kirschen
100 g Kokosraspeln

Dem Putengeschnetzelten die Gewürze zugeben und in der Margarine angehen lassen. Zwiebeln schälen und in feine Würfel schneiden. Margarine erhitzen und die Zwiebeln darin andünsten. Mehl hinzufügen und das Ganze mit der kalten Gemüsebrühe auffüllen. Äpfel schälen, entkernen und in feine Scheiben schneiden. Bananen schälen und ebenfalls in Scheiben schneiden, danach beides der Sauce zufügen. Die Sauce mit Curry, Kurkuma, Streuwürze, Salz und Pfeffer abschmecken und nach etwa 30 Minuten passieren. Die kurz angedünsteten Putenstreifen mit der Currysauce übergießen und nochmals etwa 6 Minuten dünsten lassen. Sahne zugeben. Ananasringe würfeln und mit den Kirschen unter das fertige Curry heben. Kokosraspeln im Konvektomaten anbräunen und über das Putencurry streuen, danach servieren.

327 kcal – 29,2 g EW – 13,5 g KH – 16,3 g Fett

Rezepte / Hauptgerichte

133

Schweinebraten in Majoransauce

Zubereitungszeit: ····· 🕐 ··· **45 Minuten**
Garzeit: ············ 🕐 ·· **150 Minuten**

2,2 kg Schweinekeule
(mit Knochen)
Jodsalz
Pfeffer
Paprikapulver
100 g Zwiebeln
80 g Karotten
60 g Sellerie
30 g Pflanzenfett
20 g Tomatenmark
20 g Bratensaft
(pastös)
1 l Rinderbrühe
(Rezept Seite 83)
20 g Majoran
20 g Maisstärke

Schweinekeule auslösen und Schweineknochen klein hacken. Braten mit Jodsalz, Pfeffer und Paprika würzen. Zwiebeln schälen und grob würfeln. Karotten und Sellerie waschen und in grobe Würfel schneiden. Das Öl in einem Bräter erhitzen und den Braten rundherum braun anbraten. Das Fleisch herausnehmen und die Knochen im Bräter stark anrösten. Zwiebeln, Karotten und den Sellerie zu den Knochen geben. Das Tomatenmark hinzufügen und weiter kräftig anbraten. Bratensaft und Rinderbrühe vermischen, die Knochen danach damit ablöschen. Schweinebraten in den Bräter geben. Majoran waschen, grob hacken und auf dem Braten verteilen. Den Braten durch mehrmaliges Ablöschen mit der Rinderbrühe in etwa 150 Minuten fertig garen. Den Braten aus dem Bräter nehmen, Sauce passieren und mit der Maisstärke leicht abbinden. Sauce nochmals nachwürzen.

428 kcal – 25,2 g EW – 5,3 g KH – 32,6 g Fett

Lengfischfilet in Safransauce

1,4 kg Lengfischfilets
10 g Zitronensaft
Jodsalz
Pfeffer
Worcestershiresauce
100 g Zwiebeln
20 g Butter
40 g Mehl (Type 405)
1 l Gemüsebrühe
(Rezept Seite 83)
50 g Fischfondpulver
40 g Butter
40 g Mehl (Type 405)
Jodsalz
Streuwürze
Cayennepfeffer
6 g Zitronensaft
3 g Safran
120 g Crème fraîche
200 g Champignons

Lengfischfilets waschen, trockentupfen und mit Zitronensaft, Salz, Pfeffer und Worcestershiresauce marinieren. Zwiebeln schälen, in feine Würfel schneiden und in etwas Butter angehen lassen. Die in Mehl gewendeten Fischfilets zugeben und auf beiden Seiten andünsten. Gemüsebrühe mit dem Fischfondpulver vermischen. Butter erhitzen, Mehl einstreuen und unter Zugabe von Gemüsebrühe-Fischfond, Salz, Streuwürze, Cayennepfeffer, Zitronensaft und Safran eine Sauce herstellen. Champignons putzen, waschen und in Scheiben schneiden, danach der Sauce beifügen. Den Fisch mit der Sauce nappiert anrichten.

247 kcal – 32,3 g EW– 6,4 g KH – 9,6 g Fett

Käse-Kartoffel-Kuchen

Zubereitungszeit: · · · · · · ⊕ · · **35 Minuten**
Ruhe- und Kühlzeit: · · · · ⊕ · · **40 Minuten**
Backzeit: · · · · · · · · · · · · ⊕ · · **45 Minuten**

230 g Mehl
(Type 405)
Jodsalz
Pfeffer
150 g Speisequark
(20 % Fett)
150 g Butter
750 g Kartoffeln
(mit Schale)
300 g Schafskäse
50 g Butter
120 ml Milch
(3,5 % Fett)
4 Eier (à 58 g,
Klasse 4)
10 g Liebstöckel
10 g Basilikum
3 Eier

Mehl in eine Schüssel geben und je eine Prise Salz und Pfeffer untermischen. Quark und Butter gleichmäßig einarbeiten, nicht kneten. Kühl stellen, danach in 3 Touren zu einem Rechteck ausrollen und nochmals 30 Minuten gekühlt ruhen lassen. Den Teig ausrollen und noch 2mal touren. Kartoffeln in der Schale kochen. Schafskäse in dünne Scheibchen schneiden. Die gekochten Kartoffeln schälen und pürieren. Die Butter in heiße Milch geben, unter die pürierten Kartoffeln rühren und die Schafskäsescheibchen unterziehen. Die Eier verquirlen, unter die Masse ziehen. Springform ausbuttern. Den Teig in der Form auslegen und dabei einen etwa 3 cm hohen Rand hochziehen, mit der Gabel den Boden mehrmals einstechen. Kartoffelmasse einfüllen. Kräuter waschen, in feine Streifen schneiden und mit den restlichen 3 Eiern verquirlt über die Kartoffelmasse geben. Im Backofen bei 170 °C etwa 45 Minuten backen.

492 kcal – 22,6 g EW – 28,3 g KH – 30,7 g Fett

Risotto mit Topinambur

600 g Rundkornreis
100 g Schalotten
80 g Butter
1¼ l Gemüsebrühe
(Rezept Seite 83)
10 g Topinambur-
knollen
150 ml Apfelwein
Jodsalz
10 g Fenchelsamen
10 g Kurkuma
150 g Sbrinz
(gerieben)
10 g Zitronen-
melisseblättchen

Reis heiß waschen und abtropfen lassen.
Schalotten in feine Scheiben schneiden und in
40 g erhitzter Butter andünsten. Den Reis dazugeben, ebenfalls andünsten, die Gemüsebrühe
dazugießen. Das Ganze etwa 30 Minuten köcheln
lassen. In der Zwischenzeit die Topinamburknollen
gründlich waschen, bürsten, eventuell ausschnei-
den, in mittelgroße Würfel zerteilen und mit der
restlichen Butter kurz anbraten, den Apfelwein
zugießen, mit Salz und Fenchel würzen.
Das Ganze etwa 10 Minuten köcheln lassen und
zusammen mit der Kurkuma (ohne Flüssigkeit)
unter den Reis mischen, den Käse unterziehen.
Die Melisseblättchen waschen und den angerichteten Risotto damit garnieren.

345 kcal – 9,2 g EW – 45,8 g KH – 12, 9 g Fett

Vollkornnudeln mit Gemüse und Ingwersauce

60 g Pilze
(getrocknet)
1½ kg Stielmangold
10 Tomaten
100 ml Erdnußöl
Jodsalz
10 g Ingwerwurzel
(gerieben)
10 g Knoblauchzehe
½ l Gemüsebrühe
(Rezept Seite 83)
20 g Speisestärke
100 ml Sojasauce
Pfeffer
Tabasco
1 kg Vollkornnudeln
(4 mm)

Die Pilze in lauwarmem Wasser ausquellen lassen, anschließend vierteln. Stielmangold putzen, waschen, Stiele und Blätter zuerst in Längsstreifen, danach in kleine quadratische Blättchen schneiden. Tomaten brühen, enthäuten, entkernen und klein würfeln. Öl erhitzen, Mangoldblättchen, Ingwer und die Pilze zugeben, bißfest garen.
Die Tomatenwürfel und den gepreßten Knoblauch zufügen, kurz aufwellen lassen. Gemüse herausnehmen, Brühe angießen und aufkochen. Speisestärke anrühren, zur Brühe geben und das Ganze kurz aufstoßen lassen. Das Gemüse dazugeben, mit Sojasauce, Pfeffer und etwas Tabasco abschmecken. Die Vollkornnudeln bißfest kochen und unter das Gemüse mischen.

501 kcal – 21,2 g EW – 70,4 g KH – 13,8 g Fett

Kartoffelgratin mit Rotkraut

Zubereitungszeit: ······ 🕐 ·· **75 Minuten**

2 kg Kartoffeln
(mehlig kochend)
1½ kg Rotkraut
120 g Zwiebeln
10 g Petersilie
Kümmel (ganz)
Jodsalz
Pfeffer
380 ml Apfelsaft
300 ml Crème fraîche
(40 % Fett)
400 g Emmentaler
(gerieben)
150 g Sesamsamen
20 g Butter

Die Kartoffeln waschen, schälen und grob raspeln. Das Rotkraut achteln (den Strunk entfernen), in feine Streifen schneiden und kurz blanchieren. Die Zwiebeln schälen und fein hacken. Petersilie waschen und ebenfalls fein hacken. Kartoffeln, Rotkraut, Zwiebeln, Petersilie, Kümmel, Salz und Pfeffer mischen, anschließend in eine gefettete, feuerfeste Form füllen. Apfelsaft und Crème fraîche verrühren, über die Kartoffelkrautmasse gießen, mit Emmentaler und Sesam bestreuen. Butterflöckchen auf dem Gratin verteilen und im Konvektomaten bei 180 °C etwa 40 Minuten backen.

572 kcal – 21,3 g EW – 42,1 g KH – 33,6 g Fett

Kürbisgratin

Zubereitungszeit: ······ 🕐 ·· **75 Minuten**

2,6 kg Kürbis
400 g Zwiebeln
10 g Knoblauchzehe
600 ml Gemüsebrühe
(Rezept Seite 83)
500 ml Sahne
(30 % Fett)
Koriander (gemahlen)
Ingwer (gemahlen)
Jodsalz
Cayennepfeffer
300 g Knäckebrot
(gemahlen)
300 g Gouda
(gerieben)

Kürbis schälen (Kerne und Fasern entfernen), waschen und grob raspeln. Zwiebeln und Knoblauch schälen, fein hacken und mit den Kürbisraspeln vermischen. Danach in eine gefettete, feuerfeste Form mit niedrigem Rand füllen. Gemüsebrühe und Sahne mit Koriander, Ingwer, Salz und Cayennepfeffer verquirlen, anschließend über den Kürbis gießen. Mit Knäckebrot und Gouda bestreut im Konvektomaten bei 180 °C etwa 45 Minuten backen.

445 kcal – 15,1 g EW – 35,7 g KH – 25,5 g Fett

Gurken mit Dinkelreis und Tomatensauce

300 g Dinkelreis
10 g Olivenöl
600 ml Gemüsebrühe
(Rezept Seite 83)
1½ kg Salatgurken
Jodsalz
150 g Zwiebeln
10 g Knoblauchzehe
1½ kg Tomaten
180 g Paprikafrüchte
(gelb)
80 ml Olivenöl
Jodsalz
Pfeffer
300 g Bergkäse
(gerieben)
Oregano (getrocknet)
150 ml Gemüsebrühe
(Rezept Seite 83)
10 g Zucker (braun)
10 g Schnittlauch

Den Dinkelreis in etwas Öl angehen lassen, mit der Gemüsebrühe auffüllen und 30 Minuten garen lassen. Gurken waschen, von Stiel und Blüte befreien, längs halbieren. Das Fruchtfleisch bis auf einen Rand von 2 cm entfernen und in leicht gesalzenem Wasser 10 Minuten blanchieren, danach in eine gefettete feuerfeste Form legen. Das Fruchtfleisch hacken. Zwiebeln und Knoblauchzehe schälen und fein hacken. Tomaten enthäuten und würfeln. Paprikaschoten halbieren, Kerngehäuse entfernen und ebenfalls fein würfeln. Das Öl erhitzen, jeweils die Hälfte der Zwiebeln und des Knoblauchs glasig braten. Das Gurkenfleisch, ⅓ der Tomaten sowie die Paprikawürfel und den Dinkelreis zugeben, die Flüssigkeit völlig einkochen lassen. Anschließend mit Salz und Pfeffer würzen. Die Masse in die Gurkenhälften einfüllen, mit dem Käse bestreuen und bei 180 °C im Konvektomaten 20 Minuten backen. Für die Tomatensauce das restliche Öl erhitzen, die restlichen Zwiebeln und den Knoblauch zusammen mit dem Oregano glasig braten. Tomatenwürfel und Gemüsebrühe zufügen. Das Ganze zu einer dicken Sauce einkochen lassen, mit Salz, Pfeffer und dem braunen Zucker abschmecken. Schnittlauch waschen, in feine Röllchen schneiden. Die Sauce über die Gurken geben und mit den Schnittlauchröllchen garnieren.

364 kcal – 15,0 g EW – 28,2 g KH – 20,2 g Fett

Buchweizen-Dinkel-Apfel-Überraschung

250 g Buchweizen-
schrot
100 g Dinkelschrot
20 g Sonnenblumenöl
800 ml Gemüsebrühe
(Rezept Seite 83)
100 g Lauch
100 g Karotten
10 g Petersilie
20 g Meerrettich
(gerieben)
150 g Edamer
(gerieben)
100 g Vollkorn-
semmelbrösel
Pfeffer
Jodsalz
1½ kg Äpfel
(festfleischig)
10 g Sonnenblumenöl

Buchweizen und Dinkel in etwas Öl leicht anrösten, mit der Gemüsebrühe auffüllen, aufkochen
und etwa 10 Minuten ausquellen lassen. Lauch
und Karotten waschen, putzen, in dünne Streifen
schneiden und unter die Getreidemasse geben.
Die Getreidemasse mit der gewaschenen und
grob gehackten Petersilie, dem Meerrettich, dem
geriebenen Edamer und den Vollkornbröseln binden. Das Ganze anschließend mit Salz und Pfeffer
abschmecken. Die Äpfel waschen, Deckel entfernen und aushöhlen. Die Äpfel mit Öl leicht einpinseln. Das Fruchtfleisch der Äpfel würfeln und
unter die Getreidemasse heben. Die Äpfel damit
füllen, die Deckel aufsetzen. Die gefüllten Äpfel
nun auf ein eingefettetes Backblech geben und
im Konvektomaten bei 180 °C etwa 15 Minuten
backen.

314 kcal – 9,6 g EW – 48,1 g KH – 8,4 g Fett

Linsenbratlinge, überbacken

½ kg rote Berglinsen
1¼ l Gemüsebrühe
(Rezept Seite 83)
Lorbeerblätter
120 g Zwiebeln
120 g Karotten
20 g Olivenöl
10 g Schnittlauch
10 g Dill
10 g Estragon
4 Eier
150 g Vollkornmehl
120 ml saure Sahne
100 g Haferschrot
(grob)
Kräutersalz
Pfeffer
400 g Emmentaler
(= 10 Scheiben)

Die Linsen zusammen mit den Lorbeerblättern in der Gemüsebrühe 30 Minuten weich kochen. Danach die Lorbeerblätter entfernen. Zwiebeln und Karotten waschen, schälen, in feine Würfel schneiden und in Olivenöl weich dünsten. Alle Kräuter waschen und fein hacken. Eier, Vollkornmehl, saure Sahne, Haferschrot und die gehackten Kräuter unter die Linsen mischen, mit Salz und Pfeffer kräftig abschmecken. Kleine Bratlinge formen, beide Seiten in Olivenöl anbraten, mit den Käsescheiben belegen und im Backofen/Konvektomaten kurz überbacken.

356 kcal – 20,2 g EW – 21,0 g KH – 20,2 g Fett

Windbeutel mit pikanter Füllung

Zubereitungszeit: ····· 🕐 ·· **50 Minuten**

Zutaten Windbeutel:
½ l Wasser
Jodsalz
150 g Butter
300 g Volkornmehl
6 Eier
10 g Backpulver

Zutaten Füllung:
250 g Frischkäse
60 g Butter
60 g Magerquark
(unter 10 % Fett)
Kurkuma
Jodsalz
Pfeffer
Curry
150 g Gewürzgurke
150 g Paprikafrüchte
(bunt)
30 g Alfalfasprossen
30 g Kresse

Zubereitung Windbeutel:

Wasser, Butter und Salz in einem Topf aufkochen, vom Herd nehmen und das Mehl einrühren. Danach die Masse auf der Feuerstelle unter ständigem Rühren zu einem Kloß formen und abkühlen lassen. Nach und nach die Eier in die Masse einarbeiten. Der Teig muß glatt und glänzend sein. Das Backpulver dazugeben. 20 Teighäubchen auf ein Backblech spritzen und bei 180 °C etwa 30 Minuten backen. Die gebackenen Teighäubchen abkühlen lassen. Aufschneiden und füllen.

Zubereitung Füllung:

Den Frischkäse mit der Butter und dem Quark verrühren. Die Masse mit Kurkuma, Salz, Pfeffer und Curry abschmecken. Gewürzgurken in kleine Würfel schneiden. Paprika waschen, Kerngehäuse entfernen und ebenfalls klein würfeln. Sprossen und Kresse waschen, grob hacken und zusammen mit Gurken und Paprika unter die Frischkäsemasse mischen. Die Windbeutelchen damit füllen.

143

399 kcal – 13,3 g EW – 20,8 g KH – 28,3 g Fett

Austernpilze mit Petersilienwurzeln

1¼ kg Austernpilze
1 kg Petersilienwurzeln
1,2 kg Frühlingszwiebeln
600 g Zuckertomaten
120 ml Olivenöl
120 ml Weißwein (trocken)
Jodsalz
Pfeffer
10 g Basilikumessig
5 g Zucker
10 g Basilikumblätter

Die Austernpilze putzen, waschen, Stiele kürzen und vierteln. Petersilienwurzeln waschen, schälen und dünn stifteln. Die Frühlingszwiebeln putzen und in schräge Ringe schneiden. Zuckertomaten waschen. Das Öl erhitzen, die Austernpilze, Petersilienwurzelstifte sowie die Frühlingszwiebeln unter ständigem Rühren 2 bis 3 Minuten anbraten. Flüssigkeit reduzieren, mit Salz, Pfeffer, Essig und etwas Zucker abschmecken. Die Zuckertomaten im Pilzgericht erwärmen. Basilikumblätter waschen und das Gericht damit garnieren.

223 kcal – 8,1 g EW – 16,2 g KH – 13,1 g Fett

Hirselasagne

220 g Zwiebeln
40 g Olivenöl
800 g Hirse
1½ l Gemüsebrühe
(Rezept Seite 83)
Jodsalz
Curry
20 g Petersilie
700 g Lauch
700 g Karotten
900 g Spinat
3 Lorbeerblätter
250 g Schältomaten
(Dose)
Jodsalz
Pfeffer
Muskatnuß (gerieben)
10 g Knoblauchzehe
500 g Emmentaler
(gerieben)
500 g Joghurt
6 Eier

Zwiebeln schälen, würfeln und in Öl glasig dünsten. Hirse heiß waschen und unter die Zwiebeln heben. Gemüsebrühe auf die Hirse schütten. Das Ganze aufkochen, mit Salz und Curry abgeschmeckt 20 Minuten ausquellen lassen. Petersilie waschen, grob hacken und unter die etwas abgekühlte Hirsemasse heben. Den Lauch, Karotten und Spinat waschen und putzen. Den Lauch in Ringe, die Karotten in feine Blättchen schneiden, den Spinat kurz blanchieren und in etwas Eiswasser abkühlen. Die Lorbeerblätter zu den zuvor pürierten Tomaten geben und etwa 10 Minuten auf dem Herd garen lassen, danach die Lorbeerblätter wieder entfernen. Die Tomatenmasse mit Salz, Pfeffer und Muskatnuß abschmecken. Den Spinat mit Salz, Pfeffer, Muskatnuß und dem zerdrückten Knoblauch ebenfalls würzen. ⅓ der Hirse in ein gefettetes Backblech füllen, mit ⅓ des geriebenen Käses bestreuen, Karotten und Lauch darauf verteilen. Das zweite Drittel der Hirse auf dem Backblech verteilen, geriebenen Käse aufstreuen und den Spinat darauf verteilen. Das letzte Drittel der Hirse verteilen, Joghurt, Eier sowie den restlichen geriebenen Emmentaler verquirlen, mit Salz und Pfeffer abschmecken und über das Gericht gießen. Das Ganze bei 200 °C 25 bis 30 Minuten backen.

670 kcal – 34,0 g EW – 65,7 g KH – 28,6 g Fett

Blumenkohl Asia

Zubereitungszeit: · · · · · · 🕐 · · **30 Minuten**

1,8 kg Blumenkohl
500 g Vollkorn-
bandnudeln
(schmaler Schnitt)
180 g Zwiebeln
250 g Lauch
250 g Knollensellerie
200 g Sojasprossen
(Dose)
100 g Bambus (Dose)
60 g Sonnenblumenöl
¼ l Gemüsebrühe
(Rezept Seite 83)
Sojasauce
Jodsalz
Pfeffer
Cayennepfeffer

Blumenkohl in sehr kleine Röschen teilen. Die Vollkornbandnudeln al dente kochen, kalt abspülen und abtropfen lassen. Zwiebeln schälen und in feine Scheibchen schnippeln. Den Lauch waschen, putzen bzw. schälen und in feine Streifen schneiden. Sojasprossen auf ein Sieb schütten. Bambus aus der Dose nehmen und in feine Rauten zerteilen. Öl erhitzen und die Zwiebelscheiben darin angehen lassen, nach und nach Blumenkohl, Lauch, Sellerie, Sojasprossen und Bambusrauten zugeben und weiter andünsten. Nun die Gemüsebrühe zugießen und das Ganze etwa 15 Minuten dünsten lassen. Das Gemüse mit Sojasauce, Salz, Pfeffer und Cayennepfeffer abschmecken. Die Vollkornbandnudeln zugeben und kurz aufkochen lassen, anschließend servieren.

298 kcal – 14,5 g EW – 39,5 g KH – 8,5 g Fett

Blätterteig-Krautbrötchen

1 kg Blätterteig
(tiefgekühlt)
1 kg Weißkraut
6 Eier
3 Milchbrötchen
¼ l Milch
(3,5 % Fett)
Jodsalz
Pfeffer
Majoran
Kümmel
Koriander
50 g Senf
3 Eigelb
⅛ l Sahne
(30 % Fett)

Blätterteig auftauen. Die äußeren Blätter vom Weißkraut entfernen, das Kraut achteln und in Salzwasser weich kochen. Kraut abkühlen lassen, ausdrücken und fein hacken. Eier hart kochen und schälen. Die Milchbrötchen in der Milch einweichen, danach auspressen, durch ein Passiersieb streichen. Die passierte Brötchenmasse zusammen mit dem gehackten Weißkraut mit Salz, Pfeffer, Majoran, Kümmel, Koriander und Senf würzen. Den Blätterteig ausrollen, in Rechtecke teilen (Kantenlänge jeweils 10 cm). Die Masse in der Mitte aufsetzen und andrücken. Den Blätterteig über die Krautmasse verteilen und zu einem Brötchen formen. Luftlöcher einstechen. Das Krautbrötchen mit Eigelb bepinseln. Auf der Oberseite des Brötchens eine kleine Öffnung ausstechen. Bei 200 °C etwa 20 Minuten backen, kurz vor Ende der Backzeit die Sahne in die Öffnung eingießen.

601 kcal – 15,3 g EW – 47,3 g KH – 37,4 g Fett

Zucchinigratin auf Gerstensockel

148

300 g Nacktgerste
30 g Butter
650 ml Gemüsebrühe
(Rezept Seite 83)
1,4 kg Zucchini
Jodsalz
400 g Raclette-Käse
100 g Butter
180 g Zwiebeln
10 g Knoblauchzehen
150 g Karotten
150 g Knollensellerie
1 kg Tomaten
¼ l Rotwein
0,7 l Gemüsebrühe
(Rezept Seite 83)
Thymian
Lorbeerblatt
Nelken
Jodsalz
Zucker
Pfeffer
100 g Sbrinz
(gerieben)
10 g Basilikumblätter

Die Gerste heiß waschen, in wenig Butter angehen lassen, mit der Gemüsebrühe auffüllen und 25 Minuten kochen. Zucchini waschen, ungeschält in Scheiben schneiden und leicht salzen. Den Käse ebenfalls in Scheiben schneiden. Butter erhitzen und die vorher gewaschenen, geschälten und fein gewürfelten Zwiebeln, Knoblauchzehen, Karotten, Sellerie und Tomaten in der Butter 5 Minuten dünsten. Das Gemüse mit dem Rotwein ablöschen und mit der Gemüsebrühe auffüllen. Gewürze zugeben und 30 Minuten kochen. Tomaten-Gemüse-Sauce passieren und nochmals aufkochen. Zucchinischeiben gut abtropfen lassen, goldbraun anbraten und das überflüssige Fett entfernen. Auflaufform ausfetten, den Boden mit der gekochten Gerste ausfüllen. Abwechselnd Zucchini und Sbrinz einschichten und mit der Tomaten-Gemüse-Sauce begießen. Schichtweise pfeffern und salzen und die gewaschene Basilikumblätter daraufgeben. Die letzte Schicht Zucchini mit den Raclettescheiben belegen. Im Backofen/Konvektomaten bei 200 °C etwa 20 Minuten backen.

471 kcal – 22,0 g EW – 28,0 g KH – 28,5 g Fett

Reispfanne mit Hülsenfrüchten

Zubereitungszeit: ······ 🕐 ·· **40 Minuten**

700 g Rundkorn-
Naturreis
Jodsalz
120 g Zwiebeln
200 g Butter
500 g Bananen
200 g Mandeln
(gehobelt)
150 g Kichererbsen
(gekeimt)
150 g Azukibohnen
(gekeimt)
100 g Linsen
(gekeimt)
100 g Rettich
(gekeimt)
100 ml Sojasauce
Curry
Jodsalz
Pfeffer
10 g Melisseblätter

Den Reis waschen und in 1½ l gesalzenes
Wasser geben. Den Reis bei kleiner Flamme
30 Minuten ausquellen lassen. Die Zwiebeln
schälen, in Würfel schneiden und in der Butter
glasig dünsten. Die geschälten und in Scheiben
geschnittenen Bananen, gehobelten Mandeln,
die gekeimten Kichererbsen, Azukibohnen, Linsen
und den Rettich zufügen und unter ständigem
Rühren dünsten. Sojasauce, Salz und Pfeffer
dazugeben und das Ganze abschmecken. Mit
Melisseblättern garnieren.

652 kcal – 15,9 g EW – 75,5 g KH – 30,2 g Fett

Kartoffeln Romanow

Zubereitungszeit: ······ 🕐 ·· **50 Minuten**

1,8 kg Kartoffeln
(geschält)
700 g Hüttenkäse
300 ml saure Sahne
10 g Knoblauchzehe
Jodsalz
500 g Frühlings-
zwiebeln
150 g Cheddar
(gerieben)
Paprika

Kartoffeln halb gar kochen klein würfeln, zusammen mit dem Hüttenkäse, der sauren Sahne, der
durchgepreßten Knoblauchzehe, Salz sowie den
vorher gewaschenen und in feine Scheiben geschnittenen Frühlingszwiebeln vermischen. In eine
gefettete Auflaufform geben, Cheddar und Paprika
darauf verteilen und bei 170 °C 30 Minuten
backen.

363 kcal – 17,6 g EW – 41,0 g KH – 13,4 g Fett

Kartoffeln italienische Art

2 kg Kartoffeln
(mit Schale,
mehlig kochend)
150 g Butter
Jodsalz, Pfeffer
1 kg Schältomaten
(Dose)
Pfeffer
20 g Basilikum
700 g Mozzarella
8 hart gekochte Eier
10 g Petersilie
100 g Parmesan
(gerieben)

Kartoffeln kochen und schälen, danach in dicke Scheiben schneiden. Eine Auflaufform mit Butter einfetten. Die Kartoffeln einlegen und mit etwas Salz und Pfeffer würzen. Die geschälten Tomaten auf ein Sieb leeren, auspressen, grob hacken, über die Kartoffeln geben und mit Pfeffer und Salz abschmecken. Die Basilikumblätter waschen und auf den Kartoffeln verteilen. Mozzarella in Scheiben bzw. Streifen schneiden und ebenfalls über die Kartoffeln ausbreiten. Die hart gekochten Eier schälen, grob hacken, mit der restlichen Butter vermischen und die gewaschene, grob gehackte Petersilie unterheben. Die Masse über den Mozzarella verteilen. Mit Parmesan bestreuen und bei 170 °C etwa 30 Minuten backen.

554 kcal – 29,1 g EW – 33,6 g KH – 32,0 g Fett

Spinattimbale

1½ kg Spinat (frisch)
250 g Schalotten
70 g Butter
300 ml Sahne
8 Eier
Jodsalz
Pfeffer
Muskat

Spinat verlesen und waschen. Schalotten schälen und in feine Würfel schneiden. Butter erhitzen und die Schalottenwürfel darin andünsten, den Spinat zugeben und mitdünsten. 150 ml Sahne angießen und alles zusammen pürieren. Die restliche Sahne mit den Eiern verquirlen, unter das Spinatpüree geben, mit Salz, Pfeffer und Muskat abschmecken, danach in vorher ausgefettete Puddingförmchen einfüllen und im Wasserbad in etwa 25 Minuten zubereiten.

239 kcal – 9,7 g EW – 3,6 g KH – 20,1 g Fett

Lasagne mit Kohlrabi und Spinat

1,6 kg Spinat
250 g Kohlrabi
120 g Zwiebeln
10 g Öl
350 ml Sahne
500 ml Milch
(3,5 % Fett)
4 Eier
Jodsalz
Pfeffer
Muskatnuß (gerieben)
20 Blatt Lasagne
300 g Leerdamer
(gerieben)

Den Spinat waschen, entstielen und auf einem Sieb abtropfen lassen. Kohlrabi und Zwiebeln schälen, in feine Würfel schneiden und in Öl andünsten. Den Spinat zufügen, kurz mitdünsten. Sahne und Milch sowie die Eier verquirlen. Die Garflüssigkeit vom Gemüse entnehmen und in die Eiermasse schütten. Nun das Ganze mit Salz, Pfeffer und Muskat würzen. Lasagneplatten und Gemüse abwechselnd in eine Auflaufform schichten (mit Lasagneplatten abschließen). Die Lasagne mit der Eier-Milch-Gemüse-Mischung übergießen. Den geriebenen Leerdamer darüberstreuen und bei 170 °C etwa 45 Minuten im Backofen backen.

591 kcal – 29,5 g EW – 39,0 g KH – 34,4 g Fett

Rosenkohl-Quiche mit gehackten Walnüssen

Zubereitungszeit: ······ 🕐 ·· **80 Minuten**

25 g Hefe
Zucker
500 g Weizen-
vollkornmehl
Jodsalz
1,7 kg Rosenkohl
220 g Zwiebeln
100 ml Olivenöl
250 g Crème fraîche
200 ml Milch
(3,5 % Fett)
5 Eier
Kreuzkümmel
Pfeffer
150 g gehackte
Walnüsse

Hefe in ¼ l lauwarmem Wasser mit einer Prise Zucker auflösen, das Ganze mit Mehl und etwas Salz zu einem glatten Teig verarbeiten. Den Teig 30 Minuten gehen lassen. Rosenkohl putzen, waschen und halbieren. Zwiebeln schälen, in grobe Scheiben schneiden und in Öl andünsten. Rosenkohl zugeben, salzen, etwas Wasser zufügen und ebenfalls dünsten. Crème fraîche mit Milch und den Eiern verquirlen, mit Kreuzkümmel und Pfeffer würzen. Teig ausrollen und die Quicheform damit auslegen (am Rand hochdrücken). Gemüse einfüllen, Eiermilch darübergießen und mit den gehackten Walnüssen bestreuen. Die Quiche bei 175 °C 45 Minuten im Backofen backen.

582 kcal – 21,6 g EW – 40,9 g KH – 35,3 g Fett

Blumenkohlkartoffeln, gebacken

Zubereitungszeit: ······ 🕐 ·· **80 Minuten**

2½ kg kleine
Kartoffeln
1,2 kg Blumenkohl
300 ml Gemüsebrühe
(Rezept Seite 83)
600 g Sahne
(30 % Fett)
Currypulver
Jodsalz
Pfeffer

Die Kartoffeln gründlich waschen und bürsten. Blumenkohl in kleine Röschen teilen. Kartoffeln mit der Schale in dicke Scheiben schneiden, waschen. Kartoffeln und Blumenkohl in einer leicht gefetteten Auflaufform verteilen. Gemüsebrühe, Sahne und Currypulver verquirlen, mit Salz und Pfeffer abschmecken. Das Gemüse damit übergießen und bei 175 °C etwa 50 Minuten backen.

390 kcal – 9,5 g EW – 41,8 g KH – 19,6 g Fett

Quark-Hirse-flocken-Plätzchen mit Apfel-Pflaumen-Rotkohl

2½ kg Rotkraut
200 g Zwiebeln
100 g Butter
Wacholderbeeren
20 g Rotweinessig
100 g Schwarze-Johannisbeeren-Gelee
Zimtstangen
600 g Magerquark
50 g Maisstärke
100 g Hirseflocken
2 Eier
250 g Bergkäse (gerieben)
50 g Crème fraîche
Jodsalz
Pfeffer
Muskatnuß (gerieben)
300 g Äpfel
400 g Backpflaumen

Das Rotkraut putzen, waschen und in feine Streifen schneiden. Die Zwiebeln schälen, in feine Würfel schneiden und in der Butter andünsten. Rotkraut und Wacholderbeeren zugeben, weiter andünsten. Essig, Johannisbeergelee, Zimtstangen und Wasser zugeben. Alles etwa 20 Minuten zugedeckt kochen lassen. Quark, Maisstärke, Hirseflocken, Eier, Käse und Crème fraîche vermischen, mit Salz, Pfeffer und Muskatnuß würzen. Äpfel schälen, entkernen, in Stücke schneiden und zusammen mit den Backpflaumen zum Rotkraut geben. Das Ganze salzen und pfeffern. Nochmals 10 Minuten kochen lassen, danach etwas abkühlen lassen. Die Quarkmasse zu kleinen Plätzchen formen und knusprig anbraten.

507 kcal – 23,4 g EW – 52,3 g KH – 21,3 g Fett

Radicchio mit Orangen und Schafskäse, gebacken

Zubereitungszeit: ······ 🕑 ·· **30 Minuten**

5 Köpfe Radicchio
5 Orangen
Backpapier
100 ml Olivenöl
10 dünne Scheiben Schafskäse
20 g Thymian (Sträußchen)
20 g Rotweinessig

Radicchio halbieren und die Blätter auseinander drücken. Orangen schälen, filetieren und zwischen die Radicchioblätter schieben. 10 quadratische Ecken aus dem Backpapier schneiden. Mit Öl einpinseln und auf jedes Eck eine Radicchiohälfte legen. Schafskäsescheiben und die gewaschenen Thymiansträußchen darauf legen, mit etwas Essig beträufeln, verschließen und im Backofen bei 175 °C knapp 10 Minuten backen.

428 kcal – 25,5 g EW – 19,4 g KH – 26,1 g Fett

Karotten-Brokkoli-Schwarzwurzel-Gratin

Zubereitungszeit: ······ 🕑 ·· **50 Minuten**

1 kg Schwarzwurzeln
20 g Essig
Jodsalz
500 g Brokkoli
1 kg Karotten
200 g Lauchzwiebeln
20 g Senf
1/8 l Sahne
5 Eigelb
1/4 l Apfelsaft
20 g Knoblauchzehen
200 g Emmentaler (gerieben)
Pfeffer

Schwarzwurzeln schälen, in Stücke schneiden und in Essig-Salz-Wasser 15 Minuten kochen. Brokkoli in kleine Röschen teilen und waschen. Karotten schälen, waschen und stifteln. Brokkoli und Karotten in Salzwasser 5 Minuten kochen. Lauchzwiebeln in schräge Stücke schneiden und waschen. Senf, Sahne, Eigelb und Apfelsaft im heißen Wasserbad schaumig schlagen. Knoblauch schälen und zusammen mit dem geriebenen Emmentaler unterrühren, mit Salz und Pfeffer abschmecken. Das Gemüse gut abtropfen lassen, in eine Auflaufform schichten, die aufgeschlagene Sauce darübergießen und bei 200 °C 10 Minuten überbacken.

226 kcal – 12,9 g EW – 11,0 g KH – 14,1 g Fett

Rote-Bete-Flan mit Meerrettichsauce

Zubereitungszeit: · · · · · · 🕑 · · **70 Minuten**

Zutaten Flan:
800 g rote Bete
Jodsalz
100 g Butter
400 ml Sahne
(30 % Fett)
120 ml Gemüsebrühe
(Rezept Seite 83)
5 Eier
Pfeffer
10 g Zitronensaft
20 g Öl
Alufolie

Zutaten Sauce:
160 g Zwiebeln
90 g Butter
90 g Vollkornweizenmehl
300 ml Milch
(3,5 % Fett)
300 ml Gemüsebrühe
(Rezept Seite 83)
Jodsalz
Pfeffer
40 g Meerrettich
(gerieben)
10 g Dillstengel

Zubereitung Flan:
Die rote Bete waschen, in wenig gesalzenem Wasser 40 Minuten leicht kochen, schälen und grob zerkleinern. Das Fett erhitzen. Die rote Bete angehen lassen, Sahne zugießen und aufkochen. Das Ganze pürieren, salzen und pfeffern. Den Zitronensaft zugießen. Eier mit einer geringen Menge des Rote-Bete-Pürees verrühren. Eine Auflaufform ausfetten, die Massen einfüllen, mit Alufolie abdecken und im Wasserbad oder im Konvektomaten bei 180 °C etwa 35 bis 40 Minuten stocken lassen.

Zubereitung Sauce:
Für die Sauce die Zwiebeln schälen und in feine Würfel schneiden. Die Zwiebelwürfel in Butter andünsten, Mehl zufügen, anschwitzen lassen, mit Milch und Gemüsebrühe angießen und aufkochen. Die Sauce mit Salz und Pfeffer abschmecken. Den Meerrettich unterziehen. Dillstengel waschen und als Garnitur beim Anrichten verwenden.

439 kcal – 9,8 g EW – 16,7 g KH – 36,2 g Fett

155

Champignonstrudel mit Rotweinzwiebeln

Zubereitungszeit: · · · · · · 🕐 · · **40 Minuten**

600 g Vollkornweizenmehl
2 Eier
20 g Öl
Jodsalz
800 g Champignons (frisch)
100 g Butter
Pfeffer
20 g Schnittlauch
10 g Knoblauch (geschält)
150 g Crème fraîche
500 g Gemüsezwiebeln
300 ml Rotwein
10 g Majoranzweig
50 g Honig

Mehl, Eier, Öl, Salz und ¼ l lauwarmes Wasser zu einem Teig verarbeiten, zugedeckt 60 Minuten ruhen lassen. Champignons putzen, waschen und in dünne Scheiben schneiden. Die Champignons in Butter anbraten, salzen und pfeffern. Schnittlauch waschen und in feinen Röllchen den Champignons zufügen. Den Teig dünn ausrollen, ausziehen. Crème fraîche mit der zerdrückten Knoblauchzehe vermischen und den Teig damit bestreichen. Champignons darauf verteilen, den Rand frei lassen. Den Teig aufrollen, auf ein eingefettetes Backblech legen und bei 220 °C 15 Minuten backen. Die Zwiebeln in Ringe schneiden, andünsten, die frischen, gewaschenen Majoranblättchen zugeben und mit Salz und Pfeffer würzen. 5 Minuten dünsten, Honig zugeben und zum Strudel servieren.

422 kcal – 12,9 g EW – 45,2 g KH – 19,8 g Fett

Spinatauflauf mit Sesamkruste

Zubereitungszeit: ······ 🕐 ·· **70 Minuten**

1½ kg Blattspinat
180 g Zwiebeln
100 g Butter
100 g Haferflocken
(fein)
Jodsalz
Pfeffer
Muskatnuß
80 g Weizen-
vollkornmehl
300 ml Milch
(3,5 % Fett)
5 Eier
50 g Sesam

Den Spinat verlesen, waschen und abtropfen lassen. Die Zwiebeln schälen, in feine Würfel schneiden. Die Zwiebelwürfel in etwas Butter andünsten, den Spinat zugeben und weiterdünsten. Die Masse pürieren. Die feinen Haferflocken unterrühren und mit Salz, Pfeffer und Muskatnuß würzen. Die restliche Butter erhitzen, das Mehl zugeben und goldbraun anschwitzen. Die kalte Milch zugießen und 5 Minuten kochen lassen. Die Eier trennen; das Eigelb unter die Sauce rühren und nochmals abschmecken. Das Eiweiß aufschlagen und mit der Sauce unter die Spinatmasse heben. Das Ganze in eine gefettete Auflaufform füllen, mit Sesam bestreuen und bei 160 °C etwa 20 Minuten backen.

278 kcal – 13,1 g EW – 15,0 g KH – 17,6 g Fett

Hirseschnitten mit Pilzragout

Zubereitungszeit: ······ ⏲ ·· **60 Minuten**

250 g Greyerzer
160 g Zwiebeln
120 g Butter
400 g Hirse
1½ l Gemüsebrühe
(Rezept Seite 83)
3 Eigelb
Jodsalz
Pfeffer
20 g Petersilie
20 g Thymian
150 g Tomaten
1 kg Champignons
250 g Austernpilze
250 g Shiitake-Pilze
350 ml Sahne
(30 % Fett)

Käse reiben. Zwiebeln schälen, in feine Würfel schneiden und in 30 g Butter zusammen mit der Hirse dünsten. 1 l Gemüsebrühe angießen und 10 Minuten bei kleiner Hitze quellen lassen, danach vom Feuer nehmen. Das Eigelb und den Käse unterrühren. Das Ganze salzen, pfeffern und in eine Form (15 x 20 cm) füllen, anschließend abkühlen lassen. Die Kräuter waschen und fein hacken. Die Tomaten waschen, entkernen und würfeln. Die Pilze putzen. Shiitake-Stiele abschneiden und klein würfeln. Alle Pilze halbieren bzw. vierteln und in 60 g Butter etwa 15 Minuten anbraten. Restliche Gemüsebrühe zugießen und einkochen lassen. Sahne zufügen und würzen. Die Kräuter unterrühren. Alles nochmals 10 Minuten leicht kochen. Hirsemasse in Scheiben schneiden und im restlichen Fett anbraten. Die Hirseschnitten anrichten und das Pilzragout darauf verteilen.

518 kcal – 18,2 g EW – 31,6 g KH – 33,8 g Fett

Gefüllte Auberginen mit Tomatenreis

8 Peperoni
240 g Zwiebeln (geschält)
30 g Knoblauchzehen
100 ml Olivenöl
5 Auberginen
Jodsalz
Zimt
Kreuzkümmel
Paprika
10 g Zitronensaft
20 g Petersilie (gewaschen)
500 g Reis
¼ l Rotwein
800 ml Gemüsebrühe *(Rezept Seite 83)*
180 g alter Gouda (gerieben)
1 Dose Schältomaten (gewürfelt)
10 g Minzeblätter

Zubereitungszeit: · · · · · · 🕐 · · **80 Minuten**

Die Peperoni und Zwiebeln grob würfeln. Den Knoblauch schälen, fein hacken und alles zusammen in Öl dünsten. Die Auberginen halbieren, das Fruchtfleisch entnehmen, jedoch darauf achten, daß 1 cm Rand stehen bleibt. Das Fruchtfleisch würfeln, zu den angedünsteten Zwiebeln geben, 5 Minuten mitbraten und mit Salz, Zimt, Kümmel, Paprikapulver und Zitronensaft würzen. Petersilie hacken und unter die Masse heben. Reis im restlichen Olivenöl glasig dünsten. Rotwein und Gemüsebrühe angießen und langsam fertig garen. Die Auberginen mit der Peperoni-Zwiebel-Masse füllen und im Konvektomaten bei 150 °C etwa 15 Minuten backen, herausnehmen und mit dem geriebenen Käse bestreut nochmals 5 Minuten im Konvektomaten überbacken. Tomatenwürfel abtropfen lassen und zum Reis geben, wieder abschmecken, mit den gewaschenen Minzeblättern ausgarniert zu den Auberginen servieren.

401 kcal – 12,1 g EW – 46,9 g KH – 17,0 g Fett

Spiralnudeln mit Weißkraut

Zubereitungszeit: ······ 🕐 ·· **40 Minuten**

1½ kg Weißkraut
180 g Frühlings-
zwiebeln
10 g Knoblauchzehe
20 g Sonnenblumenöl
⅛ l Gemüsebrühe
(Rezept Seite 83)
⅛ l Weißwein
1 kg Spiralnudeln
Jodsalz
10 g Petersilie
(gewaschen)
400 g saure Sahne
Pfeffer
Kümmel
Paprikapulver
Jodsalz

Das Weißkraut putzen, achteln, waschen (den Strunk entfernen) und in dünne Streifen zerteilen. Die Frühlingszwiebeln putzen, waschen und in nicht zu dünne Röllchen schneiden. Die Knoblauchzehe schälen und fein hacken. Das Öl erhitzen, Zwiebeln und Knoblauch glasig dünsten, das Weißkraut zufügen und mit anbraten. Gemüsebrühe und etwas Weißwein angießen. Das Ganze 20 Minuten kochen, damit die Flüssigkeit gut verdampft. Spiralnudeln bei mittlerer Hitze al dente garen. Petersilie hacken und zusammen mit der sauren Sahne unter das Kraut mischen. Kraut mit Pfeffer, Kümmel, Paprikapulver und Salz abschmecken. Die Nudeln gut abtropfen lassen und zusammen mit dem Kraut servieren.

506 kcal – 15,9 g EW – 79,5 g KH – 12,3 g Fett

Karotten im Zwiebackmantel

Zubereitungszeit: ······ 🕐 ·· **40 Minuten**

2 kg Karotten (groß)
Anis (gemahlen)
10 g Zitronensaft
200 g Weizen-
vollkornmehl
3 Eier
Muskatnuß (gerieben)
Jodsalz
300 g Zwiebackmehl
20 g Erdnußöl

Die Karotten waschen und gründlich abbürsten, in Anis-Zitronen-Wasser 20 Minuten kochen und abkühlen lassen. Anschließend in 3 cm dicke längliche Scheiben schneiden, diese in Weizenvollkornmehl wenden, in die aufgeschlagenen Eier, die mit Muskatnuß und Salz abgeschmeckt wurden, tauchen und in Zwiebackmehl wälzen. Panierung fest andrücken und in heißem Öl auf beiden Seiten backen.

275 kcal – 9,5 g EW – 43,6 g KH 6,2 g Fett

Nudeltaschen mit Karotten-Lauch-Füllung

700 g feines
Dinkelmehl
Jodsalz
7 Eier
20 g Olivenöl
100 ml lauwarmes
Wasser
700 g Karotten
(mit Grün)
500 g Lauchstangen
50 g Butter
100 g Crème fraîche
Pfeffer
30 g Meerrettich
(gerieben)
40 g Haferflocken
(fein)
50 g Parmesan
(gerieben)
Jodsalz

Zubereitungszeit: ······ 🕐 ·· **80 Minuten**

Das Dinkelmehl mit einer Prise Salz vermischen.
Eier, Öl und Wasser dazugeben und zu einem ge-
schmeidigen Teig verarbeiten. Er sollte nicht mehr
kleben, sonst eventuell etwas Wasser oder Mehl
zufügen. Den Teig zu einer Kugel formen, einwickeln und etwa 50 Minuten bei Zimmertemperatur ruhen lassen. Die Karotten schälen, waschen
und in feine Streifen schneiden. Den Lauch waschen, ebenfalls in feine Streifen schneiden. Beides in Butter 8 Minuten andünsten, danach abkühlen lassen. Crème fraîche, Pfeffer, Meerrettich,
Haferflocken, Parmesankäse und Salz untermischen. Den Nudelteig nochmals kneten, in Portionen teilen und zu dünnen Platten ausrollen.
In Rechtecke (18 x 8 cm) schneiden. Ränder mit
Wasser bepinseln, auf einer Hälfte mit Füllung
bestreichen, zusammenklappen, gut andrücken
und in leicht gesalzenem, kochendem Wasser
etwa 4 Minuten garen.

465 kcal – 18,9 g EW – 53,2 g KH – 18,3 g Fett

Sauerkraut-Kartoffel-Röllchen

1,8 kg Kartoffeln
(mehlig kochend)
400 g Tofu
(geräuchert)
180 g Zwiebeln
40 g Butter
5 Eigelb
350 g Sauerkraut
(roh)
Pfeffer
Jodsalz
150 g Mehl
20 g Petersilie
(gewaschen)
20 g Erdnußöl

Zubereitungszeit: ······ ⊕ ·· **50 Minuten**

Die Kartoffeln waschen, schälen, anschließend
25 Minuten kochen und ausdampfen lassen, danach durch eine Presse drücken. Räuchertofu fein
würfeln. Die Zwiebeln schälen, ebenfalls fein würfeln und in Butter anbraten. Das Eigelb unter
die Kartoffelmasse heben. Das Sauerkraut grob
hacken, zusammen mit Pfeffer, Muskatnuß und
Salz zur Kartoffelmasse geben. Das Mehl, die gehackte Petersilie sowie die Tofu-Zwiebel-Würfel
untermischen, kleine Würstchen formen, diese
kalt stellen. Die Würstchen in Erdnußöl knusprig
angebraten servieren.

307 kcal – 11,1 g EW – 38,2 g KH – 11,5 g Fett

Pfannkuchen mit Bergkäse

400 g Mehl
80 g Haselnüsse
(gemahlen)
600 ml Milch
(3,5 % Fett)
200 ml Sprudel
8 Eier
Jodsalz
450 g Bergkäse
180 g Zwiebeln
10 g Knoblauchzehen
30 g Butter
800 g Tomaten
(geschält, gewürfelt,
Dose)
20 g Petersilie
40 g Paniermehl
30 g Butter

Zubereitungszeit: ······ ⊕ ·· **70 Minuten**

Aus Mehl, Nüssen, Milch, Sprudel, Eiern und Salz
einen Pfannkuchenteig zubereiten und quellen
lassen. Den Bergkäse reiben. Die Zwiebeln und
Knoblauchzehen schälen, in feine Würfel schneiden und in Butter dünsten, die Tomaten zugeben,
salzen und einkochen lassen. 10 dünne Pfannkuchen backen, den Käse daraufgeben, aufrollen
und in etwa 6 cm dicke Rollen schneiden, diese
senkrecht auf ein gefettetes Backblech setzen
und das Tomatenmus über die Pfannkuchen
geben. Mit der gewaschenen, gehackten Petersilie, dem Paniermehl sowie den Butterflöckchen
bestreuen und bei 200 °C im Konvektomaten
20 Minuten überbacken.

560 kcal – 28,8 g EW – 33,6 g KH – 32,9 g Fett

Gemüse-Pie

Zubereitungszeit: ······ 🕐 ·· **90 Minuten**

Zutaten Teig:
200 g Weizenmehl
100 g Grahammehl
Jodsalz
Kümmel (gemahlen)
Koriander (gemahlen)
150 g Butter
100 ml Molke

Zutaten Füllung:
400 g Karotten
400 g Weißkraut
400 g Lauch
200 g Sellerie
20 g Olivenöl
Kümmel (gemahlen)
Fenchel (gemahlen)
20 g Basilikum
(gewaschen und
gehackt)
Pfeffer
100 g Weizenmehl
4 Eier
20 ml Joghurt
(1,5 % Fett)
Jodsalz
20 g Essig

Zubereitung Teig:
Alle Zutaten vermengen, mehrfach ausrollen und wie beim Blätterteig zusammenlegen, danach 20 Minuten ruhen lassen. Nach der Ruhezeit etwa 4 mm dick ausrollen. Eine gefettete Form damit auslegen, am Rand hochziehen, ¼ des Teiges für den Deckel zurückbehalten.

Zubereitung Füllung:
Karotten waschen, schälen und in kleine Würfel schneiden. Das Weißkraut putzen und den Strunk entfernen. Danach waschen, achteln und fein hobeln. Lauch putzen, waschen und in feine Streifen schneiden. Sellerie waschen, schälen und klein würfeln. Das Öl erhitzen und das Gemüse darin andünsten, mit Kümmel, Fenchel und Basilikum würzen. Die Flüssigkeit verdampfen lassen, mit Weizenmehl bestreuen. Die Eier und den Joghurt zügig daruntermischen, mit Salz und Essig abschmecken, in die Form füllen, den Teigdeckel auflegen, Rand und Deckel gut andrücken, Muster in die Form drücken. Bei 180 °C im Konvektomaten etwa 70 Minuten backen.

353 kcal – 10,4 g EW – 34,0 g KH – 18,4 g Fett

Pikanter Krautkuchen

Zubereitungszeit: ······ ⊕ · **120 Minuten**

Zutaten Teig:
400 g Weizen-
vollkornmehl
50 g Gerstenflocken
10 g Trockenhefe
Jodsalz
½ l Molke
20 g Olivenöl

Zutaten Belag:
800 g Weißkraut
120 g Frühlings-
zwiebeln
200 g Fenchelknollen
40 g Olivenöl
20 g Petersilie
4 Eier
150 g Edamer
(gerieben)
¼ l Milch
(3,5 % Fett)
100 g Instant-
haferflocken
Koriander (gemahlen)
Jodsalz
Pfeffer
Muskatnuß
450 g Schältomaten
(abgetropft)

Zubereitung Teig:
Mehl, Gerstenflocken, Hefe und Salz vermischen. Molke und Olivenöl lauwarm untermengen. Den Teig etwa 5 Minuten durchkneten, anschließend 60 Minuten ruhen lassen.

Zubereitung Belag:
Das Weißkraut, die Frühlingszwiebeln und Fen-chelknollen schälen bzw. putzen und waschen. Die Strünke von Weißkraut und Fenchel entfernen. Kraut und Fenchel nun in Streifen schneiden. Frühlingszwiebeln in Röllchen schneiden. Das Öl erhitzen. Weißkraut, Fenchel und Zwiebeln an-braten und abkühlen lassen. Die Petersilie wa-schen und grob hacken, zusammen mit den Eiern, dem Käse und der Milch verquirlen. Instanthafer-flocken dazugeben und quellen lassen. Das Gemüse untermischen, mit Koriander, Salz, Pfeffer und Muskatnuß abschmecken. Den Teig auf ein gefettetes Konvektomatblech streichen, den Belag darauf verteilen und die abgetropften Schältoma-ten auflegen. Bei 160 C° im Konvektomaten etwa 45 Minuten backen.

408 kcal – 17,2 g EW – 46,5 g KH – 15,8 g Fett

Maisringe mit Gemüsefüllung

160 g Zwiebeln
80 g Margarine
600 g Maisgrieß (grob)
2 l Gemüsebrühe *(Rezept Seite 83)*
300 g Zucchini
300 g Karotten
300 g Fleischtomaten
120 g Frühlingszwiebeln
20 g Knoblauchzehen
160 g Paprikafrüchte (grün)
160 g Paprikafrüchte (rot)
20 g Schnittlauch
100 g Edamer (gerieben)
20 g Olivenöl
20 g Majoran (frisch)
Pfeffer
Jodsalz

Die Zwiebeln schälen und fein würfeln. Margarine erhitzen, die Zwiebeln und den Maisgrieß anrösten, anschließend mit der Gemüsebrühe auffüllen und 15 Minuten zugedeckt köcheln lassen. Die Zucchini und Karotten waschen, schälen und in Scheiben schneiden. Tomaten blanchieren, häuten und fein würfeln. Die Frühlingszwiebeln waschen und klein würfeln. Den Knoblauch schälen und fein hacken. Die Paprikafrüchte (grün/rot) halbieren (das Kerngehäuse entfernen), waschen und in feine Streifen schneiden. Den Schnittlauch waschen, in feine Röllchen schneiden und zusammen mit dem geriebenen Käse unter die Maismasse heben. In 10 kleine Ringformen verteilen, glatt streichen und bei 170 °C im Konvektomaten etwa 15 Minuten backen. Das Gemüse in etwas Olivenöl zusammen mit den Frühlingszwiebeln und dem Knoblauch anbraten, mit wenig Wasser ablöschen und 15 Minuten schmoren lassen. Den Majoran waschen, fein hacken, unter das Gemüse geben und mit Pfeffer und Jodsalz abschmecken. Die Maisringe stürzen und mit dem Gemüse füllen.

355 kcal – 9,7 g EW – 46,5 g KH – 13,5 g Fett

Rote-Bete-Bratlinge

Zubereitungszeit: ······ 🕐 ·· **70 Minuten**

200 g Haferflocken
½ l Wasser
1 kg rote Bete
200 g Zwiebeln
50 g Buchweizenmehl
3 Eier
20 g Olivenöl
Koriander (gemahlen)
Kümmel (gemahlen)
10 g Majoran
Jodsalz
20 g Olivenöl

Haferflocken in Wasser einweichen und 30 Minuten quellen lassen. Die rote Bete waschen, im Steamer 30 Minuten kochen lassen, abschälen und fein raspeln. Zwiebeln schälen, fein hacken. Haferflocken, rote Bete, Zwiebeln, Buchweizenmehl, Eier und Olivenöl vermengen, mit Koriander, Kümmel, Salz und dem gewaschenen und fein gehackten Majoran abschmecken. Die Masse eventuell mit Semmelbröseln zusätzlich binden. Mit mehligen Händen aus der Masse Bratlinge formen und diese auf beiden Seiten in etwas Öl knusprig braten.

209 kcal – 7,0 g EW – 26,6 g KH – 7,7 g Fett

166

Sellerie-Nuß-Bratlinge

Zubereitungszeit: ······ 🕐 ·· **60 Minuten**

1 kg Sellerie
100 g Haselnüsse (gemahlen)
250 g Frühlings-zwiebeln
100 g Zwiebackmehl
2 Eier
Jodsalz
Koriander (gemahlen)
Fenchel (gemahlen)
Muskatnuß (gerieben)
20 g Erdnußöl

Den Sellerie waschen, im Steamer 30 Minuten kochen, anschließend schälen und pürieren. Die Haselnüsse untermischen. Die Frühlingszwiebeln schälen, waschen und in feine Röllchen schneiden, zusammen mit dem Zwiebackmehl und den Eiern unter die Sellerie-Haselnuß-Masse mengen. Mit Salz, Koriander, Fenchel und Muskatnuß abschmecken. Eventuell mit Zwiebackmehl zusätzlich binden. Aus der Masse Bratlinge formen, 20 Minuten stehen lassen, danach im heißen Öl auf beiden Seiten anbraten.

168 kcal – 5,5 g EW – 12,2 g KH – 10,3 g Fett

Selleriescheiben in Käse-Nuß-Hülle

Zubereitungszeit: ⏱ **50 Minuten**

2 kg Sellerie
200 g Vollkorn-
weizenmehl
Fenchel (gemahlen)
Muskatnuß (gerieben)
Jodsalz
3 Eier
10 g Zitronensaft
100 g Haselnüsse
(gerieben)
100 g Zwiebackmehl
150 g Bergkäse
(gerieben)
20 g Erdnußöl

Sellerie in leicht gesalzenem Wasser nicht zu weich kochen, danach in 2 cm dicke Scheiben schneiden. Vollkornmehl, Fenchel, Muskatnuß und Salz vermischen. Eier und Zitronensaft verquirlen. Haselnüsse, Zwiebackmehl und Bergkäse gründlich mischen. Sellerriescheiben in der Vollkornmehlmischung wenden, durch das Ei ziehen, in der Nuß-Zwieback-Käse-Mischung wälzen und festdrücken. In heißem Erdnußöl auf beiden Seiten braten.

316 kcal – 14,5 g EW – 25,0 g KH – 16,6 g Fett

Ingwergemüse auf Rollgerste

Zubereitungszeit: ⏱ **40 Minuten**

160 g Zwiebeln
50 g Butter
700 g Rollgerste
1⅛ l Gemüsebrühe
(Rezept Seite 83)
360 g Karotten
200 g Lauch
320 g rote Zwiebeln
80 g Ingwerwurzel
100 ml Sojaöl
400 g Wachs-
brechbohnen
Kurkuma
Jodsalz
Pfeffer
Nelke (gemahlen)
Zimt (gemahlen)
Kardamom
(gemahlen)

Die Zwiebeln schälen, fein hacken und in Butter andünsten. Die Rollgerste zugeben, alles weiter dünsten. Gemüsebrühe angießen, 30 Minuten zugedeckt fertig garen. Karotten waschen, schälen und würfeln. Lauch putzen, waschen und in Röllchen schneiden. Rote Zwiebeln schälen und fein würfeln. Ingwer schälen und in feine Streifen schneiden. Öl erhitzen. Gemüse, Zwiebeln und Ingwer anbraten. Wachsbrechbohnen und Kurkuma zugeben, weiter braten, das Ganze mit etwas Wasser ablöschen. Mit Salz und Pfeffer abschmecken, dann noch etwa 15 Minuten kochen lassen. Das Gemüse auf der Rollgerste anrichten.

427 kcal – 9,9 g EW – 58,5 g KH – 15,8 g Fett

Hirsebratlinge mit Frischkäse

Zubereitungszeit: ······ 🕐 ·· **40 Minuten**

150 g Paprikafrüchte
(rot)
150 g Sellerie
150 g Weißkraut
30 g Sonnenblumenöl
300 g Hirse
600 ml Gemüsebrühe
(Rezept Seite 83)
400 g Frischkäse
100 g Vollkornmehl
3 Eier
Koriander (gemahlen)
Fenchel (gemahlen)
Majoran
Cayennepfeffer
Jodsalz
20 g Erdnußöl

Die Paprikafrüchte halbieren (Kerngehäuse entfernen), waschen und in grobe Stücke schneiden. Sellerie schälen, waschen und in grobe Würfel teilen. Das Weißkraut putzen, waschen und in grobe Streifen schneiden. Das Öl erhitzen und das Gemüse darin weich dünsten. Danach das Gemüse pürieren. Die Hirse heiß waschen, in wenig Öl andünsten, mit der Gemüsebrühe auffüllen und zugedeckt 25 Minuten leicht köcheln lassen. Das Gemüsepüree, Hirse, Frischkäse, Vollkornmehl und Eier vermengen, Koriander, Fenchel, Majoran, Cayennepfeffer und Salz zugeben, falls notwendig noch etwas Mehl zufügen. Kleine Bratlinge formen und in heißem Öl knusprig ausbraten.

364 kcal – 11,6 g EW – 29,2 g KH – 21,2 g Fett

Erbsensoufflé

Zubereitungszeit: ······ 🕐 ·· **90 Minuten**

200 g Zwiebeln
80 g Butter
900 g Erbsen
(gekocht)
70 g Weizen-
vollkornmehl
500 ml Milch
(3,5 % Fett)
250 g Cheddar
(gerieben)
6 Eier (getrennt)
Jodsalz
Pfeffer

Die Zwiebeln schälen und in feine Würfel schneiden. Die Zwiebeln in der Butter andünsten, die Erbsen 2 Minuten ohne Flüssigkeit mitdünsten, das Mehl unterrühren. Alles von der Kochstelle nehmen, Milch und Käse unterrühren, nochmals aufkochen lassen, bis die Masse andickt. Mit einem Mixstab die Masse zu einem glatten Püree verarbeiten, das Eigelb unterziehen. Das Eiweiß zu Schnee schlagen und ebenfalls unter die Masse heben. Das Ganze in eine gefettete Souffléform geben, abdecken und im Wasserbad in etwa 75 Minuten fertig garen.

346 kcal – 18,4 g EW – 18,5 g KH – 21,0 g Fett

Gerstenbratlinge mit Haselnüssen

350 g Gerstengrütze
20 g Olivenöl
500 ml Gemüsebrühe
(Rezept Seite 83)
300 g Emmentaler
300 g Frühlings-
zwiebeln
200 g Haselnüsse
(gemahlen)
2 Eier
20 g Olivenöl
60 g Buchweizenmehl
Jodsalz
Koriander (gemahlen)
Kümmel (gemahlen)
Majoran
Thymian
Muskatnuß (gerieben)
30 g Erdnußöl

Gerstengrütze in etwas Öl andünsten, mit der Gemüsebrühe aufgießen und zugedeckt 30 Minuten köcheln lassen. Den Emmentaler klein würfeln. Die Frühlingszwiebeln waschen und in feine Röllchen schneiden. Käse, Zwiebeln, Haselnüsse und Eier unter die Gerstengrütze mengen, etwas Olivenöl sowie das Buchweizenmehl dazugeben. Mit Salz, Koriander, Kümmel, Majoran, Thymian und Muskat abschmecken. Aus dieser Masse kleine Bratlinge formen. Die Bratlinge in heißem Öl knusprig ausbraten.

483 kcal – 16,4 g EW – 32,0 g KH – 30,6 g Fett

Rezepte / Hauptgerichte

169

Gratinierte Gemüsenester

1¼ kg Kartoffeln
450 g Gouda
(gerieben)
3 Eier (verquirlt)
100 ml Milch
(3,5 % Fett)
400 g Schalotten
(fein gehackt)
500 g Paprikafrüchte
(rot und fein gewürfelt)
200 g Sellerie
(gewürfelt)
80 g Butter
400 g Erdnußkerne
20 g Petersilie
(gehackt)
80 g Weizenschrot
(fein)
400 ml Milch
(3,5 % Fett)
Jodsalz
Cayennepfeffer

Kartoffeln in der Schale garen, mit kaltem Wasser abschrecken, schälen und auspressen. ⅔ vom Käse und die verquirlten Eier mit etwas Milch so lange verrühren, bis eine spritzfähige Masse entsteht. 10 kleine feuerfeste Förmchen ausfetten, Ringe einspritzen. Zwiebeln, Paprika und Sellerie in Butter anbraten. Erdnüsse, Petersilie und Mehl dazugeben, gut vermengen, das Ganze leicht abkühlen lassen. Die Milch unterrühren und zu einer dicklichen Masse einkochen. Mit Salz und Cayennepfeffer würzen. Die Masse in die schon eingespritzten Kartoffelringe füllen und mit dem restlichen Käse bestreut bei 190 °C 30 Minuten im Konvektomaten backen.

660 kcal – 30,7 g EW – 30,6 g KH – 44,0 g Fett

Pikante Zucchiniröllchen

1,8 kg Zucchini
Jodsalz
1 kg Champignons
160 g Zwiebeln
20 g Butter
20 g Knoblauchzehe
Pfeffer (schwarz)
600 g Schafskäse
10 g Zitronensaft
100 g Walnußkerne
(gehackt)
10 g Zitronenmelisse
20 g Olivenöl
1½ kg Fleisch-
tomaten
150 g Gouda
(gerieben)

Die Zucchini von den Blüten- und Stielansätzen befreien, waschen, in nicht zu dünne Längsscheiben schneiden, leicht salzen. Das Ganze etwa 15 Minuten ziehen lassen. Champignons putzen, waschen und fein würfeln. Zwiebeln schälen, fein hacken und in Butter glasig anschwitzen. Knoblauch schälen, auspressen und zu den Zwiebeln geben. Champignons hinzufügen, leicht salzen und pfeffern. Das Ganze so lange braten, bis die Flüssigkeit fast verdunstet ist. Schafskäse zerbröseln und mit Zitronensaft vermengen. Walnüsse und die gewaschenen, abgezupften Zitronenmelisseblättchen daruntermischen. Die Pilzmasse unterheben und nochmals abschmecken. Zucchinischeiben abtrocknen, in etwas Öl auf beiden Seiten goldbraun anbraten, danach leicht salzen und pfeffern. Fleischtomaten enthäuten und entkernen, danach grob hacken und den Boden einer eingefetteten Auflaufform damit belegen. Einen Rest zurückbehalten, diesen leicht salzen und pfeffern. Zucchinischeiben mit der Pilz-Käse-Masse bestreichen, aufrollen und auf die Tomaten legen. Die restlichen Tomatenwürfel darauf verteilen und mit dem geriebenen Gouda bestreuen. Im Konvektomaten bei 180 °C etwa 15 bis 20 Minuten überbacken.

472 kcal – 34,1 g EW – 10,7 g KH – 31,1 g Fett

Lauchgratin mit Brokkoli

800 g Brokkoli
600 g Lauch
Jodsalz
400 g Pastinaken
100 g Butter
120 g Paniermehl
120 g Haselnüsse
(gehobelt)
Pfeffer (schwarz,
gemahlen)
Cayennepfeffer
Jodsalz
400 g Bavaria blu
20 g Zitronenmelisse

Brokkoli putzen, waschen und in Röschen teilen.
Die Stiele schälen und in kleine Stücke schneiden.
Alles in leicht gesalzenem Kochwasser etwa
5 bis 6 Minuten bißfest garen, danach im Eiswasser abschrecken und abtropfen lassen. Den Lauch
längs durchschneiden, putzen, waschen und in
10 gleich große Stücke teilen. Diese bißfest blanchieren, in Eiswasser abschrecken und gut abtropfen lassen. Die Pastinaken putzen, waschen,
schälen, klein würfeln und in wenig Butter weich
dünsten. Das Paniermehl und die Haselnüsse untermischen, mit schwarzem Pfeffer, Cayennepfeffer und Salz würzen. Eine feuerfeste Form ausfetten, Brokkoli und Lauch schichtweise mit dem
in Würfeln geschnittenen Käse in die Form legen
und nochmals mit Salz und Pfeffer nachwürzen.
Die Pastinaken-Nuß-Mischung auf dem Gemüse
verteilen. Im Konvektomaten bei 180 °C etwa
15 bis 20 Minuten backen. Die Zitronenmelisse
waschen und die Blättchen zum Ausgarnieren des
Gratins verwenden.

380 kcal – 15,4 g EW – 13,5 g KH – 28,2 g Fett

Zucchini-Karotten-Pastete

600 g Zucchini
400 g Karotten
Jodsalz
¼ l Milch
(3,5 % Fett)
300 g Crème fraîche
4 Eigelb
2 Eier
Pfeffer
Muskatnuß
(gerieben)
10 g Thymian
10 g Basilikum
10 g Zitronenmelisse
Worcestershiresauce

Zucchini und Karotten waschen, schälen und in kleine Würfel schneiden. Die Würfel kurz in Salzwasser blanchieren, eiskalt abschrecken und gut abtropfen lassen. Milch und Crème fraîche zusammen mit dem Eigelb und den Eiern verquirlen, das Ganze mit den Gewürzen abschmecken. Die Kräuter waschen, abzupfen, fein hacken und mit der Worcestershiresauce unter die Eier-Gemüse-Mischung geben. Eine Pastetenform ausfetten, mit Alufolie auslegen und nochmals einfetten. Das Gemüse einschichten und mit der Eier-Milch-Mischung abwechselnd übergießen. Mit der Folie abdecken, im Backofen in einem Wasserbad etwa 105 Minuten bei 160 °C garen lassen. Danach 120 Minuten kalt stellen.

218 kcal – 6,3 g EW – 6,4 g KH – 17,9 g Fett

Pikante Gemüsepfanne

500 g Brokkoli
300 g Topinambur
300 g Maiskölbchen
400 g Chinakohl
300 g Delikateß-
böhnchen
300 g Finger-
möhrchen
400 g Frühlings-
zwiebeln
30 g Knoblauch
120 ml Olivenöl
¼ l Gemüsefond
150 ml Weißwein
Pfeffer (schwarz,
gemahlen)
Jodsalz

Brokkoli waschen, in Röschen teilen, Stiele abschälen und in dünne Stifte schneiden. Den
Topinambur waschen, gründlich abbürsten und
stifteln. Die Maiskölbchen vierteln. Den Chinakohl
putzen, waschen und in Streifen schneiden. Die
Delikateßböhnchen waschen und in kleine Stücke
zerteilen. Die Möhrchen putzen, waschen und
vierteln. Die Frühlingszwiebeln putzen, waschen
und in 4 cm lange Stücke schneiden. Das gesamte Gemüse gründlich abtropfen lassen. Den
Knoblauch schälen und fein hacken. Das Olivenöl
erhitzen, den Knoblauch kurz anbraten, Brokkoli,
Topinambur, Bohnen, Möhrchen und Maiskölbchen zufügen. Das Ganze 4 Minuten scharf
anbraten. Die Frühlingszwiebeln und den Chinakohl beigeben, kurz mitbraten. Mit Gemüsefond
und Weißwein ablöschen und unter ständigem
Rühren das Gemüse in etwa 3 bis 4 Minuten
knackig garen.

201 kcal – 5,6 g EW – 14,3 g KH – 12,9 g Fett

Käse-Gemüse-Kuchen

Zutaten Teig:
250 g Vollkornmehl
Jodsalz
125 g Butter
Wasser

Zutaten Belag:
400 g Zucchini
200 g Paprika (rot)
200 g Paprika (gelb)
200 g Blumenkohl
200 g Lauch
20 g Petersilie
20 g Basilikum
4 Eier
¼ l Milch
(3,5 % Fett)
100 g Magerquark
100 g Edamer
(gerieben)
Jodsalz
Pfeffer

Zubereitung Teig:
Aus dem Mehl, einer Prise Salz, Butter und Wasser einen Mürbteig herstellen. Den Teig ausrollen, in eine ausgefettete Springform geben, dabei einen 5 cm hohen Rand formen. Den Teig etwa 60 Minuten kalt stellen.

Zubereitung Belag:
Die Zucchini waschen und mit der Schale fein stifteln. Die Paprika halbieren, Kerngehäuse entfernen, waschen und in feine Streifen schneiden. Den Blumenkohl in kleine Röschen teilen und waschen. Den Lauch putzen, waschen und in 0,5 cm dicke Röllchen zerlegen. Das Gemüse bißfest blanchieren und eiskalt abschrecken. Die Kräuter waschen, abtropfen lassen und fein hacken. Eier, Milch, Quark, Edamer und Kräuter verquirlen. Den Teigboden einstechen. Das Gemüse darauf verteilen. Die Käse-Eier-Kräuter-Masse darübergießen und bei 200 °C im Konvektomaten etwa 45 Minuten backen.

307 kcal – 13,2 g EW – 22,5 g KH – 17,3 g Fett

Rezepte
Beilagen

Beilagen sind nicht mehr nur ein Zusatzangebot zu einer Hauptkomponente, sondern sie sollten den Hauptgerichten in nichts nachstehen. Auf dem Speisenplan können sie sogar als Hauptgericht Verwendung finden. Gemüse, Kartoffeln, Reis und verschiedene Getreidearten enthalten viele lebenswichtige Vitamine und Mineralstoffe. Da ihr Ballaststoffgehalt sehr hoch ist, regeln sie die Verdauung und sorgen für ein angenehmes Sättigungsgefühl.

Bunter Reis

450 g Langkornreis
100 g Erbsen
(tiefgekühlt)
100 g Zuckermais
(tiefgekühlt)
100 g Karotten
(gewürfelt, tiefgekühlt)
50 g Zwiebeln
30 g Pflanzen-
margarine
1 l Gemüsebrühe
(Rezept Seite 83)
Jodsalz
Streuwürze
20 g Petersilie

Den Reis mit dem Wasser abspülen. Das Gemüse auftauen, kurz unter heißem Wasser abspülen und auf ein Sieb leeren. Zwiebeln schälen, in feine Würfel schneiden und in der Margarine angehen lassen. Gemüsebrühe zufügen und mit den Gewürzen abschmecken. Den Reis zum Gemüsefond geben, bei schwacher Hitze in etwa 20 Minuten körnig kochen. Gemüse kurz erhitzen und unter den Reis mengen. Die gewaschene, fein gehackte Petersilie kurz vor dem Servieren über den Gemüsereis streuen.

204 kcal – 4,5 g EW – 38,6 g KH – 2,9 g Fett

Rezepte / Beilagen

Knöpfle

1,3 kg Mehl
(Type 405)
570 g Ei
800 g Wasser
Jodsalz
Muskat

Aus Mehl, Ei, Wasser und den Gewürzen einen nicht zu weichen Teig bereiten und in einer Schüssel so lange schlagen, bis er Blasen wirft. Den Teig durch ein Knöpflesieb oder eine Knöpflemaschine in kochendes Salzwasser geben und 5 bis 8 Minuten garen. Mit gebräunter Butter oder geröstetem Semmelmehl zu Fleischgerichten, nach Belieben auch in der Pfanne angebraten, zu anderen Gerichten servieren.

Erklärung: Knöpfle sind eine Spätzleart aus der schwäbisch-alemannischen Küche. Sie sind rund und etwas fester als Spätzle.

508 kcal – 21,4 g EW – 83,4 g KH – 8,5 g Fett

Kartoffelbrei mit Lauchstreifen

Zubereitungszeit: ······ 🕐 ·· **60 Minuten**

3 kg Kartoffeln
(mit Schale)
Jodsalz
600 g Milch
(3,5% Fett)
50 g Pflanzen-
margarine
100 g Lauch
Jodsalz
Muskat

Kartoffeln schälen und unter Zugabe von Salz kochen lassen. Gegarte Kartoffeln passieren. Milch erhitzen und zur Kartoffelmasse geben. Lauch putzen, waschen, in feine Streifen schneiden, in der Margarine kurz andünsten und ebenfalls zu den passierten Kartoffeln geben. Den Teig mit Salz und Muskat zu einem feinen Kartoffelbrei verrühren.

287 kcal – 8,2 g EW – 47,2 g KH – 6,5 g Fett

Djuwetschreis

Zubereitungszeit: ······ 🕐 ·· **60 Minuten**

620 g Auberginen
460 g Karotten
380 g Paprikafrüchte
(bunt)
250 g Bohnen
200 g Zwiebeln
40 g Pflanzenfett
450 g Tomaten
(geschält)
200 g Tomatenmark
700 g Reis
1½ l Gemüsebrühe
(Rezept Seite 83)
Jodsalz
Pfeffer
Lorbeerblatt
Paprika
Nelken
Knoblauchzehe
Streuwürze

Auberginen, Karotten, Paprikafrüchte und Bohnen putzen und waschen. Das Gemüse in grobe Stücke teilen. Zwiebeln schälen und in Würfel schneiden. Das Pflanzenfett erhitzen, die Zwiebeln darin angehen lassen und das Gemüse hinzufügen. Geschälte Tomaten sowie das Tomatenmark beigeben und das Ganze etwa 5 Minuten dünsten. Den gewaschenen Reis und das angedünstete Gemüse in die Gemüsebrühe schütten und mit den Gewürzen abgeschmeckt zugedeckt 30 Minuten bei schwacher Hitze garen.

386 kcal – 43,8 g EW – 330,1 g KH – 12,3 g Fett

Böhmische Knödel

600 g Mehl
(Type 405)
300 g Vollei
300 g Milch
(3,5% Fett)
25 g Hefe
350 Brötchen
80 g Zwiebeln
20 g Butter
20 g Petersilie
Jodsalz
Pfeffer
Muskat
Streuwürze

Das Mehl in eine Schüssel geben. Eier, Milch und Hefe mischen und zusammen mit dem Mehl zu einem festen Teig so lange verrühren, bis er Blasen wirft. Alles dann 20 bis 30 Minuten gehen lassen. Die Brötchen würfeln. Die Zwiebeln schälen und in feine Würfel schneiden. Butter in einer Pfanne erhitzen, die Zwiebel- und Brötchenwürfel darin leicht rösten. Petersilie waschen und grob hacken. Das Ganze dem Teig hinzufügen, mit den Gewürzen abschmecken und gut durchkneten. Auf einem bemehlten Backbrett eine 7 cm dicke Rolle formen und diese in kochendes, leicht gesalzenes Wasser geben. In 30 Minuten gar ziehen lassen. Nach 10 Minuten wenden. In 2,5 cm dicke Scheiben schneiden und servieren.

373 kcal – 15,1 g EW – 61,8 g KH – 6,2 g Fett

181

Semmelknödel

800 g Brötchen
(altbacken)
1 l Milch (3,5% Fett)
100 g Zwiebeln
40 g Pflanzen-
margarine
30 g Petersilie
325 g Hühnerei
Jodsalz
Muskat

Die Brötchen in feine Scheiben schneiden, mit der lauwarmen Milch übergießen und zugedeckt ziehen lassen. Die Zwiebeln schälen, fein würfeln und in der Margarine glasig dünsten. Petersilie waschen und fein hacken. Zwiebel, Petersilie und Eier unter die Brötchenmasse heben, mit Salz und Muskat abschmecken. Die Knödel formen und in kochendes Wasser legen. Etwa 20 Minuten ziehen lassen.

295 kcal – 9,1 g EW – 43,6 g KH – 7,6 g Fett

Minzekartoffeln

2,2 kg Kartoffeln
(klein,ohne Schale)
30 g Sonnenblumenöl
30 g Butter
20 g Minzeblätter
Jodsalz
Pfeffer

Kartoffeln geschält einkaufen oder selbst schälen und in relativ wenig Wasser weich kochen. Dies dauert etwa 20 Minuten. Die Kartoffeln abgießen und etwas ausdämpfen lassen. Das Öl und die Butter in einer Pfanne erhitzen und die Kartoffeln darin unter häufigem Wenden etwa 5 Minuten anbraten. Minzeblätter waschen, grob hacken und unter die Kartoffeln geben. Abschließend mit Salz und Pfeffer würzen.

241 kcal – 4,5 g EW – 41,9 g KH – 5,5 g Fett

182

Spätzle

500 g Mehl
(Type 405)
280 g Hühnerei
Wasser
Jodsalz
Muskat

Aus Mehl, Eiern, Wasser, Salz und Muskat einen nicht zu weichen Teig bereiten, den man so lange mit dem Rührlöffel bzw. Knethaken bearbeitet, bis er Blasen wirft. Den Teig portionsweise durch einen Spätzledrücker oder eine Spätzlemaschine in kochendes Salzwasser geben und 5 bis 8 Minuten garen. Mit gebräunter Butter oder geröstetem Semmelmehl zu Fleischgerichten servieren, nach Belieben auch in einer Pfanne anbraten.

231 kcal – 8,4 g EW – 38,3 g KH – 4,2 g Fett

Schupfnudeln

Zubereitungszeit: ······ 🕐 ·· **60 Minuten**

1,6 kg Kartoffeln
(mehlig kochende
Kartoffeln ohne
Schale)
400 g Mehl
(Type 405)
200 g Hühnerei
Jodsalz
Muskatnuß (gerieben)
20 g Pflanzenfett

Die gekochten Kartoffeln durch eine Presse
drücken und mit dem Mehl, Ei, etwas Salz und
Muskat zu einem festen Teig kneten. Auf einem
bemehlten Backbrett zu fingerlangen und finger-
dicken, an beiden Enden spitz zulaufenden Würstchen formen („schupfen"). Die Schupfnudeln in
kochendes Wasser geben, nach dem Aufschwim-
men mit dem Schaumlöffel herausnehmen und
auf dem Backbrett zum Trocknen auslegen. Danach in wenig Pflanzenfett goldbraun ausbacken.

319 kcal – 12,3 g EW – 44,5 g KH – 9,3 g Fett

Kartoffelklöße

Zubereitungszeit: ······ 🕐 ·· **75 Minuten**

3 kg Kartoffeln
(mit Schale)
300 g Mehl
(Type 405)
60 g Weizenstärke
250 g Hühnerei
20 g Petersilie
Jodsalz
Muskat

Die am Vortag gekochten und geschälten Kartoffeln durch die Kartoffelpresse drücken. Mehl, Weizenstärke, Eier, gewaschene und gehackte Petersilie sowie Salz und Muskat der Kartoffelmasse
zugeben und zu einem Teig verarbeiten. Aus dem
Teig Klöße formen; diese in kochendes Salzwasser legen, aufkochen und gar ziehen lassen.

374 kcal – 12,4 g EW – 71,2 g KH – 3,4 g Fett

Rosmarin-kartoffeln

3,2 kg Kartoffeln
(mit Schale)
20 g Knoblauchzehe
40 g Rosmarin
40 g Olivenöl
Jodsalz
Pfeffer

Kartoffeln schälen und in große Würfel schneiden. Knoblauch schälen und durch die Presse drücken. Von den Rosmarinnadeln ein Drittel beiseite stellen. Kartoffeln, Knoblauch und ⅔ des Rosmarins in eine große Bratpfanne geben, mit Öl mischen und mit Salz und Pfeffer würzen. Das Ganze im Backofen bei 200 °C 45 Minuten offen braten. Die knusprig gebratenen Kartoffeln aus dem Backofen nehmen und mit den restlichen Rosmarinnadeln bestreut zu Gemüse- und Fleischgerichten servieren.

256 kcal – 5,1 g EW – 48,4 KH – 4,0 g Fett

Quinoa-Risotto mit Zitronen-melisse

400 g Quinoa
1 l Gemüsebrühe
(Rezept Seite 83)
50 g Sellerie
100 g Karotten
20 g Margarine
Jodsalz
Pfeffer
Streuwürze
Kardamom
20 g Zitronenmelisse

Quinoa kurz abspülen. Gemüsebrühe bereitstellen. Sellerie und Karotten schälen, waschen und in feine Würfel schneiden. Das Gemüse in der Margarine andünsten, Quinoa-Korn dazugeben und mitdünsten. Das Ganze mit der Gemüsebrühe auffüllen und mit den Gewürzen abschmecken. Alles etwa 15 Minuten garen lassen. Zitronenmelisse waschen, in feine Streifen schneiden und unter das Quinoa-Risotto heben.

201 kcal – 7,2 g EW – 30,0 g KH – 5,2 g Fett

Zitronenreis

Zubereitungszeit: ······ 🕐 ·· **30 Minuten**

750 g Reis
200 g Zwiebeln
10 g Pflanzen-
margarine
2,3 l Gemüsebrühe
(Rezept Seite 83)
Jodsalz
Pfeffer
Streuwürze
10 g Zitronensaft
5 g Zitronenschale

Reis waschen, Zwiebeln schälen und in feine Würfel schneiden. Margarine erhitzen und die Zwiebeln darin glasig dünsten, anschließend mit der Gemüsebrühe auffüllen. Reis zugeben, mit Salz, Pfeffer und Streuwürze abschmecken und in etwa 20 Minuten ausquellen lassen. Zitronensaft und die fein geschnittene Zitronenschale unter den Reis heben.

203 kcal – 3,6 g EW – 39,1 g KH – 3,1 g Fett

Kartoffelgratin

Zubereitungszeit: ······ 🕐 ·· **30 Minuten**
Backzeit: ············ 🕐 ·· **45 Minuten**

2,8 kg Kartoffeln
(mit Schale)
60 g Butter
Knoblauch
Jodsalz
Pfeffer
Muskat
500 g Emmentaler
(gerieben)
300 g Sahne
(30 % Fett)

Kartoffeln schälen und in Scheiben schneiden. Auflaufform mit Butter ausstreichen. Knoblauch auspressen und in der ausgebutterten Form verteilen. Eine Schicht Kartoffelscheiben in die Form legen, mit den Gewürzen und dem geriebenen Käse bestreuen. Die nächste Schicht Kartoffelscheiben daraufgeben, wie oben würzen. So lange wiederholen, bis alle Kartoffeln verbraucht sind. Auf die letzte Schicht den Käse und die Butterflöckchen geben, danach Sahne über das Ganze gießen. Im Ofen bei 200 °C etwa 45 Minuten garen.

534 kcal – 20,8 g EW – 42,5 g KH – 29,6 g Fett

Tessiner Kartoffeln

Zubereitungszeit: ······ ⏱ ·· **75 Minuten**

2½ kg Kartoffeln
(mit Schale)
10 g Butter
Jodsalz
Pfeffer
Kümmel
250 g Ricotta

Kartoffeln schälen. Die Kartoffeln mit einem Messer fächerartig einschneiden, also so, daß sie nicht durchtrennt werden; die Kartoffeln dürfen nicht auseinander fallen. Eine Auflaufform ausbuttern und die Kartoffeln mit der eingeschnittenen Seite nach oben einsetzen. Mit Salz, Pfeffer und Kümmel würzen und im vorgewärmten Backofen etwa 35 Minuten bei 200 °C garen. Die Einschnitte der Kartoffeln öffnen sich. Den in kleine Stücke geschnittenen Ricotta über den einzelnen Kartoffeln verteilen. Das Ganze nochmals in den Ofen schieben, damit die Oberfläche leicht bräunen kann.

192 kcal – 6,5 g EW – 29,7 g KH – 4,8 g Fett

186

Zitronen-Ofenkartoffeln

Zubereitungszeit: ······ ⏱ ·· **90 Minuten**

2½ kg Kartoffeln
(mit Schale)
10 g Zitronenschale
10 g Zitronensaft
20 g Sonnenblumenöl
Thymian
Kümmel
Jodsalz
Pfeffer

Kartoffeln und Zitrone waschen. Zitronenschale abraspeln, Saft auspressen und mit den Kartoffeln zusammen etwa 30 Minuten marinieren. Das Öl im Bräter erhitzen, Kartoffeln einsetzen, würzen und im vorgeheizten Backofen bei 180 °C etwa 50 Minuten garen.

196 kcal – 5,2 g EW – 37,4 g KH – 2,3 g Fett

Safrannudeln

Zubereitungszeit: · · · · · · 🕐 · · **60 Minuten**

500 g Mehl
(Type 405)
175 g Hühnerei
Safran
Jodsalz
Muskat
20 g Butter

Aus Mehl, Eiern, Safran und den Gewürzen einen Nudelteig herstellen und abgedeckt 30 Minuten ruhen lassen. Nudelteig ausformen und in 0,5 cm dicke Streifen schneiden. Wasser aufkochen und die Nudeln darin in 10 Minuten garen. Die Nudeln abkühlen lassen und im Heißluftofen unter Zugabe der Butter erhitzen.

167 kcal – 6,9 g EW – 24,2 g KH – 4,3 g Fett

Rösti

Zubereitungszeit: · · · · · · 🕐 · · **60 Minuten**

2,8 kg Kartoffeln
(ungeschält,
fest kochend)
120 g Zwiebeln
20 g Sonnenblumenöl
Jodsalz
Pfeffer
10 g Schnittlauch

Die Kartoffeln nicht zu weich in der Schale kochen, danach schälen und grob reiben. Zwiebeln ebenfalls schälen und in feine Würfel schneiden. Sonnenblumenöl in einer Pfanne erhitzen und die Zwiebeln goldbraun angehen lassen. Nun die geriebenen Kartoffeln hinzufügen, dabei mehrmals durchschwenken. Wenn sich am Boden eine braune Kruste gebildet hat, wenden, um auch die andere Seite wie einen Eierkuchen backen zu können.

218 kcal – 5,8 g EW – 42,1 g KH – 2,4 g Fett

Ofenkartoffeln mit Majoransahne

Zubereitungszeit: ······ 🕐 ·· **75 Minuten**

2,8 kg Kartoffeln
(mit Schale)
10 g Majoran
220 g Zwiebeln
100 g Butter
Jodsalz
Pfeffer
1 l Gemüsebrühe
(Rezept Seite 83)
350 g Sahne
(30 % Fett)

Kartoffeln schälen, in 3 mm dicke Scheiben schneiden und schuppenförmig in eine ausgebutterte, ofenfeste Form legen. Majoran waschen, Zwiebeln schälen, beides grob hacken und über die Kartoffeln streuen. Butter in Stücke teilen und auf die Kartoffeln legen. Mit Salz und Pfeffer würzen. Gemüsebrühe und Sahne vermischen, das Gemisch über die Kartoffeln gießen. Die Form in den Ofen stellen, abdecken und bei 180 °C in etwa 60 Minuten garen.

312 kcal – 7,8 g EW – 47,2 g KH – 20,1 g Fett

Basilikumspätzle

Zubereitungszeit: ······ 🕐 ·· **60 Minuten**

120 g Basilikum
500 g Mehl
(Type 405)
280 g Hühnerei
Wasser
Jodsalz
Muskatnuß (gerieben)

Basilikum waschen und im Mixer zerhacken. Aus Mehl, Eiern, Wasser, Salz, Muskat und dem Basilikum einen nicht zu weichen Teig bereiten, den man so lange mit dem Rührlöffel oder Knethaken bearbeitet, bis er Blasen wirft. Den Teig portionsweise durch einen Spätzledrücker oder eine Spätzlemaschine in kochendes Salzwasser geben und 5 bis 8 Minuten garen. Mit gebräunter Butter oder geröstetem Semmelmehl zu Fleischgerichten reichen, nach Belieben auch in der Pfanne anbraten.

235 kcal – 9,3 g EW – 38,3 g KH – 4,3 g Fett

Bohnen-gemüse mit Speckstreifen

2 kg grüne Bohnen
1 l Gemüsebrühe
(Rezept Seite 83)
Bohnenkraut
180 g Bauchspeck
(durchwachsen,
geräuchert)
50 g Zwiebeln
30 g Pflanzen-
margarine
10 g Salbeiblätter
Jodsalz
Pfeffer
Streuwürze

Bohnen putzen, waschen und in gleiche Stücke schneiden. Die Gemüsebrühe mit dem Bohnen-kraut zusammen aufkochen und die Bohnen darin 3 Minuten kochen, dann abseihen und kalt ab-schrecken. Den Bauchspeck in Streifen schnei-den. Zwiebeln schälen und fein gewürfelt in der Margarine mit dem Speck andünsten, danach den gewaschenen und in feine Streifen geschnittenen Salbei zufügen. Das Ganze mit der kalten Bohnen-Gemüse-Brühe ablöschen und mit den Gewürzen abschmecken. Die Bohnen in die Brühe geben und in etwa 15 Minuten weich kochen.

182 kcal – 7,2 g EW – 18,0 g KH – 8,5 g Fett

Sauerkraut mit Ananasstücken

1,8 kg Sauerkraut
Wasser
50 g Zwiebeln
40 g Margarine
300 g Äpfel
Wacholderbeeren
Salz
Pfeffer
Lorbeerblatt
Nelken
250 g Ananasstücke
(Dose)

Das Sauerkraut unter Zugabe von Wasser aufko-chen. Zwiebeln schälen und fein würfeln. Marga-rine erhitzen und die Zwiebeln darin anschwitzen. Äpfel schälen und in feine Scheiben schneiden. Die Zwiebeln, Äpfel und Gewürze zum Sauerkraut geben. Das Ganze etwa 60 Minuten kochen. Die Ananasstücke aus der Dose mit dem Saft zu-sammen zum Sauerkraut geben und weitere 10 Minuten köcheln lassen. Sauerkraut nochmals abschmecken, anschließend servieren.

83 kcal – 3,1 g EW – 7,9 g KH – 4,1 g Fett

Lauchgemüse

Zubereitungszeit: ······ 🕐 ·· **45 Minuten**

2 kg Lauch
1 l Gemüsebrühe
(Rezept Seite 83)
Jodsalz
Streuwürze
60 g Pflanzen-
margarine
60 g Weizenmehl
(Type 405)
30 g Sahne
(30 % Fett)
Pfeffer
Muskat

Lauch putzen, in 2 cm dicke Stücke schneiden und gründlich waschen. Den Lauch mit der Gemüsebrühe, etwas Salz und Streuwürze gar dünsten. Den Lauch auf ein Sieb leeren und die Lauchbrühe abkühlen lassen. Aus Margarine und Mehl eine helle Schwitze bereiten, diese dann mit der etwas abgekühlten Lauchbrühe glatt rühren, aufkochen und mit der Sahne verfeinern.
Das Gemüse nochmals mit den Gewürzen abschmecken, anschließend servieren.

188 kcal – 7,2 g EW – 14,5 g KH – 10,6 g Fett

Erbsengemüse in Currysahne

Zubereitungszeit: ······ 🕐 ·· **45 Minuten**

2 kg Erbsen
(tiefgekühlt)
100 g Zwiebeln
40 g Pflanzenfett
0,4 l Gemüsebrühe
(Rezept Seite 83)
100 g Sahne
(30 % Fett)
50 g Crème fraîche
Currypulver
Jodsalz
Pfeffer
10 g Zitronenmelisse

Die tiefgekühlten Erbsen unter fließendem Wasser waschen. Zwiebeln schälen und in feine Würfel schneiden. Pflanzenfett erhitzen und die Zwiebeln darin andünsten. Erbsen zufügen und mit der kalten Gemüsebrühe ablöschen. Das Ganze aufkochen lassen. Nach etwa 5 Minuten die Sahne, Crème fraîche, Currypulver und Gewürze zugeben und das Gemüse leicht köcheln lassen. Zitronenmelisse waschen, grob hacken und den Erbsen vor dem Servieren beimengen.

295 kcal – 20,9 g EW – 35,5 g KH – 6,9 g Fett

Bayerisch Kraut

Zubereitungszeit: ······ 🕐 ·· **45 Minuten**

2 kg Weißkraut
100 g Zwiebeln
50 g Schweinebauch
(durchwachsen,
geraucht)
1 l Gemüsebrühe
(Rezept Seite 83)
10 g Weizenstärke
40 g Tomatenmark
10 g Essig
Jodsalz
Pfeffer
Kümmel

Weißkraut putzen, waschen und in Streifen schneiden. Zwiebeln schälen und in kleine Würfel schneiden. Den Schweinebauch ebenfalls in Würfel schneiden. Den Speck in einem Topf angehen lassen und die Zwiebeln hinzufügen. Nun das Weißkraut unterheben, etwa 5 Minuten dünsten lassen und mit der kalten Gemüsebrühe ablöschen. Wenn das Kraut fast gar ist, mit der Weizenstärke leicht abbinden und mit Tomatenmark, Essig, Salz, Pfeffer und Kümmel abschmecken.

137 kcal – 3,9 g EW – 14,2 g KH – 6,8 g Fett

Wirsinggemüse

Zubereitungszeit: ······ 🕐 ·· **45 Minuten**

2½ kg Wirsingkohl
1 l Gemüsebrühe
(Rezept Seite 83)
100 g Zwiebeln
40 g Bauch (durch-
wachsen, geraucht)
40 g Pflanzen-
margarine
50 g Mehl (Type 405)
50 g Sahne
(30 % Fett)
Jodsalz
Pfeffer
Streuwürze
Muskatnuß (gerieben)

Wirsing putzen, waschen und zerkleinern. Gemüsebrühe aufkochen lassen, den Wirsing zugeben, gar dünsten und auf ein Sieb leeren. Zwiebeln schälen und in kleine Würfel schneiden. Räucherspeck ebenfalls würfeln und in einem Topf angehen lassen. Margarine sowie Zwiebeln zugeben und das Ganze weiterdünsten lassen. Mit dem Mehl bestäuben und mit der abgekühlten Wirsingbrühe ablöschen. Wirsing unter die Sauce heben. Das Wirsinggemüse mit Sahne, Salz, Pfeffer, Streuwürze und Muskat vollenden.

177 kcal – 10,2 g EW – 10,8 g KH – 9,8 g Fett

Blumenkohl mit Buttersauce und gekochten Eiern

2,6 kg Blumenkohl
1,2 l Gemüsebrühe
(Rezept Seite 83)
10 g Zitronensaft
40 g Butter
50 g Weizenmehl
(Type 405)
50 g Sahne
(30 % Fett)
3 Eier
(Handelsklasse 5)
30 g Petersilie
Jodsalz
Pfeffer
Streuwürze

Blumenkohl putzen, waschen, in Röschen teilen. Gemüsebrühe aufkochen lassen, Zitronensaft und den Blumenkohl zugeben und zugedeckt bei schwacher Hitze etwa 10 bis 15 Minuten bißfest garen, anschließend auf ein Sieb leeren. Den Blumenkohlfond abkühlen lassen. Butter in einem Topf erhitzen, Mehl beifügen, das Ganze anschwitzen und mit der abgekühlten Blumenkohlbrühe ablöschen. Die Sauce etwa 15 Minuten kochen, danach die Sahne einrühren. In der Zwischenzeit die Eier hart kochen, kalt abschrecken, pellen und klein hacken. Die Petersilie waschen und ebenfalls fein hacken. Blumenkohlsauce mit Salz, Pfeffer und der Streuwürze abschmecken. Blumenkohl in einer Schüssel (oder auf Tellern) anrichten, mit der Sauce überziehen, mit den gehackten Eiern und der Petersilie bestreuen, anschließend servieren.

Tip:
Der Blumenkohl kann auch ohne Buttersauce zubereitet werden. Anstatt Sauce wird etwas flüssige Butter über den Blumenkohl gegeben. Kalorien sowie Fettgehalt sind dann um einiges reduziert.

310 kcal – 18,6 g EW – 16,8 g KH – 17,8 g Fett

Champignons in Kressesauce

2 kg Champignons
40 g Zitronensaft
120 g Zwiebeln
20 g Sonnenblumenöl
Jodsalz
Pfeffer
Kurkuma
Muskat
40 g Pflanzen-
margarine
50 g Weizenmehl
(Type 405)
80 g Sahne
(30 % Fett)
300 g Kresse

Champignons putzen, waschen, vierteln und mit Zitronensaft beträufeln. Zwiebeln schälen und in feine Würfel schneiden. Sonnenblumenöl erhitzen und darin die Zwiebeln andünsten. Champignons zufügen und unter mehrmaligem Umrühren einmal aufkochen. Mit Salz, Pfeffer, Kurkuma und Muskat würzen, dann zugedeckt bei mittlerer Hitze etwa 5 Minute ziehen lassen. Champignons auf ein Sieb leeren, Brühe erkalten lassen. Inzwischen die Margarine erhitzen, Mehl zugeben, mit der erkalteten Champignonbrühe ablöschen und unter stetigem Rühren aufkochen. Sahne einrühren und die Sauce weiter köcheln lassen. Kresse waschen, klein hacken und unter die Sauce geben. Champignons nun ebenfalls unter die Sauce heben, aufkochen, abschmecken und servieren.

228 kcal – 7,9 g EW – 8,3 g KH – 17,4 g Fett

Rezepte / Beilagen

193

Kohlrabigemüse

Rezepte / Beilagen

2½ kg Kohlrabi
1 l Gemüsebrühe
(Rezept Seite 83)
100 g Zwiebeln
50 g Pflanzen-
margarine
60 g Mehl (Type 405)
50 g Sahne
(30 % Fett)
Jodsalz
Pfeffer
Streuwürze
10 g Petersilie

Kohlrabi schälen, waschen, in Scheiben oder Stifte schneiden, in der kochenden Gemüsebrühe gar dünsten, auf ein Sieb leeren, Brühe abkühlen lassen. Zwiebeln schälen und fein würfeln. Margarine erhitzen und die Zwiebeln darin glasig anbraten, danach Mehl einstreuen, das Ganze mit der abgekühlten Kohlrabibrühe auffüllen und aufkochen. Die Sauce mit der Sahne und den Gewürzen vollenden. Petersilie waschen, fein hacken und vor dem Servieren über das Gemüse streuen.

Tip:
Der Kohlrabi kann auch ohne Buttersauce zubereitet werden. Anstatt der Sauce wird etwas flüssige Butter über den Blumenkohl gegeben. Kalorien sowie Fettgehalt sind dann um einiges reduziert.

162 kcal – 6,4 g EW – 16,2 g KH – 7,5 g Fett

194

Grünkohl mit Nüssen

2½ kg Grünkohl
200 g Zitronen
20 g Knoblauch
180 g Walnüsse
½ l Gemüsebrühe
(Rezept Seite 83)
Jodsalz
Cayennepfeffer
Kümmel
280 g Sahne
(30 % Fett)

Grünkohlblätter abstreifen, waschen, trocken schwenken und grob hacken. Die Zitronen schälen, ihren Saft auspressen. Knoblauch schälen. Zitronenschale und Nüsse fein zerkleinern. Alles in einen großen Topf geben. Gemüsebrühe, Zitronensaft, Salz, Cayennepfeffer und Kümmel zufügen und mehrmals umrühren. Gemüse aufkochen und zugedeckt bei mittlerer Hitze 5 Minuten garen. Die Sahne untermengen und nochmals erhitzen.

310 kcal – 14,3 g EW – 10,2 g KH – 22,6 g Fett

Rezepte
Desserts

Ein krönender Abschluß nach einem Essen ist das Dessert. Die Auswahl an Desserts sollte auch eine Vielzahl von leichten Varianten beinhalten, wie z. B. Heidelbeerquarkspeise, Waldbeerengrütze, Frischkornmüsli oder Obstsalat. Seien Sie etwas sparsam beim Süßen, denn Zucker ist bekanntlich ein häufig unterschätzter Kalorienlieferant. Hübsch angerichtet, können Desserts auch die optische Vollendung einer Speisenfolge sein.

Ananascreme

Zubereitungszeit: ······ 🕐 ·· **40 Minuten**

1¼ l Milch
(3,5 % Fett)
100 g Ananas-
puddingpulver
125 g Zucker
100 g Sahne
(30 % Fett)
250 g Ananas
(gewürfelt, Dose)

¾ der Milch in einem Topf erhitzen. Die restliche Milch mit dem Ananaspuddingpulver anrühren. Zucker in die aufkochende Milch geben, das angerührte Puddingpulver einarbeiten und unter stetigem Rühren aufkochen lassen. Den fertig gekochten Pudding in Portionsschalen abfüllen und kalt stellen. Inzwischen die Sahne mit etwas Zucker steif schlagen und die Ananaswürfel auf ein Sieb leeren. Den erkalteten Pudding aus der Kühlung nehmen und mit Sahne sowie Ananas garniert servieren.

182 kcal – 3,1 g EW – 27,4 g KH – 6,2 g Fett

Obstsalat mit Sahne

Zubereitungszeit: ······ 🕐 ·· **30 Minuten**

600 g Orangen
400 g Birnen
400 g Äpfel
400 g Bananen
10 g Zitronensaft
200 g Brombeeren
(tiefgekühlt)
100 g Zucker
50 g Sahne
10 g Pfefferminz-
blätter

Orangen, Birnen, Äpfel und Bananen schälen, in kleine Würfel schneiden und mit Zitronensaft beträufeln. Die angetauten Brombeeren kurz unter fließendem Wasser abspülen. Zucker unter den Obstsalat heben. Sahne mit etwas Zucker steif schlagen. Pfefferminzblätter waschen und trockentupfen. Den Obstsalat portionieren, mit der Sahne, den Brombeeren und den Pfefferminz-blättern garniert servieren.

178 kcal – 2,6 g EW – 32,4 g KH – 3,8 g Fett
(plus Fruchtsäure)

Haselnußcreme

1¼ l Milch
(3,5 % Fett)
100 g Haselnuß-
puddingpulver
125 g Zucker
100 g Sahne
(30 % Fett)
50 g Haselnüsse

¾ der Milch in einem Topf erhitzen. Die restliche Milch mit dem Haselnußpuddingpulver anrühren. Zucker in die aufkochende Milch geben, das angerührte Puddingpulver einarbeiten und unter stetigem Rühren aufkochen lassen. Den fertig gekochten Pudding in Portionsschalen anrichten und kalt stellen. Inzwischen die Sahne mit etwas Zucker steif schlagen, Haselnüsse leicht anrösten und mahlen. Den erkalteten Pudding aus der Kühlung nehmen und mit der Sahne sowie den gemahlenen Haselnüssen garniert servieren.

192 kcal – 3,5 g EW – 26,2 g KH – 7,6 g Fett

Frischkornmüsli

Quellzeit: ············· ⏱ ·· 12 Stunden
Zubereitungszeit: ······ ⏱ ·· 40 Minuten

300 g Weizen
(ganzes Korn)
500 g Wasser
60 g Honig
30 g Zitronensaft
400 g Joghurt
(3,5 % Fett)
200 g Äpfel
200 g Bananen
200 g Orangen
150 g Rosinen
100 g Walnüsse
(gemahlen)

Weizen mittelfein schroten, mit Wasser vermischen und zugedeckt 12 Stunden im Kühlraum quellen lassen. Am nächsten Tag den Weizenbrei mit Honig, Zitronensaft und Joghurt vermengen. Die Äpfel waschen und in Streifen raspeln, Bananen schälen und in Scheiben schneiden, Orangen schälen und würfeln. Alles zusammen mit den gewaschenen Rosinen dem Weizenbrei beimengen. Die gemahlenen Walnüsse über das angerichtete Müsli streuen.

287 kcal – 7,4 g EW – 43,2 g KH – 8,6 g Fett

Wiener Flammeri mit Erdbeermark

Zubereitungszeit: ······ 🕐 ·· 50 Minuten

1 l Milch (3,5 % Fett)
120 g Zucker
12 g Vanillestange
20 g Vanillezucker
120 g Weizengrieß
250 g Erdbeeren (tiefgekühlt)
50 g Zucker
20 g Zitronensaft

Milch erhitzen, Zucker, Vanillestange und Vanille-zucker zugeben und aufkochen. Weizengrieß ein-rühren und weiterkochen lassen. Den Flammeri portionieren und kalt stellen. Erdbeeren pürieren, mit etwas Zucker und Zitronensaft abschmecken. Den Flammeri vor dem Servieren mit dem Erd-beermark übergießen.

206 kcal – 4,7 g EW – 37,1 g KH – 3,8 g Fett

Falsches Spiegelei

Zubereitungszeit: ······ 🕐 ·· 30 Minuten

1¼ l Milch (3,5 % Fett)
100 g Vanille-puddingpulver
125 g Zucker
100 g Sahne (30 % Fett)
250 g halbe Pfirsiche (Dose)

¾ der Milch in einem Topf erhitzen. Die restliche Milch mit dem Vanillepuddingpulver anrühren. Zucker in die aufkochende Milch geben, das an-gerührte Puddingpulver einarbeiten und unter ste-tigem Rühren aufkochen lassen. Den fertig ge-kochten Pudding in Portionsschalen anrichten und kalt stellen. Inzwischen die Sahne mit etwas Zucker steif schlagen, Pfirsiche auf ein Sieb leeren und trockentupfen. Den erkalteten Pudding aus dem Kühlhaus nehmen, Pfirsiche in die Mitte des Puddings eindrücken und mit der Sahne garniert servieren.

184 kcal – 3,2 g EW – 27,4 g KH – 6,3 g Fett

Buttermilch-creme mit Zwetschgen

Zubereitungszeit: ····· ⏲ ··· **15 Minuten**
Kühlzeit: ············· ⏲ ··· **120 Minuten**

15 Blatt Gelatine
10 g Zitronensaft
1¼ l Buttermilch
60 g Zucker
10 g Zitronenschale
250 g Sahne
500 g Zwetschgen
60 g Honig
Zimt

Gelatine in reichlich kaltem Wasser 5 Minuten quellen lassen. Aus dem Wasser nehmen, gut abtropfen lassen und zusammen mit dem Zitronensaft unter Rühren in einem kleinen Topf schmelzen. Buttermilch (Zimmertemperatur) mit dem Zucker und der Zitronenschale verrühren. Sahne mit etwas Zucker steif schlagen. In die aufgelöste Gelatine etwas Buttermilch leeren, das Ganze vermischen und anschließend in die Buttermilch unter stetigem Rühren eingießen, die Sahne unterziehen und kalt stellen. Die Zwetschgen waschen, Kerne entfernen, in einer Dessertschale anrichten, mit Honig beträufeln und mit etwas Zimt bestreuen. Die Buttermilchcreme mit einem Suppenlöffel in Klößchenform bringen und neben den Zwetschgen in der Dessertschale anordnen.

191 kcal – 7,1 g EW – 24,8 g KH – 6,5 g Fett

Heidelbeer-quarkspeise

Zubereitungszeit: ······ ⏲ ·· **25 Minuten**

500 g Heidelbeeren
75 g Zucker
750 g Speisequark
(unter 10 % Fett)
¼ l Milch
(3,5 % Fett)
75 g Zucker

Heidelbeeren fein säuberlich mit Wasser abspülen und mit Zucker bestreuen. Den Quark mit der Milch und dem restlichen Zucker verrühren, zum Schluß die Beeren vorsichtig unterziehen.

137 kcal – 10,9 g EW – 20,1 g KH – 1,1 g Fett

Kaiserschmarren mit Äpfeln

570 g Ei
20 g Zucker
1,2 l Milch
(3,5 % Fett)
350 g Weizenmehl
(Type 405)
80 g Zucker
10 g Vanillezucker
Jodsalz
400 g Äpfel
150 g Butter
100 g Rosinen
10 g Puderzucker

Die Eier trennen. Das Eiweiß mit etwas Zucker steif schlagen. Aus den Eidottern, Milch, Mehl, Zucker, Vanillezucker und etwas Salz einen Teig bereiten und das steif geschlagene Eiweiß unterheben. Äpfel schälen, Kerngehäuse entfernen, in feine Scheiben schneiden und ebenfalls unter die Teigmasse heben. Butter in einer Pfanne (Kippbratpfanne) heiß werden lassen, die Pfanne mit Teig ausgießen, Rosinen darüberstreuen und gut anbacken. Mit der Backschaufel in Stücke zerreißen, wenden und den Schmarren goldbraun braten. Mit Puderzucker bestreut anrichten.

482 kcal – 13,8 g EW – 51,3 g KH – 23,1 g Fett

Rezepte / Desserts

203

Orangencreme mit Joghurt

Zubereitungszeit: · · · · · · 🕐 · · **25 Minuten**
Kühlzeit: · · · · · · · · · · · · 🕐 · · **45 Minuten**

¾ l Orangensaft
750 g Joghurt
(3,5 % Fett)
10 g Orangenschale
10 g Zitronenschale
50 g Zucker
10 g Vanillezucker
32 g Gelatine
50 g Sahne
10 g Zucker
10 g Pfefferminzblätter

¾ des Orangensafts mit dem Joghurt vermischen. Orangenschalen, Zitronenschalen, Zucker und Vanillezucker unterheben. Die Gelatine in kaltem Wasser quellen lassen und mit dem restlichen Orangensaft in einem Topf unter Rühren erhitzen. Die flüssige Gelatine in die Orangen-Joghurt-Creme unter stetigem Rühren eingießen, danach kalt stellen (etwa 45 Minuten). Sahne mit etwas Zucker steif schlagen. Pfefferminzblätter waschen und trockentupfen. Die Orangencreme aus der Kühlung nehmen und portionieren, mit Sahne und Pfefferminzblättern ausgarniert servieren.

111 kcal – 9,5 g EW – 16,2 g KH – 0,6 g Fett

Sommerberger Waldbeerengrütze mit Vanillesauce

200 g Johannisbeeren (rot)
200 g Heidelbeeren
200 g Brombeeren
200 g Himbeeren
200 g Sauerkirschen
50 g Zitrone
120 g Zucker
60 g Speisestärke
200 g Fruchtsaft (Apfelsaft)
½ l Milch (3,5 % Fett)
50 g Zucker
40 g Vanillesaucenpulver

Alle Waldbeeren samt Sauerkirschen fein säuberlich mit Wasser abspülen (man kann auch tiefgekühlte Früchte nehmen). Von der Zitronenschale mit dem Zestenmesser feine Streifen abziehen, dann die Zitrone auspressen. Beeren und Kirschen in einem Topf mit dem Zucker vermischen und Zitronenschale sowie Zitronensaft zugeben. Die Speisestärke mit dem Fruchtsaft vermischen und zum Obst gießen. Alles unter Rühren aufkochen lassen, bis die Grütze dickflüssig ist. Die Grütze in Schälchen portionieren und im Kühlraum erkalten lassen. Aus Milch, Zucker und Vanillesaucenpulver eine Vanillesauce herstellen, abkühlen lassen und vor dem Servieren über die Grütze geben.

172 kcal – 2,9 g EW – 33,7 g KH – 2,3 g Fett (plus Fruchtsäure)

Brombeerquarkspeise

500 g Brombeeren
75 g Zucker
750 g Speisequark (unter 10 % Fett)
¼ l Milch (3,5 % Fett)
75 g Zucker

Brombeeren fein säuberlich mit Wasser abspülen und mit Zucker bestreuen. Den Quark mit der Milch und dem restlichen Zucker verrühren, zum Schluß die Beeren vorsichtig unterziehen.

140 kcal – 11,2 g EW – 20,2 g KH – 1,2 g Fett

Erdbeermilchmix

Zubereitungszeit: · · · · · 🕐 · · **15 Minuten**
Kühlzeit: · · · · · · · · · · · · 🕐 · · **30 Minuten**

500 g Erdbeeren
500 g Bananen
0,2 l Orangensaft
40 g Zucker
1,6 l Milch
(3,5 % Fett)
40 g Pistazien
(geschält)

Die Erdbeeren waschen und von den Stielansätzen befreien. Bananen schälen, in grobe Stücke schneiden und mit den Erdbeeren, etwas Orangensaft, Zucker sowie der Milch pürieren. 30 Minuten kühlen lassen, danach in Cocktailgläser abfüllen. Pistazien grob hacken und über den Milchmix streuen.

215 kcal – 7,1 g EW – 26,4 g KH – 8,4 g Fett

Karamelcreme

Zubereitungszeit: · · · · · 🕐 · · **40 Minuten**

1¼ l Milch
(3,5 % Fett)
100 g Karamel-
puddingpulver
125 g Zucker
100 g Sahne
(30 % Fett)
50 g Krokantstreusel

¾ der Milch in einem Topf erhitzen. Die restliche Milch mit dem Karamelpuddingpulver anrühren. Zucker in die aufkochende Milch geben, das angerührte Puddingpulver einarbeiten und unter stetigem Rühren aufkochen lassen. Den fertig gekochten Pudding in Portionsschalen anrichten und kalt stellen. Inzwischen die Sahne mit etwas Zucker steif schlagen. Den erkalteten Pudding aus der Kühlung nehmen, mit der Sahne und den Krokantstreuseln ausgarniert servieren.

164 kcal – 2,8 g EW – 27,1 g KH – 4,5 g Fett

Sahnehirse mit frischen Früchten

175 g Hirse
½ l Wasser
20 g Zucker
200 g Orangen
200 g Äpfel
200 g Birnen
200 g Bananen
10 g Zitronensaft
250 g Joghurt
(3,5 % Fett)
100 g Zucker
10 g Zitronenschale
60 g Sahne
(30 % Fett)
20 g Walnußkerne
(gemahlen)

Die Hirse in Wasser unter Zugabe von etwas Zucker kochen und abkühlen lassen. Orangen, Äpfel, Birnen und Bananen schälen, in Stücke schneiden und mit Zitronensaft beträufeln. Joghurt mit Zucker und Zitronenschale vermischen. Sahne mit etwas Zucker steif schlagen. Hirse, Obstmischung und Joghurt vermengen und abschmecken. Das Ganze vor dem Servieren mit der geschlagenen Sahne sowie den gemahlenen Walnußkernen garnieren.

160 kcal – 3,8 g EW – 24,9 g KH – 4,5 g Fett

Birne Floretta

1 l Milch (3,5 % Fett)
120 g Zucker
12 g Vanillestange
20 g Vanillezucker
120 g Weizengrieß
250 g Erdbeeren
(tiefgekühlt)
50 g Zucker
10 g Zitronensaft
500 g halbe Birnen
(Dose)

Milch erhitzen, Zucker, Vanillestange und Vanillezucker zugeben und aufkochen. Weizengrieß unter Rühren beifügen und weiter kochen lassen. Den Pudding nun portionieren und kalt stellen. Erdbeeren im Mixer pürieren, mit etwas Zucker und Zitronensaft abschmecken. Birnen auf ein Sieb leeren. Jeweils ½ Birne auf den Puddding legen und mit dem Erdbeermark übergießen.

249 kcal – 4,7 g EW – 47,1 g KH – 3,9 g Fett

Milchreis mit Früchten (Reis Trauttmansdorff)

Zubereitungszeit: · · · · · · 🕐 · · 50 Minuten

40 g Zitrone
1 l Milch (3,5 % Fett)
250 g Milchreis
120 g Zucker
Jodsalz
500 g Fruchtsalat
(Dose)
100 g Sahne
(30 % Fett)
20 g Vanillezucker

Zitrone waschen und die Schale abreiben. Milch aufkochen. Milchreis, Zucker, Zitronenschale und eine Prise Salz zugeben und zugedeckt bei schwacher Hitze in etwa 40 Minuten weich garen. Den Milchreis abkühlen lassen. Den Fruchtsalat auf ein Sieb leeren. Die Sahne mit Vanillezucker steif schlagen und mit dem Fruchtsalat zusammen unter den Milchreis heben. Milchreis portionieren und servieren.

269 kcal – 6,6 g EW – 45,1 g KH – 6,1 g Fett

Schoko-Grieß-Pudding mit Vanillesauce

Zubereitungszeit: · · · · · · 🕐 · · 60 Minuten

40 g Zitrone
1 l Milch (3,5 % Fett)
120 g Hartweizen-grieß
100 g Zucker
Jodsalz
40 g Kakaopulver
1/2 l Milch
(3,5 % Fett)
50 g Zucker
40 g Vanille-saucenpulver

Zitrone waschen und die Schale abreiben. Milch aufkochen. Grieß, Zucker, Salz, Zitronenschale und Kakaopulver der Milch unter Rühren langsam zugeben und weiter rühren, damit sich keine Klümpchen mehr bilden können. Den Grieß bei schwacher Hitze 12 Minuten garen. Grießpudding sofort portionieren und kalt stellen. 1/8 l der Milch für die Vanillesauce beiseite stellen, den Rest auf dem Herd aufkochen lassen, Zucker zugeben. Vanillesaucenpulver in der noch restlichen kalten Milch anrühren und der kochenden Milch hinzufügen. Vanillesauce etwa 5 Minuten kochen lassen, danach kalt stellen. Auf den portionierten Schokopudding die Vanillesauce verteilen und das Dessert servieren.

214 kcal – 6,7 g EW – 31,5 g KH – 6,2 g Fett

Kirschen Imperial Zubereitungszeit: ······ ⏱ ·· 45 Minuten

1¼ l Milch
(3,5 % Fett)
100 g Vanille-
puddingpulver
125 g Zucker
40 g Kakaopulver
100 g Sahne
(30 % Fett)
20 g Zucker
500 g Kirschen
(sauer)

¾ der Milch in einem Topf erhitzen. Die restliche Milch mit dem Vanillepuddingpulver anrühren. Zucker in die aufkochende Milch geben, das angerührte Puddingpulver samt Kakaopulver einarbeiten und unter stetigem Rühren aufkochen. Den fertigen Schokopudding kalt werden lassen. In der Zwischenzeit die Sahne mit etwas Zucker steif schlagen und die Sauerkirschen auf ein Sieb leeren. Den erkalteten Pudding aus der Kühlung nehmen, Kirschen und die Sahne unter den Pudding heben. Den Pudding portionieren und servieren.

220 kcal – 6,9 g EW – 31,4 g KH – 6,8 g Fett

Banane in Schokoladenpudding (Banane Suchard ohne Eis)

Zubereitungszeit: ······ ⏱ ·· 45 Minuten

1¼ l Milch
(3,5 % Fett)
125 g Zucker
100 g Schokoladen-
puddingpulver
600 g Bananen
(ohne Schale)
60 g Sahne
20 g Vanillezucker

⅔ der Milch auf dem Herd erhitzen und den Zucker zugeben. Die restliche Milch mit dem Schokoladenpuddingpulver verrühren und in die leicht kochende Milch einarbeiten. Den Pudding 5 Minuten kochen lassen, danach in eine passende Schüssel leeren und abkühlen lassen. Die Bananen schälen und in grobe Scheiben teilen, unter den erkalteten Schokoladenpudding heben, anschließend den Schokoladenpudding portionieren. Die Sahne mit dem Vanillezucker steif schlagen und auf den portionierten Schokopudding als Garnitur sternförmig aufspritzen.

202 kcal – 3,8 g EW – 33,8 g KH – 5,1 g Fett

Rhabarberspeise

Zubereitungszeit: ⏱ **45 Minuten**

1,6 kg Rhabarber
0,8 l Wasser
100 g Zucker
50 g Vanille-
puddingpulver
0,2 l Wasser
20 g Vanillezucker
80 g Sahne
20 g Zucker

Rhabarber waschen, putzen und in grobe Würfel schneiden. Wasser und Zucker verrühren und aufkochen lassen. Rhabarber zugeben und nochmals kurz aufkochen. Vanillepudding im Wasser auflösen, Vanillezucker zugeben und den Rhabarber unter stetigem Rühren abbinden. Sahne mit Zucker steif schlagen und unter den Rhabarber heben, in Portionsschalen verteilen und servieren.

227 kcal – 5,1 g EW – 38,7 g KH – 5,1 g Fett

Kirschenmichel mit Vanillesauce

Zubereitungszeit: ⏱ **45 Minuten**
Backzeit: ⏱ **60 Minuten**

400 g Weißbrot
¾ l Milch
(3,5 % Fett)
75 g Butter
150 g Zucker
250 g Ei (Eigelb
und Eiweiß trennen)
500 g Sauerkirschen
40 g Zitrone
Zimt
½ l Milch
(3,5 % Fett)
50 g Zucker
40 g Vanille-
saucenpulver

Weißbrot in Würfel schneiden und in der Milch einweichen. Aus der Butter, ¾ des Zuckers und dem Eigelb eine Masse herstellen (Eigelb und Zucker warm aufschlagen und die flüssige Butter unterrühren). Dieser Masse die entsteinten Sauerkirschen und das mit dem restlichen Zucker steif geschlagene Eiweiß sowie die Zitronenschale (von der Zitrone die Schale abreiben) und den Zimt untermengen. Den Teig in eine Form geben und im Backofen bei 180 °C ausbacken. ⅛ l der Milch für die Vanillesauce entnehmen. Die restliche Milch auf dem Herd aufkochen lassen und den Zucker zugeben. Das Vanillesaucenpulver in der kalten Milch anrühren und in die kochende Milch eingießen, etwa 5 Minuten kochen, danach kalt stellen. Den Kirschenmichel portionieren und die Vanillesauce dazu servieren.

392 kcal – 11,2 g EW – 48,1 g KH – 16,1 g Fett

Quarkauflauf mit Fruchtsauce

Zutaten Auflauf:

285 g Ei
100 g Zucker
850 g Quark
(40% Fett)
50 g Pflanzen-
margarine
60 g Hartweizengrieß
20 g Vanillepudding-
pulver
10 g Vanillezucker
40 g Zitronen
50 g Rosinen

Zutaten Fruchtsauce:

150 g Sauerkirschen
(tiefgekühlt)
20 g Zucker
¼ l Wasser
Zimt
10 g Speisestärke

Zubereitung Auflauf:

Die Eier trennen. Das Eigelb mit dem Zucker schaumig rühren. Quark, zerlassene Margarine, Grieß, Vanillepuddingpulver, Vanillezucker, Zitronenschale (Schale der Zitrone abreiben), Zitronensaft und die Rosinen der Eigelbmasse beigeben. Zum Schluß das Eiweiß steif schlagen und unter die Quarkmasse heben. Im Ofen bei 180 °C etwa 60 Minuten backen.

Zubereitung Fruchtsauce:

Sauerkirschen antauen, unter fließendem Wasser kurz abspülen und mit Zucker bestreuen. Wasser erhitzen, die Sauerkirschen ins kochende Wasser geben und mit Zimt abschmecken. Speisestärke in etwas kaltem Wasser anrühren und die Sauerkirschmischung damit leicht abbinden. Die Sauerkirsch-Fruchtsauce entweder über den angerichteten Quarkauflauf leeren oder separat zum Auflauf servieren.

258 kcal – 15,9 g EW – 25,4 g KH – 9,6 g Fett

Rezepte
Abendessen

Das Abendessen bildet vor der Spätmahlzeit den krönenden Abschluß innerhalb des Tagesplanes.

Hier sollte auf eine maßvolle Kalorienzufuhr geachtet werden, da sich bekanntlich zuviel zugeführte Kalorien über Nacht als Fettdepots im Körper einlagern. Das Angebot sollte fettarme Wurst- und Käsesorten beinhalten, die selbstverständlich durch weitere fettarme Milchprodukte ergänzt werden können. Zusätzlich sollten ballaststoffreiche Lebensmittel wie Rettiche, Tomaten, Zucchini, Gurken, Karotten usw. beim Abendessen in den Speisenplan integriert werden.

Waldorfsalat

Zubereitungszeit: ⏱ ·· **30 Minuten**

1 kg Knollensellerie
800 g Äpfel
10 g Zitronensaft
120 g Walnüsse
250 g Mayonnaise
Jodsalz
Pfeffer
Streuwürze

Den Knollensellerie schälen und in feine Streifen schneiden. Äpfel schälen, Kerngehäuse entfernen, ebenfalls in feine Streifen schneiden und mit dem Sellerie vermischen. Zitronensaft zufügen. Walnüsse grob hacken. Die Mayonnaise unter den Sellerie-Apfel-Salat mischen und mit den Gewürzen abschmecken. Den Salat in Salatschalen portionieren und mit den Walnüssen bestreut servieren.

327 kcal – 3,7 g EW – 11,3 g KH – 28,6 g Fett

Hanseatiksalat mit Rohkost

Zubereitungszeit: ⏱ ·· **45 Minuten**

400 g Knollensellerie
10 g Zitronensaft
400 g Karotten
400 g Blumenkohl
150 g Zuckermais (Dose)
150 g Champignons (Dosenware, 1. Wahl)
150 g Erbsen (Dose)
400 g Paprikafrüchte (bunt)
20 g Essig
20 g Sonnenblumenöl
Jodsalz
Pfeffer
Streuwürze
20 g Petersilie

Knollensellerie schälen, fein raspeln und mit Zitronensaft beträufeln. Karotten schälen und in feine Würfel schneiden. Blumenkohl in kleine Röschen teilen, waschen, im heißen Wasser kurz abblanchieren und abkühlen lassen. Mais, Champignons und Erbsen aus der Dose auf ein Sieb leeren. Die Paprikafrüchte waschen, Stiele mit dem Kerngehäuse herausschneiden und die Schoten in sehr feine Ringe schneiden. Alles in eine Schüssel geben und mit Essig, Sonnenblumenöl, Salz, Pfeffer und Streuwürze würzen. Petersilie waschen, grob hacken und unter den Salat mischen.

115 kcal – 4,7 g EW – 16,1 g KH – 3,2 g Fett

Zucchinisalat

Zubereitungszeit: ······ 🕐 ·· **25 Minuten**

1,8 kg Zucchini
150 g Sahne
(30 % Fett)
50 g Sonnenblumenöl
40 g Obstessig
Jodsalz
Pfeffer
Streuwürze
flüssige Würze
10 g Kräuter
(gemischt)

Zucchini waschen, falls die Zucchini gespritzt sind, schälen, anschließend in dünne Scheiben schneiden. Aus Sahne, Öl, Essig, Salz, Pfeffer, Streuwürze und flüssiger Würze eine Salatsauce zubereiten und mit den gewaschenen, fein gehackten Kräutern vollenden. Die Zucchini damit marinieren.

109 kcal – 3,3 g EW – 4,3 g KH – 8,4 g Fett

Nudelsalat

Zubereitungszeit: ······ 🕐 ·· **40 Minuten**

Jodsalz
500 g Hörnchen-
nudeln
150 g Paprikafrüchte
(bunt)
150 g Knollensellerie
150 g Tomaten
150 g Zucchini
100 g Erbsen
(tiefgekühlt)
250 g Dosenschinken
(gekocht)
200 g Mayonnaise
20 g Essig
Jodsalz
Pfeffer
Streuwürze
30 g Schnittlauch

Reichlich Salzwasser zum Kochen bringen und die Nudeln darin bißfest garen, abgießen, erkalten und gut abtropfen lassen. Das gesamte Gemüse waschen. Paprika vierteln (das Kerngehäuse entfernen) und in feine Würfel zerhacken. Knollensellerie schälen und in feine Streifen schneiden. Die Tomaten mit der Haut vierteln, Kerngehäuse entfernen und würfeln. Zucchini der Länge nach vierteln und kleine Scheibchen abteilen. Erbsen antauen und unter fließendem Wasser abspülen. Den gekochten Schinken in feine Würfel schneiden. Gemüse und Schinken zu den Nudeln geben und mit der Mayonnaise, Essig, Salz, Pfeffer und der Streuwürze anmachen. Den Schittlauch waschen, in feine Röllchen schnippeln und unter oder über den Salat streuen.

377 kcal – 13,6 g EW – 36,9 g KH –18,3 g Fett

Karottensalat mit Äpfeln und geröstetem Sesam

1,2 kg Karotten
500 g Äpfel
10 g Zitronensaft
300 g Joghurt
(0,3 % Fett)
40 g Sonnenblumenöl
Jodsalz
Pfeffer
60 g Sesam

Karotten sowie Äpfel waschen und schälen.
Das Kerngehäuse der Äpfel entfernen. Karotten
und Äpfel raspeln und mit Zitronensaft beträufeln.
Den Salat mit Joghurt, Öl, Salz und Pfeffer an-
machen. Sesam goldgelb rösten und über den
Salat streuen.

140 kcal – 3,7 g EW – 13,2 g KH – 7,6 g Fett

Kräuterquark mit Paprikawürfeln

Zubereitungszeit: ······ 🕐 ·· **35 Minuten**

800 g Speisequark
(unter 10 % Fett)
¼ l Milch
(3,5 % Fett)
Jodsalz
Pfeffer
25 g Petersilie
25 g Schnittlauch
25 g Borretsch
25 g Pimpernelle
25 g Kerbel
250 g Paprikafrüchte
(bunt)

Den Quark mit der Milch glatt rühren, mit Salz
und Pfeffer leicht abschmecken. Kräuter waschen, fein hacken und unter die Quarkmasse
heben, eventuell noch etwas nachwürzen. Den
Paprika waschen, vierteln und von den Kernen
befreien. Danach den Paprika in feine Würfel
schneiden. Die Paprikawürfel unter den Kräuterquark mischen, in Portionsschalen anrichten,
anschließend servieren.

84 kcal – 12,2 g EW – 4,6 g KH – 1,6 g Fett

Wurstsalat mit Zwiebeln und Gurken

Zubereitungszeit: ······ 🕐 ·· **45 Minuten**

800 g Fleischwurst
150 g Zwiebeln
200 g Essiggurken
Jodsalz
Pfeffer
Streuwürze
10 g Senf
10 g Essig
20 g Sonnenblumenöl
10 g Schnittlauch

Fleischwurst häuten und in dünne Scheiben, Zwiebeln schälen und in dünne Ringe schneiden. Essiggurken würfeln und mit der Wurst und den Zwiebeln mischen. Den Salat mit Salz, Pfeffer, Streuwürze, Senf, Essig und Öl anmachen. Den Schnittlauch waschen, in feine Röllchen hacken und über den angerichteten Wurstsalat streuen.

272 kcal – 10,1 EW – 1,7 g KH – 24,1 g Fett

218

Kohlrabi-Apfel-Salat

Zubereitungszeit: ······ 🕐 ·· **45 Minuten**

1,6 kg Kohlrabi
500 g Äpfel
20 g Zitronensaft
100 g Zwiebeln
50 g Brunnenkresse
200 g Joghurt
(1,5 % Fett)
100 g saure Sahne
30 g Walnußöl
Jodsalz
Pfeffer
Streuwürze
20 g Petersilie

Kohlrabi und Äpfel schälen, den Äpfeln das Kerngehäuse entfernen, beides grob raspeln und mit dem Zitronensaft beträufeln. Zwiebeln schälen, reiben und mit der gewaschenen Brunnenkresse vorsichtig unter den Salat heben. Aus Joghurt, saurer Sahne, Walnußöl, Salz, Pfeffer und der Streuwürze eine Salatmarinade herstellen und damit den Rohkostsalat würzen. Die Petersilie waschen, fein hacken und über den angerichteten Salat streuen.

145 kcal – 5,1 g EW – 13,8 g KH – 7,3 g Fett

Heringssalat

Zubereitungszeit: **60 Minuten**
ohne Wässerungszeit

500 g Matjesheringe
250 g Äpfel
10 g Zitronensaft
250 g Essiggurken
250 g rote Bete
(Dose)
50 g Salatmayonnaise
150 g Joghurt
(0,3 % Fett)
Jodsalz
Pfeffer
10 g Schnittlauch

Die Matjesheringe über Nacht in kaltes Wasser legen, um das überschüssige Salz zu entfernen. Am nächsten Tag in grobe Würfel schneiden. Äpfel schälen (Kerngehäuse entfernen), würfeln und mit Zitronensaft beträufeln. Essiggurken in feine Streifen schneiden. Die Rote-Bete-Scheiben auf ein Sieb schütten und trockentupfen, danach würfeln. Alles zusammen in einer Schüssel mischen und mit der Salatmayonnaise, Joghurt, Salz und Pfeffer anmachen. Schnittlauch waschen, in feine Röllchen hacken und über den angerichteten Fischsalat streuen.

208 kcal – 9,4 g EW – 6,0 g KH – 15,6 g Fett

Eiersalat mit Alfalfasprossen

Zubereitungszeit: **45 Minuten**

10 Stück Eier
1½ kg Tomaten
120 g Zwiebeln
350 g Alfalfa
80 g Kräuter
(gemischt)
200 g saure Sahne
80 g süße Sahne
(30 % Fett)
120 g Joghurt
(1,5 % Fett)
20 g Senf
10 g Zitronensaft
30 g Himbeeressig
Jodsalz
Pfeffer

Eier hart kochen, schälen und mit dem Eierschneider in sechs Ecken teilen. Die Tomaten waschen, abtrocknen und mit der Haut würfeln, dabei die Stielansätze herausschneiden. Die Zwiebeln schälen und fein würfeln. Die Sprossen kalt abspülen und sehr gut abtropfen lassen. Die Kräuter waschen und fein hacken. Eier, Tomaten, Zwiebeln, Sprossen und die Kräuter in eine Schüssel geben. Die saure sowie die süße Sahne mit dem Joghurt, dem Senf, dem Zitronensaft und dem Essig verrühren. Die Sauce mit Salz und Pfeffer abschmecken, über die Eier gießen und alles vorsichtig mischen.

221 kcal – 13,1 g EW – 8,7 g KH – 14,1 g Fett

Pikanter Hirsesalat mit Basilikum

(Rezept von meinem Freund Rolf Unsorg)

50 g Hirse
1/2 l Gemüsebrühe
(Rezept Seite 83)
1 kg Tomaten
320 g Chicorée
300 g Rindersaft-
schinken
100 g Erbsenschoten
etwas Gemüsebrühe
(siehe oben)
20 g Knoblauchzehe
Jodsalz
Pfeffer
50 g Obstessig
50 g Olivenöl
(Kaltpressung)
80 g Tomatenketchup
40 g Basilikum
10 g Basilikumblätter
(zum Garnieren)

Die Hirse gut waschen, mit der Gemüsebrühe in einen Topf geben und etwa 10 Minuten köcheln, dann am Herdrand weitere 20 Minuten ausquellen, anschließend abkühlen lassen. Inzwischen die Tomaten waschen, die grünen Stielansätze entfernen und die Tomaten vierteln. Die Kerne entfernen und das Fruchtfleisch der Länge nach in Streifen schneiden. Den Chicorée waschen, halbieren und den Strunk keilförmig heraustrennen. Die Blätter in Streifen schneiden. Die Schinkenscheiben ebenfalls in gleich große Streifen teilen. Die Erbsenschoten putzen, waschen und in wenig Gemüsebrühe bißfest garen. Die Knoblauchzehe schälen, zerdrücken und mit wenig Salz, Pfeffer, Obstessig, Olivenöl, Tomatenketchup und dem gewaschenen, fein gehackten Basilikum zu einer Salatsauce verrühren. Alle vorbereiteten Zutaten, auch die Hirse, mit der Sauce mischen, eventuell nochmals abschmecken. Den Salat in ein Kelchglas geben und mit frischen Basilikumblättchen garnieren.

174 kcal – 8,7 g EW – 11,6 g KH – 9,8 g Fett

Schwedischer Salat

500 g Rindfleisch (Bug)
300 g Äpfel
200 g rote Bete
100 g Essiggurken
100 g Zwiebeln
50 g Speisequark (20 % Fett)
40 g Sonnenblumenöl
100 g Sahne
10 g Zucker
20 g Kapern
Jodsalz
Pfeffer
Streuwürze
20 g Petersilie

Rindfleisch kochen und erkalten lassen. Äpfel schälen und entkernen. Rote Bete kochen und schälen. Gurken aus dem Glas nehmen und trockentupfen. Zwiebeln schälen und fein würfeln. Fleisch, Äpfel, rote Bete und die Essiggurken in Streifen schneiden, zusammen mit den Zwiebeln in eine Schüssel leeren. Aus dem Speisequark, dem Öl, der Sahne, dem Zucker und den Kapern eine Sauce rühren und mit Salz, Pfeffer und der Streuwürze abschmecken. Die Petersilie waschen, fein hacken und über den portionierten Salat streuen.

193 kcal – 11,8 g EW – 8,7 g KH – 11,7 g Fett

Anmerkung

Bei den Rezepten Frühstück und Abendessen wurden 20 g Butter als Brotaufstrich eingesetzt. Hier muß festgestellt werden, daß dieser Brotaufstrich höchstens auf 10 g begrenzt werden sollte, da gemäß DGE-Richtlinien mit 80 g Fett (sichtbar und unsichtbar) pro Tag gerechnet wird. Dies ist bei Patienten der Vollkost/leichte Vollkost kaum durchsetzbar.

Rezepte
Spezialitäten-
wochen

Durch Aktionswochen können Sie Ihre Küche (außer Extraessen) am besten darstellen. Sie bringen Schwung und Aktualität in das Speisenangebot.

Regelmäßiges Anbieten von Aktionswochen bringen Ihrer Küche einige Vorteile:

- Abwechslung und Attraktivität
- Gewinnung von neuen Tischgästen
- Festere Bindung schon vorhandener Tischgäste
- Eigenes Küchenpersonal wird zusätzlich motiviert
- Die Eigendarstellung der Küche wird verbessert, dadurch Steigerung von Ruf und Ansehen

Eine Aktionswoche bedarf einer betriebswirtschaftlichen Planung sowie einer strategischen Werbung, um einen Erfolg zu garantieren. Die Themenplanung **sollte** ein halbes Jahr vor Beginn einer Aktionswoche gestartet werden.

Bei der Auswahl des Themas müssen folgende Punkte bedacht werden:

1. Gibt es aktuelle Anlässe?
2. Welche Urlaubsziele bevorzugen die Mitarbeiter des Hauses?
3. Wie ist die Mitarbeiter- und Gästestruktur?
4. Welche finanziellen Möglichkeiten sind gegeben?
5. Welches Platzangebot steht im Speisesaal zur Verfügung?
6. Welche technischen Möglichkeiten sind vorhanden?
7. Welche Warenbezugsquellen können genutzt werden?
8. Können die angebotenen Rezepte von den Mitarbeitern und Gästen nachvollzogen werden?

Die **eigentliche Planung** sollte frühzeitig (etwa 5 Monate) vor Beginn der Aktionswoche beginnen.

Planungs-Checkliste:

1. Festlegung des Mottos und der Dekoration (Bezugsquellen dafür ermitteln)
2. Auswahl der Speisen und Festlegung der Rezepte

3. Ankündigung der Aktionswochen (z. B. regionale Presse, hauseigene Infoblätter)
4. Ware disponieren und Lieferanten nach Ideen und Unterstützung befragen
5. Einsatz von Werbemitteln: Plakate, Schilder, Dekoration, Deckenhänger usw.
6. Speisekarte erstellen und gestalten
7. Kosten kalkulieren und mit Umsatz- und Ertragserwartungen vergleichen
8. Typische Musik organisieren (live oder Platte), Tanzgruppen einplanen
9. Zum Thema typische Kleidung für das Personal festlegen
10. Küchenpersonal auf die neuartigen Rezepte vorbereiten

Für Sie beginnt die Aktionswoche mit mindestens einer Woche Vorlauf, d. h.

– Überprüfung der bestellten Waren auf Vollständigkeit, Qualität und Hygiene
– Überprüfung auf die Rezepteinhaltung

– Zeitabläufe bei der Speisenvorbereitung, Speisenzubereitung und Speisenausgabe durchspielen
– Sind alle Ausschmückungsarbeiten im Speisesaal zur Zufriedenheit erledig worden?
– Gästereaktion auf die kommende Aktionswoche beobachten, denn schnelles Reagieren auf positive wie negative Resonanz ist sehr wichtig

Die Beurteilung

Nach Beendigung der Aktion empfiehlt es sich, eine „Manöverkritik" durch-zuführen. Folgende Punkte sollte man abarbeiten:
1. Wie kam die Aktionswoche bei den Tischgästen an?
2. Wie war die Akzeptanz der angebotenen Gerichte?
3. Wie war die Qualität der gelieferten Produkte?
4. Wie war der Arbeitseinsatz des Küchenpersonals?
5. Wie wirkte das Dekorationsmaterial auf die Essensgäste?
6. Wie war der wirtschaftliche Erfolg?

Das Endurteil sollte dann lauten: „Aktionswochen lohnen sich trotz Mehraufwand."

Themenvorschläge für Aktionswochen:

- Vollwert-Woche
- Spargel-Woche
- Salat-Woche
- Internationale Spezialitäten-Woche
- Französische Woche
- Spanische Woche
- Italienische Woche
- Schweizer Woche
- Karibische Woche
- Fisch-Woche
- Schwäbische Woche
- Griechische Woche
- Pfundskur-Woche
- Chinesische Woche
- Indische Woche
- Mexikanische Woche
- Amerikanische Woche
- Österreichische Woche
  usw.

Schwäbische Spezialitätenwoche

Schwäbische Kartoffelsuppe

Zubereitungszeit: ······ 🕐 ·· **45 Minuten**

1,25 kg Kartoffeln
(mit Schale)
250 g Karotten
30 g Sonnenblumenöl
120 g Zwiebeln
10 g Petersilie
50 g Weizenmehl
(Type 405)
2 l Rinderbrühe
(Rezept Seite 83)
Jodsalz
Pfeffer
Muskatnuß (gerieben)
80 g Weizentoastbrot
300 g Saiten

Kartoffeln und Karotten schälen und würfeln. Öl erhitzen, die gewaschene und fein gehackte Petersilie mitsamt den Kartoffeln und Karotten darin angehen lassen. Mehl überstäuben und kurz weiterdämpfen lassen. Danach mit der Rinderbrühe ablöschen und 30 Minuten durchkochen. Nun die Suppe durch ein Sieb passieren, wieder in den Kochtopf zurückgießen und noch einmal erhitzen. Mit Jodsalz, Pfeffer und Muskatnuß abschmecken. Toastscheiben in kleine Würfel schneiden und in Fett rösten. Die in Stücke geschnittene Saiten der Suppe zugeben. Die gehackte Petersilie zusammen mit den Toastwürfeln auf die in einzelnen Suppenschalen angerichtete Kartoffelsuppe verteilen.

263 kcal – 8,0 g EW – 28,1 g KH – 12,4 g Fett

Grießklößchensuppe

Zubereitungszeit: ······ 🕐 ·· **35 Minuten**
Ruhezeit der
Grießmasse ··········· 🕐 ·· **90 Minuten**

100 g Butter
125 g Hühnerei
150 g Hartweizengrieß
Jodsalz
Muskatnuß (gerieben)
2,5 l Rinderbrühe
(Rezept Seite 83)
20 g Petersilie

Butter schaumig rühren, danach Hühnerei, Grieß, Jodsalz und Muskat zugeben. Die Masse nun 90 Minuten kalt stellen. Mit dem Kaffeelöffel kleine längliche Klößchen formen. Rinderbrühe aufkochen und die Klößchen darin gar ziehen lassen. Petersilie waschen, hacken und über die angerichtete Suppe streuen.

188 kcal – 6,1 g EW – 13,1 g KH – 11,8 g Fett

Schwäbischer Filderrostbraten

300 g Zwiebeln
20 g Sonnenblumenöl
1,8 kg Rostbraten
Jodsalz
Pfeffer
20 g Butter
120 g Zwiebeln
200 g Bauch
(geraucht)
2,5 kg Sauerkraut
Wacholderbeeren
Lorbeerblatt
Senfkörner
1 l Rinderbrühe
(Rezept Seite 83)
200 g Weißwein

Zubereitungszeit: ······ ⏲ ·· **25 Minuten**
**Herstellung
des Sauerkrauts** ······· ⏲ ·· **90 Minuten**

Zwiebeln schälen, in Würfel schneiden und in der Pfanne goldgelb rösten. Die Rostbraten klopfen, mit Jodsalz und Pfeffer würzen und mit Öl bepinseln. Dann in der Pfanne leicht rosa braten. Mit der Zubereitung des Sauerkrauts muß man schon vorher beginnen. Zwiebeln schälen und wie den Speck würfeln. Alles zusammen in heißem Fett anrösten. Sind die Würfel goldbraun, das Sauerkraut dazugeben. Dann die Gewürze hinzufügen und umrühren. Rinderbrühe darübergießen und zugedeckt 90 Minuten kochen lassen, bis es ziemlich weich ist. Während der letzten Viertelstunde den Weißwein zugießen. Sauerkraut in die Mitte einer großen Platte anrichten und den Rostbraten darauflegen. Den Rostbraten mit den Röstzwiebeln belegen. Dazu Spätzle, Schupfnudeln und Maultäschle servieren.

468 kcal – 45,1 g EW – 4,7 g KH – 28,4 g Fett

Saure Kutteln

350 g Zwiebeln
100 g Bratfett
2 kg Kutteln
50 g Tomatenmark
40 g Mehl (Type 405)
500 g Rotwein
1 l Rinderbrühe
Lorbeerblatt
Wacholderbeeren
Zitronenschale
Jodsalz
Pfeffer

Die Zwiebeln in Fett anbraten, dann die geschnittenen Kutteln dazugeben und mit anbraten. Nach einigen Minuten Bratzeit Tomatenmark hinzufügen und Farbe nehmen lassen. Das Ganze mit Mehl bestäuben und mit Rotwein und Rinderbrühe ablöschen. Lorbeerblatt, Wacholderbeeren und die abgeriebene Zitronenschale beifügen und das Ganze etwa 45 Minuten kochen lassen. Die Kutteln nochmals abschmecken. Zu den Kutteln am besten Röstkartoffeln und Salat servieren.

409 kcal – 31,1 g EW – 7,1 g KH – 27,2 g Fett

Linsengericht mit Saiten

1 kg Linsen
40 g Bratfett
200 g Zwiebeln
100 g Bauchspeck
100 g Mehl
(Type 405)
Jodsalz
Pfeffer
Feinwürzmittel
900 g Saiten

Die Linsen waschen und über Nacht in kaltem Wasser einweichen. Bratfett erhitzen, gewürfelte Zwiebeln anschwitzen, Bauchspeck, die Linsen sowie das der Kochmenge entsprechende Wasser hinzufügen, die Linsen weich kochen. Inzwischen aus Fett und Mehl eine braune Mehlschwitze herstellen, die fertig gekochten Linsen damit binden und mit Jodsalz und Pfeffer abschmecken. Der nicht zu weich gekochte Speck wird in Scheiben geschnitten und zusammen mit den heißen Saiten auf die angerichteten Linsen gelegt. Beilage: Spätzle.

706 kcal – 37,3 g EW – 57,6 g KH – 34,1 g Fett

Filetspitzen aus der Pfanne

1,75 kg Schweinefilet
200 g Bauch
(geraucht)
50 g Bratfett
250 g Schalotten
500 g Champignons
Senf
Tomatenketchup
Jodsalz
Pfeffer
120 g saure Sahne

Schweinefilet in feine Scheiben, den Bauchspeck in feine Streifen schneiden. Den Speck mit etwas Bratfett in der Pfanne glasig dünsten, die fein geschnittenen Schalotten hinzufügen und zuletzt die Filetscheiben. Alles bei starker Hitze kurz angehen lassen, so daß alles von beiden Seiten angebräunt ist. Nun das Bratfett etwas abgießen, die Champignons hinzufügen und Senf, Ketchup, Jodsalz und Pfeffer je nach Geschmack unter das Ganze rühren. Zum Schluß mit etwas Bratensaft auffüllen. Vollenden mit saurer Sahne.

365 kcal – 44,4 g EW – 3,8 g KH – 18,0 g Fett

230

Apfelküchle mit Vanillesauce

260 g Hühnereiweiß
1 kg Mehl (Type 405)
500 g Bier
Jodsalz
80 g Zucker
40 g Sonnenblumenöl
1,5 kg Äpfel
40 g Zucker
Zimt
1,25 l Milch
60 g Zucker
80 g Vanille-
saucenpulver

Eiweiß steif schlagen. Aus Mehl, Bier, Jodsalz und Zucker einen Teig herstellen. Eiweiß unter den Teig heben. Äpfel schälen, das Kernhaus ausstechen und die Äpfel in etwa 1 cm dicke Scheiben schneiden. Nun die Scheiben im Bierteig wenden und im Fettbad bei 180 °C goldgelb ausbacken. Die gebackenen Apfelküchle in einer Zimt-Zucker-Mischung wenden und auf Tellern anrichten. Aus Milch, Zucker und Vanillesaucenpulver eine Vanillesauce bereiten und zu den Apfelküchle servieren.

621 kcal – 18,5 g EW – 110,2 g KH – 10,1 g Fett

Ofenschlupfer

850 g Brötchen
300 g Äpfel
80 g Zucker
20 g Korinthen
40 g Rosinen
120 g Mandeln
280 g Hühnerei
800 g Milch

Die Brötchen in Scheiben schneiden. Die Äpfel schälen, das Kerngehäuse ausstechen und die Äpfel in Scheiben schneiden. Auf eine gefettete Auflaufform nun eine Lage Weckschnitten legen, dann eine Lage Apfelschnitten. Das Ganze mit Zucker, Korinthen, Rosinen und Mandeln bestreuen. Die Eier mit der Milch verrühren und langsam darübergießen. Je nach Menge Lage für Lage schichten. Die Weckschnitten müssen die letzte Schicht bilden. Wenn die Eiermilch gleichmäßig eingezogen ist, den Auflauf in den Ofen schieben und ungefähr 45 Minuten backen.

475 kcal – 15,6 g EW – 68,2 g KH – 14,2 g Fett

Französische Spezialitätenwoche

Bouillabaisse marseillaise

Vorbereitungszeit: ····· 🕐 ·· **30 Minuten**
Zubereitungszeit: ····· 🕐 ·· **60 Minuten**

2,2 kg Schwarzer Heilbutt
2 kg Kabeljau
2 kg Schellfisch
1 kg Garnelen
1 kg Krebse
1 kg Miesmuscheln
160 g Olivenöl
1 kg Zwiebeln
Knoblauch
1,2 kg Tomaten
650 g Fenchel
Wacholderbeeren
Jodsalz
Pfeffer
Paprika
Curry
Safran
1 l Weißwein
1 kg Weizentoast-scheiben
Knoblauch
Schotenpfeffer
1 l Olivenöl
1 kg Baguette

Fisch (mit Garnelen, Muscheln, Krebsen) zum Kochen vorbereiten. Aus den Fischabfällen eine Fischbrühe kochen und später zum Auffüllen verwenden. In einem großen Topf Olivenöl erhitzen, grob gehackte Zwiebeln mit zerdrücktem Knoblauch, geschnittenen Tomaten (vorher von der Haut und den Kernen befreien) und Fenchelwürfel darin anschwitzen, die vorbereiteten Fischsorten mit den Gewürzen dazugeben, mit Wein und Fischbrühe auffüllen und kochen lassen. Inzwischen die Rouille zubereiten: Brotscheiben in lauwarmem Wasser einweichen. Knoblauch schälen und in einem Mörser zerdrücken. Schotenpfeffer hinzufügen und ebenfalls zerkleinern. Brot ausdrücken, in den Mörser geben und mit den Gewürzen verarbeiten. Öl in dünnem Strahl dazugießen. Alles vermengen. Fisch aus der Brühe nehmen und auf einen flachen Teller legen, von Gräten und Haut befreien, Brühe nochmals abschmecken und über den Fisch leeren. Die Fischsuppe mit reichlich Rouille und Baguette servieren.

823 kcal – 46,7 g EW – 59,6 g KH – 41,7 g Fett

Pariser Pfeffersteak

1,6 kg Roastbeef
Pfefferkörner
Jodsalz
30 g Pflanzenfett
(halbflüssig)
40 g Butter
120 g Schalotten
60 g Weinbrand
100 g Rinderbrühe
40 g Tomatenketchup
Worcestershiresauce

Steaks von beiden Seiten in grob zerdrückte Pfefferkörner pressen, so daß der Pfeffer im Fleisch gut Halt bekommt. Von jeder Seite 2 bis 3 Minuten in heißem Pflanzenfett braten. Die Steaks salzen, Butter in die Pfanne geben, Schalotten würfeln und hinzutun und kurz fertigbraten. Steaks mit Weinbrand flambieren und auf eine vorgewärmte Platte legen. Schalotten mit wenig Brühe angießen und bei starker Hitze dünsten, Ketchup und Worcestershiresauce dazugeben, verrühren und etwas kochen lassen. Die Sauce zu den Steaks reichen.

281 kcal – 36,2 g EW – 1,9 g KH – 13,5 g Fett

Quiche lorraine

500 g Weizenmehl
(Type 405)
200 g Wasser
Jodsalz
300 g Butter
60 g Paniermehl
350 g Bauchspeck
(geraucht)
600 g Gruyère
560 g Hühnerei
320 g saure Sahne
10 g Petersilie
Paprika

Mehl in eine Backschüssel geben, das Wasser mit etwas Mehl verrühren. Fett darauf verteilen, salzen und alles zu einem Teig verkneten, 60 Minuten ruhen lassen, Springform damit belegen und einen Rand bilden, Semmelmehl aufstreuen. Speck und Käse fein würfeln. Sahne mit Eiern verquirlen, die Käse- und die Speckwürfel, gewaschene und gehackte Petersilie und Paprika verrühren. Masse auf den Teigboden geben und glätten, 35 bis 45 Minuten bei 210 °C bis 225 °C backen, heiß servieren.

475 kcal – 15,6 g EW – 68,2 g KH – 14,2 g Fett

Coq au vin (Huhn in Burgunder)

1,5 kg Huhn
250 g Schweinespeck (geraucht)
200 g Zwiebeln
120 g Butter
50 g Weizenmehl (Type 405)
300 g Rotwein
50 g Weinbrand
250 g Bouquet garni (Karotten, Lauch, Sellerie, Petersilien-stengel)
Lorbeerblatt
Thymian
Muskatnuß (gerieben)
Jodsalz
Pfeffer
500 g Champignons

Huhn kalt abbrausen, trockentupfen, in 10 Portionen teilen. Räucherspeck fein würfeln. Zwiebeln schälen und würfeln. Etwas Butter in einem Schmortopf erhitzen, Zwiebeln und Speckwürfel dazugeben und glasig anbraten. Aus dem Topf nehmen und auf einen Teller legen. Hühnerteile bei starker Hitze in dem Fett goldgelb anbraten, Mehl anstäuben. Zwiebeln und Speck zufügen. Alles ein paar Minuten unter Umrühren schmoren lassen. Wein angießen, umrühren, Weinbrand dazugeben. Bouquet garni einlegen, mit Lorbeerblatt, Thymian, Muskatnuß, Jodsalz und Pfeffer würzen. Topf zudecken und das Gericht etwa 40 Minuten bei schwacher Hitze köcheln lassen, bis das Fleisch zart ist. Inzwischen Champignons putzen, Stiele entfernen, Pilze trocken abreiben. In restlicher Butter in etwa 5 bis 10 Minuten gar schmoren. Fleisch aus dem Topf nehmen und warm stellen. Sauce eventuell bei starker Hitze noch etwas einkochen lassen. Bouquet garni entfernen. Sauce abschmecken, eventuell nachwürzen. Champignons in die Sauce geben. Hühnerteile auf einer vorgewärmten Platte anrichten und mit der Sauce übergießen.

547 kcal – 36,1 g EW – 2,9 g KH – 41,7 g Fett

Côtes d'àgneau persillés (Lamm-koteletts süd-französische Art)

1,8 kg Lammkoteletts
10 g Petersilie
60 g Paniermehl
10 g Knoblauchzehe
Jodsalz
Pfeffer
30 g Butter
30 g Olivenöl

Lammkoteletts kalt abbrausen, trockentupfen. Backofen auf 250 °C vorheizen. Petersilie waschen, trockenschütteln, sehr fein hacken. In einer Schüssel mit den Semmelbröseln mischen. Knoblauchzehe schälen und dazupressen, salzen, pfeffern und unter die Masse arbeiten. Butter in einer Pfanne zerlassen. Koteletts auf jeder Seite 2 bis 3 Minuten anbraten. Salzen, pfeffern und auf einer feuerfesten Platte anrichten. Dick mit der Kräutermischung belegen. Öl daraufträufeln. Koteletts im Backofen 8 bis 10 Minuten überkrusten, bis sich die Kräuterdecke leicht bräunt. Mit Grilltomate und grünen Bohnen servieren. Als Beilage Bäckerinkartoffeln.

283 kcal – 37,9 g EW – 3,6 g KH – 12,2 g Fett

Rezepte / Spezialitätenwochen

235

Crêpes Suzette (Eierpfannkuchen mit Grand Marnier)

640 g Milch
(3,5 % Fett)
300 g Weizenmehl
(Type 405)
300 g Hühnerei
120 g Zucker
Jodsalz
80 g Butter
100 g Orangensaft
(frisch gepreßt)
Orangenschale
(abgerieben)
40 g Grand Marnier
(40 Vol.-%)

Milch erwärmen. Mehl in eine Schüssel sieben. In die Mitte eine Mulde drücken. Die Hälfte der Eier hineingeben. Die andere Hälfte trennen und davon das Eigelb ebenfalls dem Mehl zusetzen. Eiweiß beiseite stellen. Zucker und etwas Salz hinzufügen. Zutaten mit einem Holzlöffel vermengen. Milch in kleine Portionen dazugeben, umrühren, damit sich keine Klümpchen bilden. Teig soll dünnflüssig sein. Danach Eiweiß steif schlagen, vorsichtig unter den Teig ziehen. In der Pfanne mit sehr glattem Boden etwas Butter zerlassen und den Teig dünn verteilen. Nur so viel Teig durch Hin- und Herschwenken in der Pfanne verteilen, daß die Crêpe hauchdünn wird. Auf beiden Seiten hellbraun backen, zweimal zusammenfalten, warm stellen. Mit dem restlichen Teig ebenso verfahren. In einem Pfännchen Butter erhitzen, jedoch nicht bräunen. Zucker zufügen, leicht karamelisieren lassen. Orangensaft und Orangenschale dazugeben. und erhitzen. Die Hälfte des Grand Marnier in die heiße Sauce rühren. Die gefalteten Crêpes in die Pfanne legen, mit der Sauce übergießen. Restlichen Likör leicht anwärmen, über das Gericht gießen und flambieren. Dabei vorsichtig hantieren, damit man sich nicht verbrennt. Crêpes auf Tellern anrichten und mit der Sauce übergießen.

312 kcal – 9,1 g EW – 38,5 g KH – 12,6 g Fett

Far breton
(Rosinenkuchen)

320 g Rosinen
80 g Armagnac
400 g Hühnerei
200 g Zucker
320 g Weizenmehl
(Type 405)
1,25 l Milch
120 g Butter
40 g Puderzucker

Rosinen etwa 30 Minuten in den Armagnac einlegen. Eier in einer Teigschüssel aufschlagen. Den Zucker dazugeben und mit den Eiern schaumig rühren. Nach und nach Mehl hinzufügen. Gut verrühren, damit es keine Klümpchen gibt. Milch erhitzen und darunterrühren. Backofen auf 200 °C vorheizen. Eine feuerfeste Form mit Butter ausstreichen. Ein Viertel des Teiges einfüllen. Im Backofen etwa 10 Minuten stocken lassen. Form aus dem Ofen nehmen. Rosinen auf die leicht gestockte Masse legen. Rest des Teiges einfüllen, in etwa 50 Minuten fertig backen. Form aus dem Ofen nehmen, Rosinenkuchen mit Puderzucker bestäuben, warm in der Form servieren.

535 kcal – 13,4 g EW – 73,1 g KH – 19,4 g Fett

Spanische Spezialitätenwoche

Katalanische Tomatensuppe

Zubereitungszeit: · · · · · · ⏲ · · 45 Minuten

100 g Speck
250 g Zwiebeln
20 g Olivenöl
100 g Vorderschinken (gekocht)
800 g Tomaten
200 g Sellerie
200 g Weißwein
2 l Gemüsebrühe
(Rezept Seite 83)
500 g Kartoffeln (mit Schale)
Thymian
Oregano
Muskatnuß (gerieben)
Jodsalz
Pfeffer
Streuwürze
20 g Petersilie

Speck würfeln, geschälte Zwiebeln hacken. Beides in Olivenöl goldgelb anbraten. Gekochten Vorderschinken würfeln und kurz mit dem Speck und den Zwiebeln vermischen. Tomaten waschen, mit kochendem Wasser überbrühen, abschrecken und enthäuten. Vierteln, Stengelansätze entfernen, in den Topf geben. Sellerie putzen und in sehr dünne Streifen schneiden. Ebenfalls in den Topf geben. Alles kurz durchschmoren lassen und mit dem Weißwein ablöschen. Dann mit der Gemüsebrühe aufgießen und einmal aufkochen. Kartoffeln schälen, in kleine Würfel schneiden und in die Suppe geben. Mit Thymian, Oregano, Muskatnuß, Jodsalz, Pfeffer und Streuwürze abschmecken. Alles zugedeckt etwa 30 Minuten garen lassen. Vor dem Servieren die gewaschene und fein gehackte Petersilie über die Suppe streuen.

219 kcal – 10,7 g EW – 15,5 g KH – 11,7 g Fett

Sopa Siglo XV (Suppe des 15. Jahrhunderts)

20 g Knoblauchzehe
100 g Räucherspeck (durchwachsen, gewürfelt)
20 g Olivenöl
300 g Weißbrotwürfel
2 l Rinderbrühe
(Rezept Seite 83)
120 g roher Schinken
10 g Paprika edelsüß
500 g Hühnerei
Jodsalz

Knoblauchzehe fein hacken und mit den Speckwürfelchen in Olivenöl leicht anrösten. Weißbrotwürfel hinzugeben und bräunen. Den Topf vom Feuer nehmen, Paprikapulver einstreuen, Rinderbrühe angießen und 15 Minuten bei mäßiger Hitze kochen lassen. Zehn feuerfeste Töpfchen mit fein geschnittenem Schinken auslegen, je 1 Ei darüberschlagen, Suppe darübergießen, salzen und 6 Minuten im vorgeheizten Ofen bei mittlerer Hitze überbacken. In den Suppentöpfchen servieren und nach spanischer Sitte mit Holzlöffel essen.

318 kcal – 14,4 g EW – 15,6 g KH – 21,2 g Fett

Rezepte / Spezialitätenwochen

Sopa de picadillo

2,5 l Rinderbrühe
(Rezept Seite 83)
160 g Vorderschinken
(gekocht)
160 g Zwiebeln
250 g Hühnerei
10 g Minzeblätter
Jodsalz
Pfeffer
Streuwürze

Rinderbrühe zubereiten. Schinken und geschälte Zwiebeln in feine Würfel schneiden, Eier verrühren. Zwiebelwürfel goldgelb andünsten, Schinkenwürfel hinzufügen, danach in die Brühe geben. Die verquirlten Eier nun in die leicht kochende Brühe „langsam" hineingießen, damit sich die Eier in Flocken aufteilen. Die gewaschene Minze in feine Streifen schneiden und in die Suppe streuen. Die Suppe mit Jodsalz, Pfeffer und der Streuwürze abschmecken und servieren.

84 kcal – 8,2 g EW – 1,8 g KH – 4,5 g Fett

240

Caldo gallego (Galicische Gemüsesuppe)

500 g Bohnen (weiß)
10 g Knoblauchzehe
200 g Zwiebeln
(geschält)
200 g Räucherfleisch
100 g Speck (durchwachsen, geraucht)
800 g Kartoffeln
(mit Schale)
500 g Wirsingkohl
180 g Knoblauchwürste
Jodsalz
Pfeffer
Streuwürze

Bohnen über Nacht in Wasser einweichen. Am nächsten Tag mit kaltem Wasser, Knoblauchzehe und den grob gehackten Zwiebeln aufsetzen, zum Kochen bringen, Räucherfleisch und Speck einlegen und ungefähr 60 Minuten bei mäßiger Hitze köcheln lassen. Kartoffeln schälen, klein würfeln. Kohl in Streifen schneiden und zu den Bohnen geben. Knoblauchwürste einlegen und weiterkochen, bis Bohnen und Kartoffeln weich sind. Würste, Speck und Fleisch aus der Suppe nehmen. Würste und Speck in feine Scheiben, Fleisch in Würfel schneiden und wieder in die Suppe zurückgeben. Suppe mit Jodsalz, Pfeffer und Streuwürze abschmecken und servieren.

373 kcal – 21,8 g EW – 40,1 g KH – 12,7 g Fett

Paella valenciana (Reisgericht aus Valencia)

Vorbereitungszeit: ····· ⊕ ·· **20 Minuten**
Zubereitungszeit: ····· ⊕ ·· **50 Minuten**

30 g Olivenöl
200 g Zwiebeln
500 g Tomaten
400 g Bohnen
600 g Schweinefilet (dünne Scheiben)
200 g Vorderschinken (gekocht)
500 g Aal
400 g Hühnerbrust
200 g Bratwurst
400 g Reis (roh)
2 l Hühnerbrühe
Jodsalz
Pfeffer
Safran
20 g Petersilie
8 g Knoblauchzehe
200 g Garnelen
400 g Miesmuscheln
200 g Paprikafrüchte (bunt)

Öl erhitzen, gehackte Zwiebeln leicht anbräunen. Tomaten waschen, mit kochendem Wasser überbrühen und enthäuten. Vierteln, Stengelansätze entfernen und mit den in Stücke geschnittenen Bohnen zu den Zwiebeln geben und 6 bis 8 Minuten dünsten. Die Schweinefiletscheiben, den gewürfelten Schinken und den Aal (2-cm-Streifen) einlegen und zugedeckt weitere 4 Minuten dünsten. Die Hähnchenbrüste und die Würstchen einlegen und alles zusammen noch mal 8 Minuten garen lassen. Öl in einer Pfanne erhitzen, den vorher gewaschenen Reis darin schwenken, die bereits angedünsteten Zutaten hinzufügen und mit Hühnerbrühe übergießen. Mit Jodsalz, Pfeffer, Safran, gewaschener, gehackter Petersilie und Knoblauch würzen und die Paella zum Kochen bringen. Nach etwa 4 Minuten mit Garnelen, Miesmuscheln und den Paprikastreifen garnieren und weiterkochen lassen, ohne den Reis umzurühren. Sobald die Brühe vom Reis aufgesogen ist, die Paella vom Feuer nehmen und servieren.

661 kcal – 62,6 g EW – 34,8 g KH – 28,2 g Fett

Lammkoteletts mit Romesco-sauce

1,2 kg Lammkoteletts
6 g Rosmarin
200 g Zwiebeln (geschält)
Pfeffer
Jodsalz
30 g Olivenöl
300 g Paprikafrüchte (bunt)
300 g Tomaten
150 g Weißbrot (gewürfelt)
20 g Olivenöl
10 g Schotenpfeffer
10 g Knoblauchzehe
40 g Mandeln (geschält)
Jodsalz
Cayennepfeffer
20 g Essig

Zubereitungszeit: ······ 🕐 ·· **30 Minuten**
plus 60 Minuten für das Einziehen der Marinade

Lammkoteletts an den Knochen etwas einschneiden. Aus fein gemahlenem Rosmarin, fein gewiegten Zwiebeln, aus Pfeffer, Salz und Olivenöl eine geschmeidige Paste anrühren. Das Fleisch damit einreiben und 60 Minuten im Kühlschrank ziehen lassen. Inzwischen bereitet man die Sauce zu: Paprikafrüchte und Tomaten bei starker Hitze etwa 2 bis 5 Minuten backen, abhäuten, von den Kernen befreien. Weißbrot in Öl einweichen. Paprikafrüchte, Tomaten, Schotenpfeffer, Knoblauchzehe, Mandeln, Jodsalz und Cayennepfeffer in einem großen Mörser zu Brei zerstoßen. Das Weißbrot daruntermengen, den Essig zugießen und das Öl teelöffelweise mit einem Schneebesen einschlagen. Die fertige Sauce soll dickflüssig sein. Lammkoteletts aus der Marinade nehmen und im Grill bei voller Hitze je Seite 2 bis 3 Minuten grillen. Mit der Salsa romesco servieren.

314 kcal – 35,9 g EW – 10,1 g KH – 13,5 g Fett

Ensalada Doña Maria

250 g Kopfsalat
250 g Feldsalat
100 g Sellerie
100 g Möhren
100 g Äpfel
20 g Zitronensaft
20 g Olivenöl
100 g grüne Oliven
260 g Eier
(hart gekocht)
120 g Crème frâiche
20 g Senf
10 g Estragonessig
Jodsalz
Pfeffer
Cayennepfeffer
Zucker
20 g Petersilie
160 g Weißbrotwürfel
(geröstet)

Den grünen Salat und den Feldsalat verlesen, waschen, gut abtropfen lassen und in eine Schüssel geben. Den Sellerie und die Karotten schälen und in hauchdünne Streifen schneiden. Den Apfel schälen, entkernen und in dünne Scheiben schneiden. Den Sellerie, die Karotten und die Äpfel mit Zitronensaft und Olivenöl beträufeln, mit den gefüllten Oliven zum Salat geben und alles miteinander vermischen. Für das Dressing die hartgekochten Eier halbieren, das Eigelb herausnehmen und durch ein Sieb in eine Schüssel streichen. Die Crème frâiche zum Eigelb geben, den Senf und den Estragonessig unterziehen und alles schaumig schlagen. Das Dressing mit Jodsalz, Pfeffer, Cayennepfeffer und Zucker kräftig würzen. Den Salat anrichten, mit dem Dressing überziehen und mit gewaschener, gehackter Petersilie bestreuen. Das Eiweiß fein würfeln, mit den gerösteten Weißbrotwürfeln über den Salat verteilen und servieren.

183 kcal – 6,1 g EW – 11,1 g KH – 12,1 g Fett

Berenjenas con salsa de tomate

1,5 kg Auberginen
Jodsalz
80 g Mehl
80 g Olivenöl
150 g Schotenpfeffer
200 g Mandeln
1 kg Tomaten
10 g Knoblauchzehe
20 g Petersilie
Zucker
Pfeffer
10 g Estragonessig
300 g Eier
(hart gekocht)

Auberginen waschen und der Länge nach in 0,5 cm dicke Scheiben schneiden, auf beiden Seiten mit Jodsalz bestreuen und etwas ruhen lassen. Ausgetretenen Saft gut abtupfen, die Auberginenscheiben in Mehl wenden und in Öl goldbraun braten. Für die Sauce Schotenpfeffer mit den Mandeln im Mörser zerstoßen. Tomaten enthäuten und pürieren. Tomatenpüree in eine Pfanne geben, mit dem Saft der Knoblauchzehe, gewaschener und gehackter Petersilie, Jodsalz, etwas Zucker, mit Essig, Öl und der Masse aus dem Mörser mischen und bei mäßiger Hitze etwa 10 Minuten köcheln lassen. Auberginenscheiben auf Tellern anrichten, mit Eischeiben belegen und die Sauce darübergießen.

359 kcal – 12,8 g EW – 17,9 g KH – 25,1 g Fett

Schweinekotelett nach Madrider Art

1,6 kg Schweine-
kotelett (am Stück)
10 g Knoblauchzehe
Lorbeerblatt
20 g Petersilie
20 g Schotenpfeffer
10 g Thymian
10 g Pfefferkörner
Jodsalz
60 g Olivenöl

Schweinekotelett an den Knochen etwas einschneiden. Knoblauchzehe, Lorbeerblatt, gewaschene, gehackte Petersilie, Pfefferschote, Thymian, Pfefferkörner und Jodsalz im Mörser zerstoßen und mit Öl zu einer Marinade vermischen. Das Kotelett 120 Minuten in die Marinade legen, öfters wenden, in einer mit Öl ausgestrichenen Pfanne in den vorgeheizten Backofen schieben, mit Marinade begießen und bei mittlerer Hitze ungefähr 30 Minuten garen.

281 kcal – 34,8 g EW – 1,3 g KH – 14,4 g Fett

Lubina Isabel la Católica mit Salzkartoffeln

2,5 kg Wolfsbarsch
2 l Fischfond
200 g Butter
500 g Zwiebeln
(geschält)
Oregano
¼ l Weißwein
500 g Sahne
Muskat
Jodsalz
Schotenpfeffer
2,5 kg Kartoffeln
(in der Schale)

Den Wolfsbarsch in Medaillons schneiden. Aus den Fischresten einen Fischfond herstellen. Butter in einem Topf erhitzen und die klein gehackten Zwiebeln mit etwas Oregano hellgelb rösten. Mit Weißwein ablöschen, 15 Minuten köcheln lassen und anschließend die Sahne und den Fischfond beigeben. Sobald die Zwiebeln gut geschmort sind, durch ein Sieb in eine Porzellanschüssel passieren und mit Muskatnuß und Jodsalz abschmecken. Die Wolfsbarschmedaillons würzen, in einen Topf legen, mit der restlichen Butter beträufeln, etwas zerstoßene Pfefferschote beigeben und bei mittlerer Hitze in den vorgeheizten Backofen schieben. Nach 5 Minuten die vorbereitete Zwiebelsauce darübergießen. Den Fisch in etwa 6 Minuten fertig garen. Kartoffeln schälen, kochen und als Beilage zum Fisch servieren.

624 kcal – 54,1 g EW – 50,8 g KH – 20,9 g Fett

Rezepte / Spezialitätenwochen

245

Pollo Campurriano (Huhn in der Reispfanne)

Zubereitungszeit: ······ 🕐 ·· **45 Minuten**
Marinadezeit: ········· 🕐 ·· **30 Minuten**

1,5 kg Huhn
(mit Knochen)
20 g Zitronensaft
Jodsalz
Pfeffer
Paprika
100 g Bauchspeck
(geraucht)
20 g Olivenöl
200 g Zwiebeln
(geschält)
10 g Knoblauchzehe
200 g Paprikafrüchte
80 g roher Schinken
400 g gewürfelte
Tomaten (Dose)
40 g grüne Oliven
500 g Reis (roh)
1,5 l Hühnerbrühe

Aus den Knochen der Hühnerteile eine Hühnerbrühe zubereiten. Hühnerfleisch mit etwas Zitronensaft, Jodsalz, Pfeffer und Paprikapulver einreiben und 30 Minuten ruhen lassen. Speckscheiben in einer feuerfesten Form anbraten, Öl hinzufügen, die klein gehackten Zwiebeln und die gehackte Knoblauchzehe anbräunen, in Streifen geschnittene, entkernte Paprika und den gewürfelten Schinken einlegen und 8 bis 10 Minuten mitschmoren lassen. Hühnerfleisch in einer zweiten Pfanne rundum goldbraun braten und zu den anderen Zutaten in die Form einlegen. Die gewürfelten Tomaten, die Oliven und den gewaschenen Reis hinzufügen, mit Hühnerbrühe übergießen und etwa 25 Minuten bei mäßiger Hitze garen.

589 kcal – 44,2 g EW – 58,4 g KH – 18,2 g Fett

Gelatina de naranja (Orangensülze)

1,25 kg Orangen
150 g Zucker
50 g Zitronenschale
(ungespritzt)
25 g Gelatine
400 g Himbeeren
200 g Puderzucker
250 g Sahne

Orangen auspressen. Saft mit der gleichen Menge Wasser mischen, mit Zucker und Zitronenschale aufkochen, vom Herd nehmen und leicht abkühlen lassen. Danach die eingeweichte und gut ausgedrückte Gelatine einrühren. Das Orangengelee in Förmchen abfüllen und kalt stellen, dann in Dessertschalen stürzen. Himbeeren im Mixer pürieren, das Püree mit Puderzucker mischen und um das Gelee herum verteilen. Mit Schlagsahne garnieren und servieren.

306 kcal – 4,5 g EW – 53,6 g KH – 7,3 g Fett

Fresas con nata (Erdbeerdessert)

Zubereitungszeit: ······ 🕐 ·· **35 Minuten**

1,25 kg Orangen
800 g Erdbeeren
80 g Kirschlikör
120 g Aprikosen-
konfitüre
200 g Orangensaft
500 g Sahne
60 g Zucker
60 g Puderzucker
Zimt

Orangen schälen, filetieren, von den Kernen befreien und die Böden von den Dessertschalen damit auslegen. Erdbeeren waschen und gut abtropfen lassen. $2/3$ der Früchte mit Kirschlikör, Aprikosenkonfitüre und Orangensaft vermischen und in die Dessertschalen einlegen. Die Sahne mit etwas Zucker steif schlagen, auf die Erdbeeren spritzen und mit Puderzucker und Zimt bestreuen. Mit den restlichen Erdbeeren garnieren und kalt servieren.

337 kcal – 3,9 g EW – 40,1 g KH – 16,7 g Fett

Melocotones con vino (Pfirsiche in Wein)

1,2 kg Pfirsiche
60 g Butter
40 g Zucker
200 g Rotwein
10 g Zimtstange
120 g Orange
Nelke
40 g Mandeln

Pfirsiche schälen, halbieren und entkernen. Butter in einer flachen Pfanne erhitzen, die Pfirsichhälften einlegen, Zucker einstreuen und die Früchte bei mittlerer Hitze karamelisieren. Die karamelisierten Pfirsichhälften in eine feuerfeste Form legen, Wein angießen, die Zimtstange, die abgeriebene Orangenschale, den Saft der Orange und die Nelke einrühren, im vorgeheizten Backofen bei mäßiger Hitze ungefähr 20 Minuten schmoren. Pfirsiche heiß oder kalt, mit Mandelblättchen bestreut, servieren.

146 kcal – 1,9 g EW – 16,9 g KH – 7,4 g Fett

248

Natillas (Cremespeise)

ohne Erkaltungsprozeß

2 l Milch
120 g Zucker
40 g Vanillestange
40 g Vanille-
puddingpulver
40 g Rum
40 g Puderzucker
280 g Wasser
120 g Biskuitt-
plätzchen
120 g Sahne
Zimt

Die Milch mit Zucker und der Vanillestange erhitzen. Etwas Milch mit Vanillepuddingpulver und Zucker vermischen, dann löffelweise in die kochende Milch einfließen lassen. Rühren, bis kleine Blasen entstehen. Die eingedickte Creme durch ein Sieb fließen lassen und kühl stellen. Rum mit Puderzucker und Wasser mischen. Löffelbiskuits im Rum wenden. Je 3 Stück auf den Boden einer Dessertschale legen, die gut gekühlte Creme darübergießen, mit der steif geschlagenen Schlagsahne verzieren und mit Zimt bestreuen.

289 kcal – 7,6 g EW – 40,2 g KH – 10,1 g Fett

Karibische Spezialitätenwoche

Tomaten-Orangen-Suppe Barbados

Zubereitungszeit: ······ ⏲ ·· **75 Minuten**

2,5 kg Tomaten
20 g Basilikum
10 g Orangenschale (Julienne)
80 g Frühlingszwiebeln
30 g Zitronensaft
0,5 l Orangensaft (frisch gepreßt)
20 g Maisstärke
5 g Korianderkörner
20 g Schnittlauch
Jodsalz
Pfeffer

Tomaten (blanchiert, abgezogen und geviertelt), Basilikum, Orangenjulienne, Frühlingszwiebeln (gewürfelt) sowie Zitronensaft in einem Topf aufkochen. Danach das Ganze 15 Minuten köcheln lassen. Die Orangenjulienne herausnehmen. Die Mischung mit dem Püriergerät verquirlen. Die Suppe wieder in den Topf geben. Den Orangensaft in eine Schüssel leeren, mit der Maisstärke glatt rühren und unter die Suppe heben. Die Suppe bei mittlerer Hitze unter ständigem Rühren garen, bis sie etwas eindickt. Koriander, gewaschenen, fein geschnittenen Schnittlauch sowie Jodsalz und Pfeffer nach Geschmack einrühren und abschmecken.

249

93 kcal – 3,4 g EW – 16,8 g KH – 1,1 g Fett

Grüne Suppe Callaloo

Zubereitungszeit: · · · · · · 🕐 · · **60 Minuten**

420 g Spinat
200 g Okras
420 g Auberginen
250 g Wasser
40 g Olivenöl
320 g Zwiebeln
10 g Knoblauchzehe
10 g Thymian
20 g Schnittlauch-
röllchen
(fein geschnitten)
Piment
Chilipulver
Jodsalz
Pfeffer
20 g Weinessig
400 g Kokosmilch

Das Blattgemüse putzen, waschen und abtropfen lassen, Stiele entfernen. Die Blätter hacken, dann zusammen mit Okras und Auberginen in einen großen Topf geben. Das Wasser hinzufügen und die Gemüse bei mittlerer Hitze etwa 15 Minuten garen, bis sie weich sind. Falls Okras verwendet werden, öfter den Topf kontrollieren, da sie Schleim absondern, wenn sie zu lange gegart werden. Das Öl in einer Pfanne erhitzen. Die fein gehackten Zwiebeln und den zerdrückten Knoblauch darin anbraten, bis die Zwiebeln glasig sind. Die restlichen Zutaten zusammen mit den Zwiebeln und dem Knoblauch zum Gemüse geben und etwa 5 Minuten köcheln lassen. Mit dem Rührgerät verquirlen und sofort servieren.

72 kcal – 2,7 g EW – 4,8 g KH – 4,6 g Fett

Pfirsich-Maracuja-Bisque Martinique

Zubereitungszeit: · · · · · · 🕐 · · **35 Minuten**
Gesamte Kühlzeit: · · · · · · 🕐 · · **12 Stunden**

80 g Zucker
20 g Rum
360 g Wasser
1,5 kg Pfirsiche
1 kg Maracuja
1,25 l Milch
(3,5 % Fett)
100 g Crème double

Zucker, Rum und Wasser vermischen. Bei starker Hitze zum Kochen bringen und 1 bis 2 Minuten ein wenig reduzieren lassen. Vom Herd nehmen und zum Abkühlen beiseite stellen. Mit dem Rührgerät die Rummischung, Pfirsiche, Maracuja und die Milch glatt rühren. Die Mischung durch ein Sieb streichen. Crème double mit etwas Zimt in die Fruchtmilch einrühren und abgedeckt 4 bis 12 Stunden im Kühlschrank abkühlen lassen.

219 kcal – 6,1 g EW – 29,6 g KH – 7,9 g Fett

Hühnersuppe Trinidad

Zubereitungszeit: ······ 🕐 ·· **90 Minuten**

250 g Zwiebeln
150 g Bleichsellerie
320 g Karotten
500 g Pastinaken
20 g Knoblauchzehe
1,2 kg Suppenhuhn
3 l Wasser
Basilikum
Currypulver
Chilipulver
Korianderkörner
Jodsalz
Pfeffer

Zwiebeln schälen und in feine Streifen schneiden. Das Gemüse putzen, waschen und in feine Scheiben schneiden. Das Gemüse nun in zwei Portionen teilen, die eine Hälfte in einer Schüssel beiseite stellen, die andere mit dem Knoblauch und dem Huhn in einen Suppentopf geben. Das Huhn mit Wasser bedecken, dann Basilikum, Currypulver, Chilipulver und Koriander hinzufügen und mit Jodsalz und Pfeffer abschmecken. Das Wasser zum Kochen bringen, dann die Temperatur reduzieren und den Topfinhalt etwa 120 Minuten im offenen Topf köcheln lassen. Das Fett abschöpfen und die Suppe durch ein Sieb gießen. Das Huhn in feine Würfel schneiden. Das restliche Gemüse in die Suppe geben und in etwa 10 Minuten gar kochen. Hühnerfleisch der Suppe hinzufügen und dann servieren.

345 kcal – 23,5 g EW – 7,2 g KH – 23,6 g Fett

Picadillo

Zubereitungszeit: · · · · · · ⏲ · · **80 Minuten**

1,4 kg Rindfleisch
(Oberschale)
Jodsalz
Pfeffer
500 g Paprikafrüchte
(bunt)
120 g Zwiebeln
10 g Knoblauch
50 g Sonnenblumenöl
600 g Tomaten
Nelken
250 g Oliven
60 g Rosinen
20 g Obstessig

Das Rindfleisch in feine Streifen schnetzeln, mit Jodsalz und Pfeffer einreiben und in einem großen Topf mit reichlich Wasser zum Kochen bringen. Sollte sich Schaum bilden, diesen abschöpfen. Auf schwacher Flamme etwa 60 Minuten köcheln. Das Fleisch aus der Brühe nehmen und abkühlen lassen. Die Paprikafrüchte säubern und in Würfel schneiden. Zusammen mit den gewürfelten Zwiebeln und den Knoblauchzehen im erhitzten Sonnenblumenöl anbraten. Die Tomaten von der Haut befreien, klein schneiden und den Paprikafrüchten zugeben. Mit Gewürznelken, Pfeffer sowie Salz würzen und unter ständigem Rühren so lange köcheln lassen, bis die Flüssigkeit verdampft ist. Die Oliven, die Rosinen und den Essig hinzugeben und aufkochen lassen. Schließlich darin das Fleisch erhitzen und heiß servieren.

275 kcal – 32,7 g EW – 8,3 g KH – 11,5 g Fett

Geschmortes Lamm Sint Maarten

40 g Sonnenblumenöl
1,4 kg Lammfleisch (Keule)
200 g Zwiebeln
10 g Knoblauch
100 g Bleichsellerie
10 g Ingwer
Chilipulver
250 g Paprikafrüchte (bunt)
600 g Tomaten
10 g Zitronensaft
10 g Kreuzkümmel
Piment
600 g Vollbier (hell)
20 g Himbeeressig
800 g Salatgurke
120 g Oliven
50 g Kapern

Das Pflanzenöl bei mittlerer Hitze in einem großen schweren Topf erhitzen. Das gewürfelte Lammfleisch in dem Öl anbraten, dann herausnehmen und abtropfen lassen. Die in Streifen geschnittenen Zwiebeln, den klein gehackten Knoblauch, gewürfelten Bleichsellerie, Ingwer, Chilipulver und den gewürfelten Paprika hinzufügen und sautieren, bis die Zwiebeln weich sind. Fleisch, Zwiebelmischung, abgezogene und gehackte Tomaten, Zitronensaft, Kreuzkümmel und Piment in einen Topf geben und mit Bier bedecken. Den Topfinhalt etwa 90 Minuten köcheln lassen, bis das Fleisch weich ist. Falls erforderlich, mehr Bier hinzufügen. Essig, Gurke (geschält und in feine Würfel geschnitten), Oliven und Kapern zum Fleisch leeren und den Topfinhalt noch einmal 15 Minuten köcheln lassen, dann servieren.

285 kcal – 30,8 g EW – 10,9 g KH – 12,3 g Fett

Mariniertes Schweinefilet mit Mango-Papaya-Chutney

Zubereitungszeit: ⏲ **45 Minuten**
Marinadezeit: ⏲ **8 Stunden**

250 g Orangensaft
40 g Zitronensaft
10 g Zucker
Jodsalz
Piment
Muskatnuß (gerieben)
10 g Ingwer
10 g Knoblauchzehe
800 g Schweinefilet
40 g Sonnenblumenöl
500 g Mango
500 g Papaya
120 g Frühlings-
zwiebeln
10 g Zitronensaft
10 g Korianderkörner
10 g Chilipulver

Orangensaft, Zitronensaft, Zucker, Jodsalz, Piment, Muskatnuß, Ingwer und zerdrückten Knoblauch in einer Glasschüssel mischen. Die Schweinelende darin wenden. Zugedeckt für 8 Stunden zum Marinieren in den Kühlschrank legen, zwischendurch mehrmals wenden. Den Backofen auf 180 °C vorheizen. Das Fleisch aus der Schüssel nehmen und die Marinade beiseite stellen. Das Filet auf einen mit Öl bepinselten Rost legen und den Rost in einen flachen Bräter setzen. Die Hälfte der beiseite gestellten Marinade angießen und mit Wasser auf 1 cm Füllhöhe auffüllen. Das Fleisch zirka 35 Minuten garen, dabei regelmäßig mit der Marinade begießen. In der Zwischenzeit Mango, Papaya, Frühlingszwiebeln (alles gewürfelt) Zitronensaft, Koriander und Chilipulver vermischen. Das Chutney kalt stellen und zur Schweinelende servieren.

187 kcal – 18,8 g EW – 12,6 g KH – 6,3 g Fett

Gedämpfter Snapper mit Orangen-Curry-Sauce

Zutaten Orangen-Curry-Sauce:
250 g saure Sahne
10 g Orangenschale
Korianderkörner
10 g Zwiebelpulver
120 g Dijon-Senf
10 g Currypulver

Zutaten Fisch:
20 g Butterschmalz
120 g Fischfondpulver
10 g Piment
1,6 kg Snapper
Jodsalz
Pfeffer

Zubereitung Orangen-Curry-Sauce:
Sauerrahm, abgeriebene Orangenschale, Koriander, Zwiebelpulver, Senf und Currypulver in einer Schüssel vermischen und kalt stellen.

Zubereitung Fisch:
Einen mit Butterschmalz leicht eingefetteten Dämpfeinsatz in einen großen Topf setzen. Fischfondpulver mit der entsprechenden Menge an Wasser mischen, bis knapp unter den Topfeinsatz füllen und zum Kochen bringen. Die Pimentbeeren hinzufügen. Den Snapper mit Jodsalz und Pfeffer würzen und in den Dämpfeinsatz legen. Die Temperatur reduzieren und den Fisch zugedeckt 8 bis 10 Minuten garen. Mit der Sauce servieren.

200 kcal – 31,1 g EW – 2,5 g KH – 7,2 g Fett

Rezepte / Spezialitätenwochen

Kartoffeln nach kreolischer Art

Zubereitungszeit: ······ 🕐 ·· **45 Minuten**

1,8 kg Kartoffeln
(mit Schale)
Jerk-Würzmischung
(10 g Chilipulver,
10 g Kreuzkümmel,
10 g Cayennepfeffer,
10 g Jodsalz)
120 g Butter
10 g Koriander

Kartoffeln schälen, vierteln und in einem Dampfeinsatz über kochendem Wasser in 12 bis 15 Minuten weich dämpfen. Die Kartoffeln in eine Schüssel geben und mit Jerk-Würzmischung bestreuen. Flüssige Butter und gehackten Koriander hinzufügen und vorsichtig unter die Kartoffeln mischen.

182 kcal – 4,1 g EW – 27,6 g KH – 5,7 g Fett

Reis mit Kidney-bohnen und Kokosmilch

1,25 l Wasser
100 g Steinpilze (getrocknet)
1,25 l Kokosmilch
560 g Kidneybohnen
20 g Himbeeressig
10 g Thymian
10 g Pfefferkörner
10 g Piment
500 g Langkornreis
120 g Zwiebeln
10 g Knoblauch
40 g Sonnenblumenöl
100 g Bauch (durchwachsen, geraucht)
Jodsalz
Pfeffer

In einem säurebeständigen Topf mittlerer Größe Wasser, Pilze und Kokosmilch zum Kochen bringen. Bohnen, Essig, Thymian, Pfefferkörner und Piment hinzufügen. Die Hitze reduzieren und die Zutaten 10 Minuten bei geschlossenem Topf köcheln lassen. Den Reis waschen und in den Topf einrühren, zugedeckt etwa 20 Minuten bei schwacher Hitze weich garen. In der Zwischenzeit die gewürfelten Zwiebeln und den zerdrückten Knoblauch in Öl anbraten, danach zusammen mit dem gewürfelten Speck zu der Reis-Bohnen-Mischung geben. Die Zutaten zum Köcheln bringen und zugedeckt 10 Minuten garen. Die Mischung mit einer Gabel lockern, mit Salz und Pfeffer abschmecken und servieren.

482 kcal – 18,8 g EW – 69,9 g KH – 12,8 g Fett

Rum-Pfann-kuchen mit zer-drückter Banane

720 g Hühnerei
620 g Weizenmehl (Type 405)
320 g Zucker
100 g Butter
1,25 l Milch
250 l Kokosmilch
40 g Rum
Jodsalz
Zimt
500 g Bananen
10 g Zitronensaft

Die Eier schaumig schlagen. Nach und nach das Mehl, den Zucker, etwas zerlaufene Butter, die Milch, die Kokosmilch und den Rum zugeben. Mit je einer Prise Jodsalz und Zimt den Teig würzen und gut durchschlagen, bis er ganz glatt ist. In einer Pfanne die restliche Butter zerlaufen lassen und die Pfannkuchen darin backen. Bananen schälen und zerdrücken, mit Zitronensaft vermischen, in die fertigen Pfannkuchen einwickeln und sofort servieren.

613 kcal – 19,7 g EW – 82,3 g KH – 21,6 g Fett

Fruchtsalat Karibik

Zubereitungszeit: ······ 🕐 ·· **35 Minuten**
Marinadezeit: ········ 🕐 ·· **60 Minuten**

600 g Ananasringe
40 g Rum
80 g Zucker
20 g Zitronensaft
500 g Bananen
500 g Mangos
300 g Guaven (in Scheiben geschnitten)
40 g Puderzucker
50 g frisches Kokosmark (geraspelt)
Muskatnuß

Ananasscheiben in eine Glasschüssel geben. Rum und Zucker hinzufügen und abgedeckt 60 Minuten kalt stellen. Zitronensaft über die Ananasringe träufeln und die klein geschnittenen Früchte untermischen. Mit geraspeltem Kokosfleisch und einer Prise Muskatnuß bestreuen und servieren.

154 kcal – 2,2 g EW – 30,1 g KH – 2,4 g Fett

Asiatische Spezialitätenwoche

Indonesische Reistafelsuppe

Zubereitungszeit: · · · · · · 🕐 · · **95 Minuten**

1,2 kg Suppenhuhn
100 g Karotten
100 g Lauch
100 g Sellerie
20 g gekörnte Hühnerbrühe
80 g Glasnudeln
60 g Mu-err-Pilze
200 g Champignons
60 g Bambussprossen (Dose)
60 g Sojabohnenkeimlinge (Dose)
80 g Reis
10 g Sojasauce
Jodsalz
Curry

Suppenhuhn mit dem gewaschenen und klein geschnittenen Gemüse und gekörnter Hühnerbrühe wie üblich kochen. Erkalten lassen. Hühnerhaut entfernen und Fleisch in Würfel schneiden. Glasnudeln abkochen, erkalten lassen und zweimal durchschneiden. Mu-err-Pilze in heißem Wasser einweichen (etwa 30 Minuten), danach gut waschen und in feine Streifen schneiden, ebenso die Bambussprossen. Champignons waschen und in Scheiben zerteilen. Sojabohnenkeimlinge abtropfen lassen. Reis waschen, abkochen und ebenfalls abtropfen lassen. Alle Zutaten in die passierte Hühnerbrühe leeren, aufkochen und nochmals mit Sojasauce, Jodsalz und Curry abschmecken.

170 kcal – 9,2 g EW – 16,2 g KH – 7,1 g Fett

Indonesische Bihunsuppe

1,2 kg Suppenhuhn
100 g Karotten
100 g Lauch
100 g Sellerie
20 g gekörnte
Hühnerbrühe
80 g Glasnudeln
60 g Mu-err-Pilze
200 g Champignons
200 g Paprikafrüchte
(bunt)
80 g Zwiebeln
60 g Hühnerfett
20 g Maisstärke
10 g Sojasauce
Jodsalz
Glutamat
Chinagewürz

Suppenhuhn mit dem gewaschenen und klein geschnittenen Gemüse sowie gekörnter Hühnerbrühe wie üblich kochen. Erkalten lassen. Hühnerhaut entfernen und Fleisch in Würfel schneiden. Glasnudeln abkochen, erkalten lassen und zweimal durchschneiden. Mu-err-Pilze in heißem Wasser einweichen (etwa 30 Minuten), danach gut waschen und in feine Streifen schneiden. Champignons waschen und in Scheiben zerteilen. Paprika waschen und fein würfeln. Zwiebeln schälen und ebenfalls in feine Würfel schneiden, danach mit etwas Hühnerfett andünsten. Alle Zutaten in die passierte Hühnerbrühe leeren, aufkochen lassen. Maisstärke mit etwas kalter Hühnerbrühe anrühren und die Suppe leicht binden, danach nochmals abschmecken und servieren.

134 kcal – 8,3 g EW – 9,2 g KH – 6,7 g Fett

Rezepte / Spezialitätenwochen

Schweinefleisch süß-sauer

Zubereitungszeit: · · · · · · 🕐 · · **55 Minuten**

1,25 kg Schweinebug
10 g Sojasauce
160 g Hühnerei
50 g Maisstärke
40 g Pflanzenfett
(halbflüssig)
20 g Knoblauchzehe
250 g Zwiebeln
600 g Ananas
250 g Paprikafrüchte
15 g Maisstärke
60 g Wasser
20 g Essig
Jodsalz
Zucker
150 g Tomaten
40 g Sonnenblumenöl

Fleisch in 2 cm dicke Scheiben schneiden, klopfen und würfeln. Jodsalz mit Sojasauce verrühren, Fleisch darin einlegen und 30 Minuten durchziehen lassen. Ei verquirlen, unter die Fleischwürfel mischen, mit Maisstärke bepudern. Öl im Wok (Brattopf) erhitzen, die Fleischwürfel 2 Minuten fritieren. Abtropfen lassen. Das Öl im Wok lassen. Knoblauchzehe und Zwiebeln fein hacken. Ananasstücke abtropfen lassen, Saft auffangen. Paprikafrüchte waschen, in Stücke schneiden. Für die Sauce Maisstärke in Wasser auflösen, Ananassaft dazugeben und Essig, Jodsalz, Zucker und die enthäuteten in Würfel geschnittenen Tomaten einrühren. Öl in einer Pfanne erhitzen, Knoblauch und Zwiebeln glasig dünsten, Paprikastücke dazugeben und unter Rühren 2 Minuten braten. Ananasstücke unter die Sauce mischen, zum Kochen bringen, danach beiseite stellen. Für den zweiten Fritiervorgang das Öl im Wok oder Fritiertopf erhitzen, Fleischwürfel 2 bis 3 Minuten fritieren. Abtropfen lassen. Sauce mit Paprika und Ananasstücken aufwärmen, 1 EL Öl hineinrühren, über das Fleisch gießen und mit Reis servieren.

536 kcal – 23,9 g EW – 15,6 g KH – 40,3 g Fett

Chop Suey
(choup-sui)

750 g Rindfleisch
(Hochrippe)
20 g Sojasauce
20 g Knoblauchzehe
Pfeffer
Glutamat
250 g Morcheln
400 g Glasnudeln
600 g Karotten
200 g Zwiebeln
200 g Lauch
20 g Sonnenblumenöl
40 g Sesam
20 g Sesamöl
Zucker
Jodsalz
20 g Ingwer
20 g Maisstärke

Rindfleisch in kleine Streifen schneiden, mit Soja-sauce, zerdrückter Knoblauchzehe, Pfeffer und Glutamat mischen, ziehen lassen. Morcheln waschen und grob hacken. Glasnudeln im kochenden Wasser abschrecken und im Sieb abtropfen lassen. Ein- oder zweimal durchschneiden. Glasnudeln in eine tiefe Schüssel legen. Karotten, Zwiebeln und Lauch putzen, waschen und in kleine Streifen schneiden. Zuerst Zwiebeln, dann Karotten und zum Schluß den Lauch in heißem Öl kurz andünsten. Das Gemüse über die Glasnudeln in die Schüssel geben. Gewürztes Rindfleisch im Öl anbraten. Anschließend in derselben Pfanne die Morchelstücke anbraten, das Fleisch und die Pilze in die Schüssel füllen. Alle gebratenen Zutaten in der Schüssel gut vermischen und dabei würzen mit Sojasauce, angebratenem Sesam, Sesamöl, Zucker, Ingwer und Glutamat. Zum Schluß etwas Speisestärke mit Wasser verrühren und die Masse unter kurzem Aufkochen leicht binden. Scharfes Sambal macht das Chop Sucy sogar noch schmackhafter.

450 kcal – 23,1 g EW – 41,1 g KH – 20,1 g Fett

Gemüsepfanne

Zubereitungszeit: ⏱ **50 Minuten**

100 g Tong-ku-Pilze
500 g Champignons
300 g Bambus-
sprossen
500 g Erbsen
(tiefgekühlt)
Jodsalz
200 g Mais (Dose)
200 g Sojasprossen
60 g Maisöl
0,6 l Gemüsebrühe
(Rezept Seite 83)
30 g Zucker
20 g Sojasauce
Chinagewürz
Jodsalz
40 g Maisstärke
20 g Sesamöl

Die getrockneten Pilze 30 Minuten in heißem
Wasser einweichen, harte Stiele abschneiden,
Hüte in Streifen schneiden. Champignons
waschen, in Scheiben zerteilen. Bambussprossen
abtropfen lassen und in Stifte schneiden. Gefrorene Erbsen 3 Minuten in Salzwasser gar kochen.
Mais (Dosenware) sowie Sojasprossen bereitstellen. Alle Gemüse abtropfen lassen. Öl im Wok
(Brattopf) erhitzen, Pilze und Bambussprossen
1 Minute fritieren, mit dem Sieblöffel herausnehmen und gut abtropfen lassen. Das Öl bis auf
einen kleinen Rest ausgießen und restliches Öl
erhitzen. Bambussprossen, Pilze, Maiskörner,
Sojasprossen und Erbsen hineingeben und unter
Rühren braten. Brühe, Zucker, Sojasauce, Chinagewürz und Jodsalz hinzufügen und 1 Minute bei
schwacher Hitze köcheln lassen. Mit in Wasser
aufgelöster Speisestärke andicken. Sesamöl
darüberträufeln. Auf einer vorgewärmten Platte
anrichten und servieren.

262 kcal – 9,8 g EW – 31,9 g KH – 9,8 g Fett

Rosinen-Mandel-Duftreis

Zubereitungszeit: ⏱ **30 Minuten**

600 g Basmatireis
1 l Wasser
Jodsalz
Streuwürze
50 g Mandeln
(geschält)
80 g Rosinen

Reis waschen. Wasser mit Jodsalz und Streuwürze abschmecken. Reis, grob gehackte Mandeln
und Rosinen in das kochende Wasser geben und
darin gar dünsten.

268 kcal – 5,5 g EW – 52,3 g KH – 3,4 g Fett

Fischfilet mit Zuckererbsen

1,5 kg Kabeljau
10 g Knoblauchzehe
10 g Ingwer
30 g Sojasauce
40 g Maisstärke
750 g Zuckererbsen
(tiefgekühlt)
Jodsalz
300 g Frühlings-
zwiebeln
60 g Maisöl
40 g Reiswein
20 g Sesamöl

Fischfilet in mundgerechte Stücke schneiden. Knoblauchzehe und Ingwer schälen und fein hacken. Mit Sojasauce und ½ EL Maisstärke verrühren. Über die Fischstücke geben, gut vermischen und mindestens 10 Minuten gut durchziehen lassen. Zuckererbsen waschen. In einem Topf Salzwasser zum Kochen bringen, die Erbsen darin blanchieren, in ein Sieb schütten und mit kaltem Wasser abschrecken. Lauchzwiebeln waschen, in kleine Stücke schneiden. 4 bis 5 EL Maisöl in einer Pfanne erhitzen und die Fischstücke darin unter Rühren etwa 1 bis 2 Minuten scharf anbraten. Herausnehmen und warm stellen. 2 EL Öl in der Pfanne erhitzen, Zuckererbsen und Lauchzwiebeln darin unter Rühren 2 bis 3 Minuten braten. Fischstücke dazugeben, mit Reiswein und Salz abschmecken. Mit 1 EL in Wasser glatt gerührter Maisstärke andicken. Sesamöl darüberträufeln und heiß servieren.

266 kcal – 31,2 g EW – 13,4 g KH – 9,1 g Fett

263

Nußreis mit Mangostücken

600 g Basmatireis
1 l Wasser
Jodsalz
Streuwürze
30 g Haselnüsse
200 g Mangowürfel

Reis waschen. Wasser mit Jodsalz und Streuwürze abschmecken. Reis, Mangowürfel und die grob gehackten Haselnüsse in das kochende Wasser geben und darin gar dünsten.

242 kcal – 4,7 g EW – 48,6 g KH – 2,6 g Fett

Regenbogensalat

Zubereitungszeit: ······ 🕐 ··50 Minuten

50 g Tong-ku-Pilze
(getrocknet)
800 g Salatgurke
Jodsalz
600 g Paprikafrüchte
(bunt)
400 g Karotten
200 g Lauchzwiebeln
600 g Sojasprossen
(Dose)
200 g Hühnerei
40 g Maisöl
20 g Sojasauce
50 g Reiswein
40 g Essig
40 g Senf
20 g Zucker
60 g Pinienkerne

Pilze in heißem Wasser 30 Minuten einweichen, Stiele entfernen, Hüte in Streifen schneiden. Salatgurke schälen, längs halbieren, Kerne auskratzen, in hauchdünne Scheiben schneiden und salzen. Paprikaschoten waschen, von Samen befreien und in Streifen schneiden. Karotten abbürsten und stifteln. Das Weiße der Lauchzwiebeln fein hacken, das Grüne in Röllchen schneiden. Sojakeimlinge auf einem Sieb unter fließendem Wasser abspülen und abtropfen lassen. Ei verquirlen. 4 EL Öl im Wok (Bratpfanne) erhitzen, weiße Lauchzwiebeln glasig dünsten, Pilz- und Paprikastreifen unter Rühren 2 bis 3 Minuten braten, dann Karottenstifte und Sojabohnenkeimlinge dazugeben und unter Rühren 2 Minuten weiterbraten. Grüne Lauchzwiebeln zufügen und noch 2 Minuten dünsten. Gemüse abkühlen lassen. Restliches Öl erhitzen und aus dem Ei ein Omelett backen, in Streifen schneiden. Für die Salatsauce Sojasauce, Reiswein, Essig, Senf und Zucker verrühren. Gurkenscheiben roh zu den Gemüsen geben, Salatsauce darübergießen und mischen. Pinienkerne darüberstreuen, Omelettstreifen in Gitterform darauflegen.

209 kcal – 9,7 g EW – 15,9 g KH – 11,2 g Fett

Sojakeimling-salat

750 g Erbsen
(tiefgekühlt)
600 g Sojakeimlinge
800 g Tomaten
500 g Schweine-
schinken (gekocht)
250 g Lauchzwiebeln
Jodsalz
Pfeffer
Sojasauce
Zucker
60 g Reiswein
Essig
60 g Erdnußöl

Gefrorene Erbsen auftauen und 3 Minuten in kochendem Wasser gar ziehen lassen. Sojakeimlinge im Sieb unter fließendem Wasser abspülen, gut abtropfen lassen. Tomaten waschen und achteln. Schinken in feine Streifen schneiden. Lauchzwiebeln waschen und fein hacken. Für die Salatsauce alle Zutaten wie Jodsalz, Pfeffer, Sojasauce, Zucker, Reiswein, Essig und Erdnußöl verrühren. Erbsen, Sojakeimlinge, Tomaten und Schinkenstreifen mischen. Salatsauce über den Salat gießen, mischen und mit den gehackten Lauchzwiebeln bestreuen.

219 kcal – 6,1 g EW – 29,6 g KH – 7,9 g Fett

Rezepte / Spezialitätenwochen

265

Asiatischer Fruchtsalat mit Litschis

800 g Zuckermelone
400 g Litschis (Chinesische Haselnuß)
250 g Kirschen (Dose)
400 g Mandarinen (Dose)
60 g Honig
40 g Zitronensaft
50 g Sherry
40 g Zucker
120 g Walnüsse

Melone halbieren, Kerne mit einem Löffel herauskratzen. Melone schälen und in kleine Scheiben schneiden. Frische Litschis schälen und Kerne entfernen. Kirschen und Mandarinen abtropfen lassen, Früchte mischen. Honig, Zitronensaft, Sherry und Zucker verrühren und über das Obst gießen, untermischen und etwa 60 Minuten durchziehen lassen. Walnüsse grob hacken, unter die Früchte mischen und den fertigen Salat servieren.

235 kcal – 3,3 g EW – 36,3 g KH – 7,9 g Fett

200 g Weizenmehl
(Type 405)
20 g Maisstärke
30 g Backpulver
400 g Wasser
300 g Hühnereiweiß
20 g Sesamöl
1,6 kg Bananen
(mit Schale)
40 g Sesam
40 g Pflanzenfett
60 g Honig
30 g Zitronensaft

In einer Schüssel Mehl, Maisstärke und Backpulver mischen. Nach und nach unter ständigem Rühren Wasser, Eiweiß und Sesamöl unterarbeiten. Bananen schälen, von den Fäden befreien und in etwa 8 gleich große Stücke schneiden. In einer flachen Pfanne Sesamsamen ohne Fett bei mittlerer Hitze rösten, bis sie hellbraun sind, dabei die Pfanne ab und zu hin- und herschütteln. Herausnehmen und beiseite stellen. Öl in einem hohem Topf erhitzen, Bananenstücke in den Ausbackteig tauchen und sofort 3 bis 4 Minuten fritieren, bis sie goldbraun sind. Mit dem Sieblöffel herausnehmen und auf Küchenkrepp abtropfen lassen. Honig mit Zitronensaft in einem Topf unter Rühren erhitzen, über die fritierten Bananen gießen. Die Sesamsamen darüberstreuen.

336 kcal – 8,6 g EW – 53,4 g KH – 8,8 g Fett

Reine Zone

Hände desinfiziert?

BODE

BODE CHEMIE HAMBURG

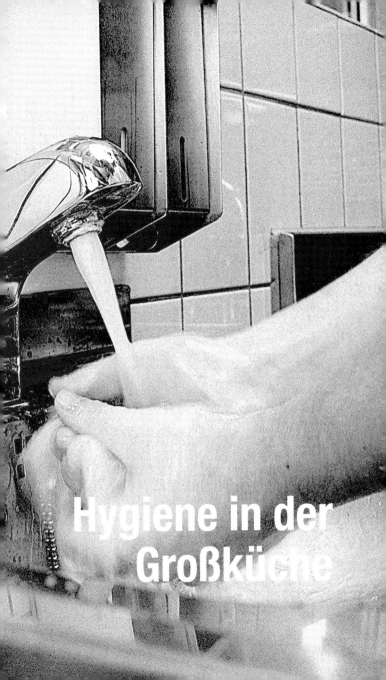

Hygiene in der
Großküche

Das HACCP-Konzept

Das Hazard-Analysis-and-Critical-Control-Points-Konzept (HACCP) – in etwa mit Gefährdungsanalyse und Überwachung kritischer Stufen zu übersetzen – ist seit dem 8. August 1998 für Gastronomie und Gemeinschaftsverpflegung obligatorisch. Immer mehr Menschen essen außer Haus: in Gaststätten, Restaurants, im Schnellimbiß, in Kantinen, Krankenhäusern, Alten- und Kinderheimen.

Während im Einzelhandel durch die Zunahme von verpackten Lebensmitteln, verbesserten Kühleinrichtungen und durch längere Haltbarkeit der Lebensmittel das Risiko, durch verunreinigte Lebensmittel zu erkranken, erheblich gesunken ist, gilt dies noch nicht für die gastronomischen Betriebe und die Einrichtungen der Gemeinschaftsverpflegung.

Mit HACCP soll der Prozeß gelenkt werden. In der bundesdeutschen Lebensmittelhygiene-Verordnung (LMHV) wird von einem Konzept, das der Gefahrenidentifizierung und -bewertung dient, gesprochen. § 4 Absatz 1 LMHV regelt „Betriebseigene Maßnahmen und Kontrollen".

Mit diesen im Buch enthaltenen Arbeitsblättern sollen vor allem Praktiker in der Großküche angesprochen werden. Alle Checklisten können als Vorlage für die notwendige Dokumentation verwendet werden. Sie sollten jeweils an die besonderen Anforderungen der Verwender angepaßt werden.

H	Hazard	= Gefahr(en)
A	Analysis	= Analyse
C	Critical	= kritischer
C	Control	= Kontroll(e)
P	Points	= Punkte

HACCP bedeutet sinngemäß: Gefahrenanalyse (und Überwachung) kritischer Kontrollpunkte.

Warum HACCP?

Wer Lebensmittel herstellt, behandelt oder in den Verkehr bringt, hat durch betriebseigene Kontrollen die hygienische Qualität zu gewährleisten. Zu diesem Zweck wurde das HACCP-Konzept entwickelt.

Wie ist Qualitätssicherung (Hygiene) nachweisbar?

Rechtsprechung:

Was	Dokumentiert ist, ist	geschehen!

Was **NICHT** Dokumentiert ist, ist **NICHT** geschehen!

Produkthaftung: Umkehr der Beweislast

Früher mußte bei Schädigung durch mangelhafte Produkte der Kunde den schwierigen Nachweis erbringen, daß der Fehler im Machtbereich des Herstellers lag. Nach dem sogenannten „Hühnerpesturteil" hat der Bundesgerichtshof 1991 eine Umkehr der Beweislast angeordnet. Daraufhin verabschiedete der Bundestag ein Produzentenhaftungsgesetz entsprechend den Richtlinien der Europäischen Gemeinschaft:

Der Hersteller haftet – unabhängig vom eigenen Verschulden – für den Schaden, den das Produkt verursacht. Als Hersteller gilt auch, wer das Endprodukt weitergibt.

Aus diesem Grund wird die Einführung eines Hygiene-Systems, wie es das HACCP vorgibt, notwendig. Ständige Überprüfungen und deren Dokumentation (Qualitätssicherung) dienen der Minderung des eigenen Risikos und somit der Absicherung gegenüber Haftungsansprüchen Dritter (Eigenkontrolle).

Hygiene- und Qualitätsmanagement

1. Schritt:

optische, physikalische und mikrobiologische

Betriebsanalyse

lebensmittelrechtliche Beurteilung und

Risikobewertung

- – Wareneingang
- – Transport
- – Produktion
- – Speisenausgabe
- – Gerätehygiene
- – Personalhygiene
- – Reinigung und
- – Desinfektion
- – Entsorgung

2. Schritt:

Korrekturen und Festlegung der **kritischen Kontrollpunkte**

3. Schritt:

Hygienesicherungssystem nach HACCP

- Fachliche Betreuung
- Aktualisierung
- Personalschulung
- Handbuch zur Hygienesicherung
- Checklisten

Checklisten für die Küchenpraxis: HCP-Gefahrenkontrollpunkte

Bereiche:

Warenbestellung
Warenannahme
Transport von Lebensmitteln
Lagerung von Lebensmitteln
Hygiene bei der Speisenherstellung
Hygiene bei der Speisenverteilung
Verpackung von Lebensmitteln
Arbeitsgeräte und Maschinen
Spülen und Lagerung von gespültem Geschirr
Hygieneanforderungen an die Betriebsräume
Personalhygiene in der Großküche
Reinigung und Desinfektion
Schädlingsbekämpfung
Überwachung und Dokumentation der Hygieneanforderungen
Wasserversorgung
Abfallentsorgung
Verarbeitung von Eiern und Eiprodukten
Verarbeitung von Fleisch und Fleischprodukten
Verarbeitung von Hackfleisch
Verarbeitung von Geflügel
Verarbeitung von Fisch und Schalentieren

Verarbeitung von Milch und Milchprodukten
Verarbeitung von Gemüse, Gemüsesalaten, Kartoffeln und Katoffelsalaten
Verarbeitung von Mayonnaise und damit zubereiteten Lebensmitteln

Hygiene / Checklisten

Warenbestellung

Kritische Kontrollpunkte	Anforderungen
Wahl des Lieferanten	Lieferant muß die gesetzlichen Vorschriften bezüglich Produktion, Verpackung und Transport von LM einhalten
	Nachweis der Warenherkunft, klare Kennzeichnung
	Für kritische LM muß der Lieferant Unbedenklichkeitsbescheinigungen liefern
Lieferant der Eier	Einhaltung gesetzlicher Bestimmungen, z. B. Schutz vor Sonneneinwirkung und übermäßiger Hitze
	Abgabe an den Verbraucher innerhalb von höchstens 28 Tagen nach dem Legen
Trockenlieferant	Kennzeichnung von Herstellungsdatum bzw. Mindesthaltbarkeitsdatum, Chargen-Nr., z. B. Konserven, Nudeln, Gewürze, Getränke
Frischlieferant	Herstellungsdatum bzw. MHD, Temperatur, pH-Wert wie vorgeschrieben
Kühlprodukte, Tiefkühlprodukte	Nachweis über die Einhaltung der Tiefkühlkette, Chargen-Nr.
Kartoffellieferant	Es dürfen nur Speisekartoffeln in den Verkehr gebracht werden, die sortenrein, gesund, ganz, fest und praktisch sauber sin
Bestellung	Bei zerkleinertem rohem Fleisch und Frischfisch ist Liefertag = Verbrauchstag
Lieferzeitpunkt	Lieferung muß so erfolgen, daß das Einräumen ins Lager möglich ist

Risiko	Vorbeugung
Lieferung mangelhafter Produkte	Vertragliche Verpflichtung auf Einhaltung (z. B. HACCP), Bestellung nur bei Lieferanten, die alles garantiert einhalten ATP-bescheinigte Fahrzeuge
Keine Rückverfolgbarkeit	
Kein Nachweis der Absicherung	
Vermehrung von Salmonellen	
Lieferung verdorbener Ware, keine Kontrolle der Lagerdauer möglich, keine Nachweis- und Rückverfolgbarkeit	
Lieferung verdorbener Waren	
Einschleppung von Keimen	Keine Warenannahme bei schmutzigen oder fauligen Kartoffeln
Hohe Keimbelastung	Beachtung bei Speisenplanung und Bestellung
Unterbrechung der Kühlkette, Witterungseinflüsse	Feste Liefertermine und Uhrzeiten

Warenannahme

Kritische Kontrollpunkte	Anforderungen
Lieferant	Sicherstellung, daß Betreten der Küche vermieden werden kann
Unverpackte LM	Kein direkter Körperkontakt, Lagerung nicht auf dem Boden
Transporttemperatur	Kontrolle bei Kühl- oder Tiefkühlprodukten
Mindesthaltbarkeitsdaten	Kontrolle des Mindesthaltbarkeitsdatums, Verbrauch innerhalb dieser Zeit möglich
Kennzeichnung von LM	Verpackte LM in Folie, Gläsern, Dosen usw. sowohl tiefgefrorene, getrocknete und hitzebehandelte müssen gekennzeichnet sein: – Art und Menge des Inhalts – Zutaten und Hersteller
Lieferung von Eiern	Abgabe an den Verbraucher innerhalb von höchstens 28 Tagen nach dem Legen
Verpackung	Verpackungsmaterial von Lieferungen darf nicht in die Küche Geeignet, unversehrt und ausreichend
Transportbehälter	Rostfrei, sauber, nur für LM benützt
Zwischenlagerplatz	Geeignet für die entsprechenden LM, geschützt vor nachteiligen Einflüssen
Versorgung gelieferter Lebensmittel	Kühl- und Tiefkühlware sofort in die entsprechenden Läger einräumen

Risiko	Vorbeugung
Keimeinschleppung	Warenannahme außerhalb der Küche
Kontamination der LM	Soweit möglich, alles verpackt liefern lassen, Wagen für Lieferung bereitstellen
Unterbrechung der Kühlkette, Annahme verdorbener Ware	Thermometer für Warenannahme
Annahme von Ware mit abgelaufenem Verfallsdatum oder nur noch kurze Zeit haltbar	Checkliste über die Mindestanforderungen des MHD der einzelnen LM
Keine Rückverfolgung des LM möglich	
Salmonellen	Ohne Legedatum keine Warenannahme
Kontamination der LM	Auspacken außerhalb der Küche
Kontamination der LM, Annahme verdorbener LM	Entsprechende Lieferantenwahl, keine Annahme bei Mängeln
	Transportwagen bereitstellen
Unterbrechung der Kühlkette	Liefertermin entsprechend wählen, vor Lieferung Platz schaffen

Transport von Lebensmitteln
Gilt sowohl für Lieferanten als auch für hauseigene Transporte

Kritische Kontrollpunkte	Anforderungen
Transportgefäße	Rostfrei, sauber, einwandfreier Zustand, frei von vermeidbaren Resten verwendeter Reinigungsmittel
Rücklieferung Transportgefäße von externen Essenlieferungen	Entsprechend zurückkommende Transportgefäße vor Wiederbefüllung spülen
Lagerung der Transportgefäße	Geschlossen, nicht auf dem Boden
Transportfahrzeug	Glatte Seitenwände, glatter, wasserundurchlässiger Boden, leicht zu reinigen, stets sauber, vor Verunreinigungen und Witterungseinflüssen geschützt, kein Transport von LM und Tieren/Menschen gleichzeitig auf Ladefläche
Transport von unverpackten LM in Fahrzeugen	Nur auf sauberen Holzrosten, wenn Ladefläche betreten werden kann, nur in Mulden, Wannen u. ä. Behältern
Transport von Fleisch- und Wurstwaren	Ohne Wand- und Bodenberührung, in geeigneten Behältern
Transport von Innereien und Tierfüßen	Nur in besonderen, geschlossenen oder abgedeckten und wasserdichten Behältern

Risiko	Vorbeugung
Kontamination der LM	Verschließbar, gekennzeichnet: „Nur für LM verwenden", möglichst in Topf- oder Spülmaschine spülen
Keine Kontrolle über externe ordnungsgemäße Reinigung	Transportgefäße, die außerhalb des Küchenbereichs waren, generell spülen
Wiederverschmutzung bis zur Weiterverwendung	Lagerung in Regalen, Einzelbehälter in Transportbehältern
Keine ausreichende Reinigung möglich, nachteilige Beeinflussung	Verwendung entsprechender Transportmittel
Kontamination der LM	
Kontamination des Fleisches	Verschließbar, gekennzeichnet: „Nur für LM verwenden"
Kontamination des Transportguts	

Lagerung von Lebensmitteln

Kritische Kontrollpunkte	Anforderungen	
Lagerräume	Vor Witterungseinflüssen und anderen nachteiligen Beeinflussungen geschützt	
Lagertemperaturen	Vorkühlraum:	8 °C plus
	Kühlraum:	4 °C plus
	Tiefkühlraum:	18 °C minus
	Schockgefrierer:	40 °C minus
	Fleischkühlraum:	4 °C plus
	Sonstige Lagerräume: nicht unter 0 °C	
	Frischfleisch und Fleischwaren	2–4 °C plus
	Milch und Molkereiprodukte	2–6 °C plus
	Frischgemüse und Obst	2–8 °C plus
	Fette	2–6 °C plus
	Trockenprodukte	bis 20 °C plus
	Konserven	bis 20 °C plus
Luftfeuchtigkeit	Obst, Gemüse, Kartoffeln	80–95 %
	Fleisch und Fleischwaren	85–95 %
	Rohwurst, Geräuchertes	75–85 %
	Milch, Milchprodukte, Eier	70–75 %
	Konserven, Marmelade	70–80 %
	Trockenwaren	bis 70 %
Luftbewegung	Entsprechende Lüftung und Luftumwälzung	
Lagerdauer	First-in/First-out-Prinzip	
Vermeidung von Kontamination bei der Lagerhaltung im Kühlhaus	Gelagerte LM und Speisen müssen abgedeckt oder verpackt sein, nach Lebensmittelgruppen sortiert	
	Rohe Eier nicht in Eierkartons im Kühlhaus lagern	

Risiko	Vorbeugung
Verderb der LM durch Lichteinfall, zu hohe Temperaturen, Frost, Feuchtigkeit, Ungeziefer usw.	Regelmäßige Kontrolle der Lagerräume, Thermometer Checkliste
Entstehung von pathogenen Mikroorganismen und Giftstoffen	
Zu niedrige Luftfeuchtigkeit: Gewichtsverlust, Eintrocknen. Zu hohe Luftfeuchtigkeit: Begünstigung des Wachstums von Mikroorganismen	Luftfeuchtigkeitsmessungen
Zu hohe Luftumwälzung: Austrocknung der LM Zu geringe Luftumwälzung: Schimmelbildung bei Gemüse und Obst	Wenn vorhanden: Luftumwälzungsanlage regelmäßig kontrollieren, wenn nicht, für entsprechende Lüftung durch Fenster und Türen sorgen
Ablauf von Mindesthaltbarkeitsdaten, Kontamination durch verdorbene LM	Sicherstellung durch regelmäßige Mitarbeiterschulung, Kontrollen, Einlagerung mit Etiketten nach vorne
Gegenseitige Beeinflussung und Kontamination	Regelmäßige Schulung und Kontrollen, evtl. Kennzeichnung der Lagerplätze
Kontamination durch Eierkartons	Eier in Schüsseln außerhalb der Küche umfüllen, Schüsseln unten im im Kühlhaus lagern

Kritische Kontrollpunkte	Anforderungen
	Auf dem Boden nur die Waren lagern, die mit dem Behälter nicht auf die Arbeitstische kommen
Getrennte Lagerhaltung	– Rohe und gekochte Speisen – Obst und Gemüse – Frischfleisch und Frischfisch – Räucher- und Wurstwaren – LM, deren Aromen auf andere LM übergehen können
Lagerung leichtverderblicher Speisen	Verwendung am Herstellungstag, bis zum Verbrauch kühl lagern
Einrichtungsgegenstände und Ausstattung der Lagerräume	Leicht zu reinigen, frei von Rost und anderen Korrosionsprodukten, sauber, riß- und spaltenfrei
Inhalt der Lagerräume	Lagerung nur von zum Verzehr geeigneter LM
Reinigung von Lagerbehältern	Sicherstellung der Reinigung vor Wiederbefüllung
Lagerware	Schutz vor nachteiliger Beeinflussung
Lagerung von Brot	Sommermonate: kühl und trocken lagern, sonst Raumtemperatur Lagerplatz: möglichst krümelfrei
Lagerzeiten	Weißbrot: 1 bis 2 Tage Weizenmischbrot: 3 Tage Roggenmischbrot: 5 Tage
Verschimmeltes Brot	Tägliche Kontrolle auf Schimmelbefall Reinigung des Brotschranks oder -behälters mit Essigwasser

Risiko	Vorbeugung
Übertragung von Verunreinigungen des Bodens	Checkliste: Lagerung im Kühlhaus
Gegenseitige Beeinflussung und Kontamination	
Ausgabe verdorbener Speisen	Checkliste der kritischen Speisen
Ungenügende Reinigungs-möglichkeiten	Regelmäßige Kontrollen, Reinigungsplan
Gefahr der Verwechslung, Gefahr der Beeinflussung	Keine Lagerung von Reinigungs-mitteln oder nicht zum Verzehr geeigneter Waren
Beeinflussung frischer LM	Regelmäßige Schulung, Mehlsilo mindestens einmal jährlich entleeren und reinigen
Ungezieferbefall	Lagerung nur in geeigneten, verschlossenen Behältern
Entwicklung von Schimmelpilzen bei Wärme und hoher Luft-feuchtigkeit Brotkrümel fördern Schimmelbildung	Verwendung von entsprechenden Behältern oder Originalver-packungen Regelmäßige Reinigung
	Regelmäßige Kontrollen, First-in/First-out-Prinzip
Schimmelpilze können sehr tief stark gesundheitsschädigende Stoffwechselprodukte entwickeln	Konsequente Entsorgung des ganzen Brotes einer Verpackung
Kontamination von frischem Brot	Regelmäßige Reinigung

Hygiene bei der Speisenherstellung

Kritische Kontrollpunkte	Anforderungen
Verarbeitung von LM	Einhaltung der für das jeweilige LM geltenden Vorschriften
Arbeitszuteilung	Nach hygienischen Gesichtspunkten: Wechsel der Arbeitskräfte zwischen Gemüseputzraum und Küche nur mit Arbeitskleidungswechsel
Umgang mit LM	Teig, Hackfleischteig, Salat u. ä. nicht mit bloßen Händen anmachen, kneten oder formen
	Gegarte Speisen nicht mit den Händen anfassen
Speisenzubereitung	Vorbereitungswege für Fleisch, Vegetabilen und sonstige LM sind voneinander in reine und unreine Arbeitsvorgänge zu trennen
Unreine Arbeitsvorgänge	Warenanlieferung, Gemüsevorbereitung, Auftauen von rohen tierischen LM, Lagerung von Vorprodukten, Geschirrspülen, Abfallagerung und -beseitigung
Reine Arbeitsvorgänge	Speisenzubereitung, Kochen u. a. Garungsvorgänge, Portionieren, Speisenausgabe, Lagerung fertiger und portionierter Speisen, Bereitstellung von sauberem Geschirr und Transportgeräten
Kühl zu lagernde Speisen	Schnelle Abkühlung und kühle Zwischenlagerung bis zur Ausgabe
Produktion von TK-Speisen	Speisen, die nach der Herstellung tiefgefroren werden, sind rasch abzukühlen und einzufrieren
Auftauen von TK-Ware	Abgedeckt im Kühlhaus, danach gleich verwenden
Rückstellproben	Tägliche Entnahme von Rückstellproben mit Datum

Risiko	Vorbeugung
Produktion von verdorbenen Speisen	Regelmäßige Schulungen, evtl. auf Rezeptur die entsprechenden CCPs
Kontamination der Speisen	Berücksichtigung bei der Arbeitseinteilung
Bildung von hitzestabilen Giftstoffen, die auch bei Nacherhitzung nicht zerstört werden	Regelmäßige Schulungen, Sicherstellung des Bedarfs an entsprechenden Arbeitsmaterialien
Rückstände unter den Fingernägeln	
Übertragung von Keimen, keine ausreichende Erhitzung mehr	Immer Kochbesteck verwenden
Kontamination und gegenseitige Beeinflussung	Kochbesprechung, Aufhängen eines Hygieneplans mit der entsprechenden Definition
Rasche Vermehrung von Mikroorganismen	Abkühlung in kleineren Gefäßen
Rasche Vermehrung von Mikroorganismen, Krankheitserreger und Fäulnisbakterien werden bei TK nur konserviert	Kochbesprechung
Hohe Keimbelastung des Aufgetauten	Berücksichtigung im Arbeitsablauf
Keine Nachweismöglichkeit	Checkliste: Rückstellproben

Kritische Kontrollpunkte	Anforderungen
Rückstellproben	Lagerung der Rückstellproben 7 Tage im Tiefkühlhaus, danach Entsorgung
Zum Verzehr ungeeignete LM	Unverzügliches Entfernen aus der Küche, wenn nicht möglich, Zwischenlagerung in verschlossenen Behältern
Vakuumverpackungen	Bei vorgeschriebenen Temperaturen kühle
Fleisch-, Misch- und Gemüse-konserven, große Rohschinken	Sicherstellung einer ausreichenden Erhitzung
TK-Kost	Zum Auftauen Verpackung öffnen
Herstellung zusammengesetzter Speisen (z. B. Gemüsesalate) Verwendung von Küchenresten	Gegarte Komponenten vor der Weiterverarbeitung zwischenkühlen Reste von Salaten, Mayonnaisen, Fleisch, Geflügel dürfen nur am gleichen Tag in weiterverarbeiteter Form abgegeben werden
Verwendung von Gewürzen	Unbedingt ausreichende Erhitzung
Aufwärmen von Reis	Reis, der aufbewahrt werden soll, schnell und gleichmäßig abkühlen, nicht länger als 30 Min. warm halten
Ausgabe kühl gelagerter Speisen für den Warmverzehr	Erhitzung vor Ausgabe auf mindestens 80 °C: flüssige Menüteile leicht köcheln, große Einzelstücke: Einstechthermometer

Risiko	Vorbeugung
Kontamination	Tägliche Kontrolle des Kühlhauses
Clostridien (Auslöser u. a. für Botulismus) entwickeln sich in nicht gekühlten Vakuumpakungen,	Erst kurz vor der Verwendung aus dem Kühlhaus holen
ungenügend erhitzte Konserven oder in nicht ausreichend heiß gehaltenen tieferen Schichten fertiger Speisen auch	Regelmäßige Schulung
mit wenig Sauerstoff	
Durch langsamere Abkühlung Vermehrung von Mikroorganismen Vermehrung von Mikroorganismen	Kochbesprechung
	Reste der kritischen Speisen gleich entsorgen
Teilweise extrem hohe Keimzahlen in Gewürzen	Vor Beendigung des Garprozesses würzen
Bildung von Giftstoffen durch E.-coli-Bakterien: führt zu Durchfall und Erbrechen	Schichthöhe höchstens 9 cm
Keine Abtötung von vorhandenen Keimen	Einstechthermometer in Küche, zur Sicherheit Flüssigeres richtig aufkochen

Hygiene bei der Speisenverteilung

Kritische Kontrollpunkte	Anforderungen
Lagerung der fertigen Menübestandteile vor der Ausgabe und in größeren Pausenzeiten	Zu kühlende Menübestandteile abgedeckt und kühl lagern
Warmhalten von Speisen	Kerntemperatur für Zwischenlagerung und Ausgabe: mind. 60 °C (immer abdecken, max. 4 Std.)
Schöpfen der Speisen	Schutz vor nachteiliger Beeinflussung durch Personal und Essenteilnehmer
	Vorgeschöpfte Menüs auf Tellern oder in Schüsseln sind abzudecken
Wechsel der Ausgabebehälter	Reste des Ausgabebehälters dürfen nicht in das neue, noch volle Gefäß gegossen werden
Kennzeichnung der Überproduktion	Reste, die aufbewahrt werden sollen, nur mit Herstellungsdatum versehen im Kühl- oder Gefrierraum lagern
Speisereste	Speisereste, die von Tellern oder dem Schüsselservice zurückkommen, dürfen nicht in die Küche und sollten entsorgt werden
Reinigung des Wärmewagens	Tägliche Reinigung, Wasserwechsel spätestens nach einer Woche
	Frei von Rost und anderen Korrosionsprodukten, riß- und spaltenfrei, leicht zu reinigen

Risiko	Vorbeugung
Keimentwicklung	Gekühlte Lagerkapazität bei der Speisenplanung berücksichtigen
Keimvermehrung	Thermometer, regelmäßige Kontrolle und Wartung der Wärmewagen
Kontamination der Speisen	Verwendung der vorgeschriebenen Schutzkleidung, Beachtung der Personalhygiene
Kontamination der Speisen	Ausreichend Abdeckungen zur Verfügung stellen
Wurde der 1. Ausgabebehälter nicht richtig heiß gehalten, Vermehrung von Keimen in nachfolgender Standzeit	Regelmäßige Mitarbeiterschulung
Keine Kontrollmöglichkeit	Entsprechendes Material griffbereit
Kontaminierte Speisereste durch Essenteilnehmer	Resteentsorgung im Bereich der unreinen Seite der Spülmaschine
Keimentwicklung im Wasser des Wärmewagens	Reinigungsplan
Ungenügende Reinigung	

Verpackung von Lebensmitteln

Kritische Kontrollpunkte	Anforderungen
Art der Verpackungsmaterialien	Materialien müssen den Anforderungen der Bedarfsgegenständeverordnung entsprechen
Plastiktüten	Plastiksäcke und -tüten, die nicht ausdrücklich für die Verwendung bei LM vorgesehen sind, dürfen nicht verwendet werden Nicht durch Hineinblasen von Atemluft öffnen
Verpacken von LM	Darf nicht mit Speichel befeuchtet werden Etikettierung darf nicht in LM eingesteckt werden
Einpackpapier	Einpackpapier muß sauber, unbenutzt und farbfest sein. Die Seite, die mit LM in Berührung kommt, muß unbedruckt und unbeschrieben sein
Verpackung von TK-Ware und TK-Produktion	Luftdicht und fest verschlossen Datum und Inhalt mit geeignetem Stift
Lagerung von Verpackungsmaterial	Schmutz- und staubgeschützt
Verpackung von TK-Ware und eigener TK-Produktion	Luftdicht und fest verschlossen
Mängel bei Verpackungen	Keine Weiterverwendung bei – bombierten (aufgetriebenen) Dosen oder Deckeln – fehlendem Vakuum – Gläsern mit losen Deckeln – undichten Dosen – untypischer Eintrübung des Aufgusses – Verflüssigung oder Erweichung des Feststoffanteils

Risiko	Vorbeugung
Migration der Inhaltsstoffe der Materialien auf die LM	Beschaffung entsprechender Materialien, Sicherstellung des Vorrats, Schulung
Weichmacher als Inhaltsstoff von PVC-Folien können in die LM migrieren; Bei TK: ungenügende Haltbarkeit des Plastiks Übertragung von Krankheitserregern	
Übertragung von Krankheitserregern	
Gefahr der Verunreinigung	Vor allem bei gelieferten LM beachten
Nachteilige Beeinflussung	
Gefrierbrand	Nur Verwendung von TK-geeigneten Behältern
Mindesthaltbarkeit kann nicht festgestellt werden	Bereitstellung von entsprechendem Material, griffbereit
Nachteilige Beeinflussung	Entsprechende Lagerplätze wählen, in der Küche verschlossene Fächer
Gefrierbrand	Nur Verwendung von TK-geeigneten Materialien, regelmäßige Schulung
Verwendung verdorbener LM	Checkliste für Warenannahme, regelmäßige Kontrolle des Lagerbestands, Beachtung vor Verwendung, Schulung

Kritische Kontrollpunkte	Anforderungen
Mängel bei Verpackungen	Sorgfältige und sachkundige Begutachtung bei folgenden Mängeln: – starker Rostbildung – Schimmelbildung am Verpackungsmaterial – Klumpenbildung und Farbveränderungen am oder im LM – übermäßige Schnee- oder Eisbildung bei Tiefkühlkost

Risiko	Vorbeugung

Arbeitsgeräte und Maschinen

Kritische Kontrollpunkte	Anforderungen
Reinigung	Leichte Demontage und Reinigung muß möglich sein
Aufschnittmaschinen, sonstige Maschinen und Arbeitsgeräte	Tägliche Reinigung spätestens nach der Hauptabsatzzeit unter Demontage der zu entfernenden Teile
	Verwendete Reinigungs-und Desinfektionslösungen rückstandsfrei entfernen
Überprüfung der Maschinen auf zur Reinigung unzugängliche Stellen	Wenn möglich, Beseitigung Wenn nicht möglich, Sicherstellung einer regelmäßigen Reinigung evtl. durch Kundendienst
Austritt von Schmierfetten bei Maschinen	Kein Kontakt mit LM
Oberflächenbeschaffenheit	Frei von Rost u. a. Korrosionsprodukten, riß- und spaltenfrei, kein Abblättern von Farbe
Metallsiebe und Schaumlöffel, Schneebesen	Keine abstehenden Metallteile
Aufbewahrung der Töpfe	Nicht ineinandergestapelt lagern
Verwendung von Arbeitsgeräten mit/aus Holzteilen	Darf in der Gemeinschaftsverpflegung nicht verwendet werden
Räder und Rollen an fahrbaren Tischen, Wagen u. a.	Sicherstellung der regelmäßigen Reinigung

Risiko	Vorbeugung
Unzureichende Reinigung	Gebrauchsanweisung griffbereit, regelmäßige Schulung
Unkontrolliertes Keimwachstum	
Nachteilige u. U. gesundheits-schädigende Beeinflussung der LM	
Ungezieferbefall Unkontrolliertes Keimwachstum	Wartungs- und Reinigungsplan, regelmäßige Kontrollen
Unter Umständen gesundheits-schädigende Beeinflussung	
Unzureichende Reinigung, Kontamination der Lebensmittel	
Abgebrochene Metallteile in den Speisen	Regelmäßige Kontrollen, defekte Teile sofort aus Küche entfernen
Keimübertragung	Genügend Lagerkapazität zur einzelnen, umgedrehten Aufbewahrung, evtl. hängend
Durch die poröse Oberfläche von Holz ist eine ausreichende Reinigung nicht möglich	Keine Beschaffung
Da oft außerhalb der Küche Keimverschleppung, Ansammlung von LM-Resten	Reinigungsplan

Spülen und Lagerung von gespültem Geschirr

Kritische Kontrollpunkte	Anforderungen
Vorbereitung des Spülguts	Weitestgehende Entfernung von LM-Rückständen
Trennung zwischen benutztem und sauberem Geschirr	Räumliche Trennung, Spülgutabnahme nur mit sauberen, desinfizierten Händen
Nachtrockentücher	Gespültes Geschirr darf nicht nachgetrocknet werden
Lagerung von gespültem Geschirr	Gleich nach dem Spülen in die dafür vorgesehenen Schränke oder Geschirrwagen, Geschirrwagen abdecken
Tägliche optische Überprüfung des gespülten Geschirrs	Sauber, trocken, reinigungsmittelfrei, ohne Risse u. a. Schädigungen
Verwendung des Geschirrs in der GV	Darf nur für LM verwendet werden
	Darf nicht zum Füttern und Tränken von Tieren verwendet werden
	Gespültes Geschirr, das den Boden berührt hat, erneut spülen
Spülwasser	Nur Verwendung von kontrolliertem Trinkwasser
Spülen von Hand	Nur Spülgut, das nicht in die Spülmaschine kann
	Sicherstellung von ausreichendem Nachspülen mit klarem Wasser
	Nur Kunststoffmaterial als Spülbürste zum Spülen verwenden
Spülmaschine	Einwandfreie Funktion, tägliche optische Kontrolle auf LM-Reste und Geruch des Spülguts
	Sicherstellung der vorgeschriebenen Dosierung des Spülmittels

Risiko	Vorbeugung
Rekontamination von gespültem Geschirr	Bereitstellung entsprechender Abfallbehälter
	Schulung
	Entsprechende Lagerplätze und Abdeckmaterial
Keimwachstum, Verletzungs- und Gesundheitsgefahr	Konsequentes Aussortieren beschädigter Teile, regelmäßige Wartung der Spülmaschine
Verwechslung bei Verwendung ähnlichfarbiger Substanzen	Schulung
Übertragung von Krankheitserregern,	
Rekontamination von gespültem Geschirr	
Bildung von Ablagerungen, unkalkulierbare Gesundheitsrisiken	Regelmäßige Kontrollen, Einstellung der Spülmaschine auf Wasserhärte
Unzureichende Desinfektion, Reinigungsmittelrückstände	Schulung
Reinigungsmittelrückstände	
Kontamination des Geschirrs durch schmutzige Lappen	Entsprechende Beschaffung, täglich desinfizieren, evtl. in Spülmaschine
Nicht erkennbare Störungen beim Spülablauf	Regelmäßige Kontrollen durch Kundendienst, Führung eines Wartungsbuchss
Unzureichende Reinigung	Regelmäßige Schulungen

Kritische Kontrollpunkte	Anforderungen
Spülmaschine	Einhaltung der vorgeschriebenen Temperatur und Dauer der Reinigungsintervalle
Spülwassertemperaturen	Frischwasser (Vorspülen): 20°–40°C
	Reiniger-Umwälztank: 60°–65°C
Spülmittel, Klarspüler, Salz	Einsatz nur von Produkten, die den Vorgaben des Herstellers der Spülmaschine entsprechen
	Sicherstellung des Vorrats an Spülmittel, Klarspüler und Salz
Reinigung und Desinfektionsplan für die Spülmaschine	Nach jeder Betriebszeit: Entleerung des Tanks, Reinigung des Tanks und des Siebs
Abklatschuntersuchung des Spülguts	Halbjährliche mikrobiologische Überprüfung des Spülguts

Risiko	Vorbeugung
Durch Speisereste Überleben von Mikroorganismen	
Unzureichende Desinfektion	
Unzureichende Reinigung und Desinfektion	Nur Einkauf entsprechender Produkte
Vermeidung von Verwendung falscher oder gar keiner Mittel	Regelmäßige Kontrollen des Bestands
Keimwachstum in Reinigungsflotte und Innenbereich, Rekontamination der Spülguts	Schulung
Unkalkulierbares Hygienerisiko durch Spülfehler	Beschaffung entsprechender Tests, Reinigungsplan

Hygieneanforderungen an die Betriebsräume

Kritische Kontrollpunkte	Anforderungen
Küchenraum	Genügend groß, hoch, trocken, leicht zu reinigen, ausreichend belichtet, sauber, frei von fremden Gerüchen
Raumtemperatur in Küche	18 bis 20 °C, möglichst niedrig halten
Be- und Entlüftung	Ausstattung und Möglichkeiten von Be- und Entlüftung den Anforderungen entsprechend
Fenster	Fenster, die geöffnet werden können, mit intakten Fliegengittern versehen
Wände	Riß- und spaltenfrei, leicht zu reinigen, Verfugung intakt, Wände bis mindestens 2 m Höhe gefliest
Gestrichene Wände und Decken	Ohne Risse und Farbabblätterungen, mindestens alle 5 Jahre streichen
Fußboden	Wasserundurchlässig, leicht und geruchssicher zu entwässern, riß- und spaltenfrei, Verfugung intakt
Fettfangfilter	Sicherstellung der Funktion
Entwässerungsöffnungen	Sichern gegen das Eindringen von Ungeziefer Rost-, riß- und spaltenfrei, Verfugung intakt
Küchenfremde Personen	Sicherstellung, daß keine unbefugten Personen die Betriebsräume betreten
Händewaschplatz	Ausstattung mit Flüssigseife, Desinfektionsmitteln, Einmalpapiertüchern, Abfallständern, Einhandmischhebel, Nagelbürsten

Risiko	Vorbeugung
Erschwerter Reinigungsaufwand, ausreichende Reinigung nicht möglich	Konsequent die unter den baulichen Bedingungen optimalste Lösung schaffen
Vermehrung von Schimmelpilzen u. a.	Thermometer in jedem Bereich, Messungen der Luftfeuchtigkeit, regelmäßige Wartung und Reinigung der Lüftungsanlage
Bildung von Schimmelpilzen Beeinträchtigung der Funktion Keimverbreitung	
Übertragung von Krankheitserregern durch Insekten	Regelmäßige Kontrollen
Unzureichende Reinigung durch nicht zu entfernende Rückstände in Rissen u. a.	Regelmäßige Kontrollen, Reinigungsplan
Ablösungen von Farbschichten	
Ungezieferbefall	
Beeinträchtigung der Funktion, Brandgefahr	Reinigungsplan, regelmäßige Wartung
Ungezieferbefall	Abdeckung mit entsprechenden Gittern
Ungezieferbefall, unkontrolliertes Keimwachstum	Tägliche gründliche Reinigung und evtl. Desinfektion
Keimverschleppung	Entsprechende Schilder an den Eingangstüren
Ungenügende Reinigungsmöglichkeit der Hände	Regelmäßige Kontrollen, Sicherstellung des Vorrats

Kritische Kontrollpunkte	Anforderungen
Benützte Küchenwäsche	Keine Lagerung im Küchenbereich
Küchenausstattung	Arbeitstische, Ablagen und Schränke: rost-, riß- und spaltenfrei, leicht zu reinigen
Verwendete Materialien	Leicht zu reinigen, Abgabe von Inhaltsstoffen darf nicht möglich sein (kein Zink oder Verzinktes)
Nischen und für die Reinigung unzugängliche Stellen	Nach Möglichkeit dicht verschließen oder sicherstellen, daß notfalls eine regelmäßige Reinigung erfolgen kann
Blumen	Schnitt- und Topfpflanzen dürfen nicht in der Küche aufgestellt werden
Reinigungs- und Desinfektionsmittel	Nach Möglichkeit Lagerung außerhalb der Küche
Küchentoilette	Sollte nur von Mitarbeitern der Küche benützt werden
	Sicherstellung einer täglichen Reinigung durch nicht in der Küche tätiges Personal
	Ausstattung mit Flüssigseife, Desinfektionsmitteln, Einmalpapiertüchern, Abfallständern
Garderoben	Garderobenschränke mit Trennung in Privat- und Schutzkleidung
	Dusch- und Waschgelegenheit
	Keine ausreichende Personalhygiene
Schutzkleidung, Vorbinder, Schutzhandschuhe	Geeignet für Großküche
	Sicherstellung des Wäscherücklaufs

Risiko	Vorbeugung
Kontamination von LM und Arbeits-geräten	Spätestens nach Ablauf der Ge-schäftszeit aus der Küche entfer-nen, nicht zum Trocknen aufhängen
Ungenügende Reinigungsmöglichkeit	Regelmäßige Kontrollen, Reinigungsplan
Abgabe von Inhaltsstoffen	Entsprechende Beschaffung
Ungezieferbefall, unkontrolliertes Keimwachstum	Reinigungsplan evtl. mit Hausmeister oder Firmen
Verunreinigung von LM durch Reinigungsmittel	Schulung im Umgang mit Reini-gungs- und Desinfektionsmitteln
Kontamination durch „Küchenfremde" Keimverschleppung	Toiletten entsprechend kennzeichnen, evtl. abschließen Häufige Kontrollen
Ausreichende Händereinigung nach Toilettenbenutzung nicht möglich	Regelmäßige Kontrollen, Sicherstellung des Vorrats
Kontamination der Küchenkleidung durch Privatkleidung	Ausreichende Beschaffung, regelmäßige Kontrollen der Räume
Keine ausreichende Desinfekti-onsmöglichkeit, Brenngefahr	Entsprechende Beschaffung und Sicherstellung der Desinfektion
Keine ausreichende Versorgung mit frischer Kleidung	Ausreichende Anzahl, Schulung

Personalhygiene in der Großküche

Kritische Kontrollpunkte	Anforderungen
Persönliche Hygiene des Küchenpersonals	Beachtung der Hygienevorschriften
Gesundheitszeugnis	Gültiges Gesundheitszeugnis muß im Haus vorliegen
Meldepflichtige Krankheiten	Personen, die an ansteckenden, nach dem Bundesseuchengesetz meldepflichtigen Krankheiten leiden, dürfen nicht in der GV beschäftigt werden
Eitrige Wunden an Händen, Unterarmen und unbedeckten Körperteilen	Ausreichender, wasserdichter Verband, keine unbedeckten Bindenverbände
Entzündungen der Atemwege	Mundschutz
Bekleidung	Nur geeignete Küchenkleidung, keine Privatkleidung darunter
	Täglicher Wechsel der persönlichen Schutzkleidung
Schuhe	Wasser- und rutschfest, dürfen nur in der Küche getragen werden
Kopfbedeckung	Bedeckung der Haare so, daß Verunreinigungen durch Haare vermieden werden
Finger und Hände	Unlackierte, saubere, kurze Fingernägel, ohne Hand- und Armschmuck
Desinfektion der Hände	Vor Arbeitsbeginn, beim Wiederbetreten der Küche und nach der Toilettenbenutzung sind die Hände desinfizierend zu reinigen
Essen und Rauchen in der Küche	In der Küche darf nicht gegessen und nicht geraucht werden

Risiko	Vorbeugung
Keimverschleppung, Kontamination der LM	Regelmäßige, nachweisbare Schulungen
	Bei Bedarf neues Gesundheitszeugnis anfordern
	Regelmäßige, nachweisbare Schulungen, nach entsprechenden Krankheiten neues Zeugnis
Eitererreger oder Entzündungen können bei der Vermehrung in zubereiteten LM hitzestabile Giftstoffe bilden, die auch durch Nacherhitzung nicht zerstört werden	Regelmäßige, nachweisbare Schulungen, Kontrollen
Unzureichende Desinfektion der Schutzkleidung	Regelmäßige, nachweisbare Schulungen, Sichtkontrolle
Vermehrung von Keimen auf der Schutzkleidung	
Keimverschleppung	
Verunreinigungen der Speisen durch Haare	
Erhaltung und Vermehrung von krankheitserregenden Keimen	
Keimverschleppung	Desinfektionsmittel mindestens 30 Sekunden in den Händen verreiben
Kontamination durch Speichel	Schulung

Reinigung und Desinfektion

Kritische Kontrollpunkte	Anforderungen
Eingesetzte Reinigungs- und Desinfektionsmittel	Für den Einsatz in der GV zugelassen
Datenblätter für Reinigungs- und Desinfektionsmittel	Für Küchenmitarbeiter zugänglich aufbewahren
Umgang mit Reinigungs- und Desinfektionsmitteln	Sicherstellung des richtigen Einsatzes
	Müssen so eingesetzt werden, daß keine Beeinflussung von LM möglich ist
	Hinweise des Herstellers bezüglich Konzentration, Einwirkzeit und Anwendungsdauer beachten
	Keine Mischung von verschiedenen Reinigungs- und Desinfektionsmitteln
	Trocknen gereinigter Flächen unmittelbar nach der Reinigung
Desinfektion durch heißes Wasser	Gegenstände in etwa 65 bis 70 °C heißes Wasser mindestens 2 Minuten einlegen
Reinigungs- und Desinfektionspläne	Sicherstellung der Einhaltung und Dokumentation
Reinigungsgeräte	Dürfen nur in der Küche verwendet werden, sind sauberzuhalten und regelmäßig zu desinfizieren
Lappen und Wischtücher	Arbeitstäglicher Wechsel und Sicherstellung einer desinfizierenden Wäsche Arbeitstägliche Entfernung aus der Küche (ohne Aufhängen zum Trocknen)

Risiko	Vorbeugung
Inhaltsstoffe, die LM nachteilig beeinflussen	Entsprechende Reinigungs- und Desinfektionmittel beschaffen
Unzureichende Sicherheits-vorkehrungen	Schulungen, besonders bei neu eingesetzten MA
Rückstände von Inhaltsstoffen, Beeinträchtigung der Wirkung	Regelmäßige, nachweisbare Schulungen, besonders bei neuen Produkten oder Produktwechsel
Verunreinigung von LM Vergiftungsgefahr	
Keine ausreichende Reinigung oder Desinfektion	
Aufhebung der Wirksamkeit, unter Umständen Entwicklung giftiger Gase	
Entwicklung von Mikroorganismen im Flüssigkeitsfilm oder an Sammelstellen des Wassers	
Wesentlich höhere Temperaturen bilden eine Verkrustung von Eiweißresten und damit Einkapselung der Keime	
Keimentwicklung durch ungenügende Reinigung oder Desinfektion	Bestimmung des Verantwortlichen, Bereitstellung entsprechender Formulare
Keimverschleppung	Regelmäßige, nachweisbare Schulungen, Sicherstellung des Vorrats, Verwendung geeigneter Materialien, Sichtkontrolle

Schädlingsbekämpfung

Kritische Kontrollpunkte	Anforderungen
Warenannahme	Prüfung auf Befall mit Schadinsekten oder Nagetieren
Fenster in Küche und Lagerräumen	Fenster, die geöffnet werden können, durch Fliegengitter sichern
Türen, die vom Freien direkt in die Küche oder Lagerräume führen	Schutz durch Rahmen mit Fliegengittern
Lagerung des Abfalls	LM-Abfallprodukte sind arbeitstäglich bei Bedarf mehrmals aus der Küche zu entfernen
Abfallbehälter	Arbeitstägliche gründliche Reinigung und Desinfektion
Vorbeugende Schädlingsbekämpfung	Viertel- oder halbjährliche vorbeugende chemische Maßnahmen in allen gefährdeten Räumen durch geeignete Verfahren

Risiko	Vorbeugung
Einschleppung von Schädlingen	Checkliste gefährdeter LM
Krankheitsübertragungen durch Insekten	Regelmäßige Kontrolle
Begünstigung des Schädlingsbefalls	Schulung
Unkontrollierte Vermehrung von Schädlingen	Entsprechender Vertrag mit Fachfirma, Dokumentation

Überwachung und Dokumentation der Hygieneanforderungen

Kritische Kontrollpunkte	Anforderungen
Hygieneplan	Für alle Betriebsräume der Küche sind Reinigungs- und Desinfektionspläne mit den zu verwendenden Mitteln und dem verantwortlichen Mitarbeiter ausgehängt
	Für jeden verantwortlichen Mitarbeiter ist mindestens eine namentliche Stellvertretung gewährleistet
Checklisten	Sicherstellung der Überwachung und Kontrolle kritischer Punkte
Dokumentation des Umgangs mit Gefahrenkontrollpunkten	Nachweis mit Datum und Unterschrift des Verantwortlichen
Regelmäßige Hygieneschulung des Personals	Erarbeitung von küchenspezifischen Schwachpunkten, Besprechung von Mängeln, Vorbeugung
	Bei Bedarf Übersetzung in die jeweilige Sprache
Änderungen	Ständige Anpassung des HACCP-Plans bei Veränderungen

Risiko	Vorbeugung
Vermeidung von Hygienerisiken	Regelmäßige, nachweisbare Schulungen, Kontrollen
Bei Ausfallzeiten kein Verantwortlicher	
Fehlende Kontrolle	Verantwortliche MA werden entsprechend geschult, Aufbewahrung der Dokumentationen 2 Jahre
Kein Nachweis und keine Rückverfolgbarkeit, keine Dokumentation der Eigenkontrolle	
Fehlverhalten durch Unkenntnis oder falsches Verstehen	Regelmäßige, feste Termine, extra Schulung neuer MA, Dokumentation, Vorrat an Übersetzungen in verschiedenen Sprachen
Keine Reaktion auf Veränderungen	Regelmäßige kritische Hinterfragung und Dokumentation

Wasserversorgung

Kritische Kontrollpunkte	Anforderungen
Trinkwasser	Das im Küchenbereich verwendete Wasser muß den Mindestanforderungen der Trinkwasserverordnung genügen
Frischwasserleitungen	Frischwasser muß klar, ungefärbt und geruchfrei sein
Druck des Wassers	Gewährleistung eines ausreichend hohen Drucks
Reparaturen am Leitungswasser-system und an den Armaturen	Nur durch Fachpersonal
Eiswürfel	Produktion nur aus Trinkwasser, auch wenn Verwendung nur zum Kühlen von Behältern
Dampfanschluß	Herstellung aus Trinkwasser

Risiko	Vorbeugung
Gesundheitsgefährdende Zumischungen (Rost usw.)	Jährliche Kontrollen, zusätzliche Kontrollen bei verfärbtem oder stark riechendem Wasser
Funktionsbeeinträchtigung beim Betreiben der Spülmaschine	Regelmäßige Kontrollen
Beeinflussung der Wasserqualität durch ungeeignetes Dichtungsmaterial, Einsaugen von Schmutzwasser	Beauftragung von Fachpersonal
Kontamination durch unkontrolliertes Wasser	Wasser aus normaler Wasserleitung verwenden
Gesundheitsgefährdung durch unkontrolliertes Wasser	Anschluß durch Fachpersonal

Hygiene / Checklisten

Abfallentsorgung

Kritische Kontrollpunkte	Anforderungen
Verdorbene LM	Unverzügliches Entfernen aus dem Bereich der LM-Behandlung
Abfallbehälter	Groß genug, korrosionsfrei, wasserdicht, leicht zu reinigen und zu desinfizieren
	Entsprechende Beschaffung Öffnungsmechanismus ohne Handbetätigung, automatisch schließender Deckel
Vorübergehende Abfallsammlung in der Küche	Nur auf der unreinen Seite in verschließbaren Behältern, nicht im Bereich der LM-Behandlung
Abfallagerung	In separaten Räumen mit Temperaturen von höchstens 10 °C
	Vermeidung von Insekten- und Nagetierbefall
Abfuhr der Abfälle	Gewährleistung einer regelmäßigen Abfuhr
Abfalltrennung	Wertstoffe, die nur alle 4 Wochen abgeholt werden (Glas, Dosen, Tetrapack usw.), zuvor spülen

Risiko	Vorbeugung
Kontamination	Sichtkontrollen und Schulungen
Ungenügende Reinigung	
Keimverschleppung durch Berührung	
Kontamination durch Abfälle	Schulungen, Sichtkontrolle
Vermehrte Keimentwicklung	Thermometer, regelmäßige Kontrollen
Übertragung von Krankheiten	Regelmäßige Kontrollen, regelmäßige vorbeugende Ungezieferbekämpfung
Geruchsentwicklung, Ungeziefer- und Nagetierbefall	
Geruchsentwicklung, Ungeziefer- und Nagetierbefall	Schulung, Checkliste: Was wird gespült?

Verarbeitung von Eiern und Eiprodukten

Kritische Kontrollpunkte	Anforderungen
Kennzeichnung der Eier	Entweder „nach Ablauf des Mindesthaltbarkeitsdatums ... durcherhitzen" oder „vom ... Tag an zu kühlen"
Lagerung der Eier	Vom 18. Tag ab dem Legen eine möglichst konstante Temperatur von +5 bis +8°C
	Nicht im Eierkarton in Kühlhaus oder Küche
Verarbeitung von rohen Eiern	Nach der Verarbeitung von rohen Eiern müssen Hände, Arbeitsflächen und -geräte desinfizierend gereinigt werden
	In Alten- und Pflegeheimen dürfen keine fertigen Speisen, die rohe Eier oder Eibestandteile enthalten, abgegeben werden
	In Einrichtungen zur GV für alte oder kranke Menschen müssen Lebensmittel, die unter Verwendung von rohen Bestandteilen von Hühnereiern hergestellt werden, einem ausreichenden Erhitzungsverfahren unterzogen werden

Risiko	Vorbeugung
Mögliche Lagerdauer unbekannt	Checkliste: Wareneingang, Schulungen
Vermehrung von Salmonellen	Eier nach Lieferung sofort gekühlt lagern und erst kurz vor Verwendung herausnehmen
Kontamination durch Eierkartons und Eierschalen	Vor dem Einlagern in Schüsseln füllen, Hände desinfizieren
Kontamination durch infizierte Eier	Regelmäßige Schulungen
Starke Vermehrung von Salmonellen bei Raumtemperatur, erhöhte Infektionsgefahr bei alten und kranken Menschen	Nur entsprechende Rezepturen verwenden
	Sicherstellung laut Gesundheitsamt: Frühstücksei klein: 6 Min., groß: 7 Min., Spiegelei: 6 Min., Rührei: 6 bis 8 Min. mind. bis 80 °C erhitzen

Verarbeitung von Fleisch und Fleischprodukten

Kritische Kontrollpunkte	Anforderungen
Kühlkette	Temperatur bei Anlieferung, Lagerung, Zwischenlagerung und Ausgabe: 7 °C
Warmhalten	Bei Anlieferung, Zubereitung und Regenerieren (jeweils mind. 10 Min.), Zwischenlagerung und Ausgabe (jeweils max. 4 Std.): Kerntemperatur mind. 65 °C
Rücklauf, Überproduktion	Kühlen: 7 °C Aufbewahrung: höchstens 3 Tage
Umgang mit Fleisch und Wurst	Strikte Trennung von anderen LM bei Lagerung und Zubereitung
Verarbeitung von Frischfleisch	Rasche Verarbeitung vor dem Garprozeß Desinfektion aller Arbeitsgeräte und -flächen
Verarbeitung von Bratenstücken	Nach dem Anbraten fertig garen Braten möglichst am Tag der Garung ausgeben
Schneiden von Wurst	Schnittflächen nicht mit bloßen Händen berühren

Risiko	Vorbeugung
Verderb	Thermometer, Checkliste: Temperaturen
	Regelmäßige Kontrollen, Schulungen
Lagerung verdorbener Speisen im Kühlhaus	Evtl. Datumskennzeichnung, tägliche Kontrolle
Kontamination	Extra Kühlhaus und zeitliche oder räumliche Trennung bei der Zubereitung
Bei normaler Raumtemperatur: Verdoppelung der Bakterien in 20 Min.	Konsequente Lagerung bis direkt vor die Verarbeitung im Kühlhaus
Kontamination anderer LM	Schulung
Keine Erreichung der Kerntemperatur, wegen langsamen Abkühlens Keimvermehrung	Arbeitsablaufplanung entsprechend
Starke Vermehrung von Keimen durch langsames Abkühlen	Bei Verwendung am nächsten Tag: ausreichende Erhitzung
Übertragung von Keimen	Plastikhandschuhe zur Verfügung stellen, Schulung

Verarbeitung von Hackfleisch

Kritische Kontrollpunkte	Anforderungen
Kühlkette	Anlieferung, Lagerung: 4 °C Zubereitung (mind. 10 Min.), regenerieren, Ausgabe (max. 4 Std.): Kerntemperatur 65 °C
Herstellung von Hackfleisch	Aus Geflügel- oder Wildfleisch darf kein Hackfleisch zubereitet werden
Umgang mit Hackfleisch	Rohes Hackfleisch, Geschnetzeltes und Schabefleisch müssen am Tag der Herstellung gegart werden
	Bratwurst, Schaschlik u. ä. müssen spätestens am Tage nach der Herstellung verwendet werden
Abgabe der Hackfleischerzeugnisse	Ausgabe nur als verzehrfertige, gegarte Speisen
Wildfleisch	Besondere Sorgfalt bei dem Umgang mit rohem Wildfleisch
Rücklauf, Überproduktion	Kühlen: 7 °C Aufbewahrung: höchstens 3 Tage

Gültig für zerkleinertes Fleisch und Erzeugnisse daraus, Bratwürste, Brät, zerkleinerte Innereien, Fleischzuschnitte (Steaks, Schnitzel) nach Behandlung mit Mürbeschneider usw., Schaschlik oder gestückeltes Fleisch oder Innereien.

- In ganz oder teilweise rohem Zustand
- Erzeugnisse, die ganz oder teilweise rohe Fleischerzeugnisse enthalten
- Vor- oder Zwischenprodukte, die gewürfeltes oder zerkleinertes Fleisch auch in zubereiteter Form enthalten

Bei Einrichtungen der GV endet die Frist mit dem Ablauf der Geschäftszeit.

Risiko	Vorbeugung
Übermäßige Keimentwicklung	Thermometer, Schulungen
Hohe Keimbelastung	Berücksichtigung in der Speisenplanung
Übermäßige Keimentwicklung	Berücksichtigung bei der Speisenplanung und Bestellung, Schulung der verantwortlichen MA
Hohe Keimbelastung bei rohem Hackfleisch	
Im Rohzustand erhebliches Infektionsrisiko	Kochbesprechung, Schulung verantwortlicher MA
	Datumskennzeichnung, regelmäßige Kontrollen

Verarbeitung von Geflügel

Kritische Kontrollpunkte	Anforderungen
Kühlkette	Anlieferung, Lagerung bei 4 °C Zwischenlagerung nach Garen und bei kalter Ausgabe: 7 °C
Kerntemperatur	Beim Garen (mind. 10 Min.), bei Zwischenlagerung und Ausgabe (max 4 Std.): 65 °C
Auftauen von TK-Geflügel	Auftauen so, daß Auftauflüssigkeit ablaufen kann bei höchstens 4 °C
Verarbeitung von Geflügel	Zeitliche oder räumliche Trennung von anderen LM
	Alle verwendeten Arbeitsgeräte, Maschinen und Arbeitstische soweit möglich auseinander nehmen und einschl. Händen desinfizieren
Verarbeitung von TK-Geflügel	Sicherstellen, daß alle Teile vor der Verarbeitung aufgetaut sind
Grillen von Geflügel	Warm halten von fertigen Teilen nicht im unteren Bereich des Grills

Risiko	Vorbeugung
Vermehrung von Salmonellen	Thermometer, Schulungen Checkliste: Umgang mit Geflügel
Auftauwasser: hohe Keimbelastung	Beschaffung entsprechender Gefäße, Schulung
Kontamination anderer LM durch Salmonellen	In der Ablaufplanung berücksichtigen, Schulung
Bei dickeren Teilen reicht die Temperatur-Zeit-Relation nicht zur vollständigen Garung, damit Keimver- mehrung bei langsamem Abkühlen	Rechtzeitig auftauen
Kontamination durch rohen Fleischsaft auf fertigen Teilen	Anderer Warmhalteort

Verarbeitung von Fisch und Schalentieren

Kritische Kontrollpunkte	Anforderungen
Kühlkette	Anlieferung und Lagerung: 2 °C oder in Eis gehüllt. Auftauen: 4 °C. Zwischenlagerung nach Garen und Ausgabe: 7 °C, max. 2 Tage
	Erst direkt vor der Verarbeitung aus dem Kühlhaus nehmen und rasch verarbeiten
Kerntemperatur	Garen und regenerieren (mind. 10 Min.) Warm halten (max. 4 Std.): 65 °C
Umgang mit Frischfisch	Räumliche oder zeitliche Trennung zu anderen LM
Fischkonserven	Nur einwandfreie Konservendosen verwenden, siehe Mängel bei Verpackungen

Risiko	Vorbeugung
Rascher Verderb von Fisch	Thermometer, intensive Schulung Checkliste: Umgang mit Fisch
Kontamination anderer LM	Desinfektion aller Arbeitsgeräte, Flächen und Hände
Entwicklung von Giftstoffen in Fischkonserven	Genaue Kontrolle bei Wareneingang und vor Ausgabe

Verarbeitung von Milch und Milchprodukten

Kritische Kontrollpunkte	Anforderungen
Kühlkette	Anlieferung und Lagerung: 10 °C Zwischenlagerung und Ausgabe: 7 °C
Kerntemperatur	Generell beim Erhitzen und Regenerieren: 65 °C, 10 Min., max. 4 Std.
Offene Milch und Milchprodukte	Immer abgedeckt in dafür vorgesehenen Gefäßen, räumliche Trennung von anderen LM
	Gefäße vor Wiederbefüllung gründlich reinigen
	Schutz der Milch vor Wärme, Sauerstoff und Licht
Verpackte Milchprodukte	Beachtung des MHD, keine Verwendung von Produkten mit aufgeblähtem Deckel
Süßspeisen aus Milchprodukten, kalte Zubereitung	Möglichst geringe Unterbrechung der Kühlkette
Massen für Kuchenfüllungen	Erhitzung über 80 °C und rasches Abkühlen nicht über 5 °C
Speiseeis	Keine Unterbrechung der Kühlkette bis zur Ausgabe
Angetautes Speiseeis	Darf nicht mehr ausgegeben werden

Risiko	Vorbeugung
LM-Vergifter und Krankheitserreger vermehren sich rasch im Temperaturbereich von 15 bis 45 °C	Rasches Einräumen der Lieferungen, Vermeidung von Standzeiten bei Raumtemperatur
	Milch aufkochen lassen
Kontamination	Milchkühlhaus, Gefäße kennzeichnen
Übertragung von Keimen	Evtl. Ersatzbehälter zur Verfügung stellen
Geschmacksverlust durch Lichteinfluß (Lichtgeschmack) und Fremdgerüche	Abgedeckte Behälter
Verwendung verdorbener Produkte	Beachtung bei Warenannahme Lagerung: First-in/First-out-Prinzip, optische Kontrolle
LM-Vergifter und Krankheitserreger vermehren sich rasch im Temperaturbereich von 15 bis 45 °C	Rasche Verarbeitung und abgedeckt kalt stellen bis zur Ausgabe
	Zum schnellen Abkühlen portionieren
Antauen und dadurch Entwicklung von Keimen	Entsprechende Planung im Ablauf der Speisenausgabe
LM-Vergifter und Krankheitserreger vermehren sich rasch im Temperaturbereich von 15 bis 45 °C	Besondere Eingangskontrolle, optische Prüfung auf Eiskristallbildung vor der Ausgabe

Verarbeitung von Gemüse, Gemüse-salaten, Kartoffeln und Kartoffelsalaten

Kritische Kontrollpunkte	Anforderungen
Kartoffelsalat	Keine langen Standzeiten bei normaler Raumtemperatur
	Reste/Überproduktion kühl lagern
Schälen von Kartoffeln	Grüne Stellen roher Kartoffeln beim Schälen entfernen
Gemüsesalate	Reste/Überproduktion kühl lagern
	Salate nicht mit bloßen Händen anmachen
	Bis zur Ausgabe abgedeckt lagern
Umgang mit Frischgemüse	Strikte Trennung bei Lagerung und Vorbereitung von Hauptküche

Risiko	Vorbeugung
Bei über 15 °C nach einigen Stunden starke Vermehrung von Bakterien oder Toxinen	Kühl lagern
Starke Vermehrung von Krankheitserregern	Entsorgung spätestens bei Ende der Geschäftszeit
Enthalten Giftstoffe	Schulung
Hohe Keimbelastung	Entsorgung spätestens bei Ende der Geschäftszeit
Übertragung von Keimen	Plastikhandschuhe oder Salatbesteck verwenden
Insektenbefall	In entsprechenden Behältern mit Deckeln
Verunreinigung durch hitze- und desinfektionsbeständige Formen der Fäulnis und Zersetzung erzeugenden Erdbakterien (Übertragung durch Erde, Waschwasser und Gemüseabfälle)	Nur geputztes Gemüse in die Hauptküche bringen

Verarbeitung von Mayonnaise und damit zubereiteten Lebensmitteln

Kritische Kontrollpunkte	Anforderungen
Kühlkette	
Eigene Herstellung	Da mit Roh-Ei, Verwendung sehr kritisch
Mayonnaisesalate	Bis zur Ausgabe kühl lagern, dürfen nur am Tag ihrer Herstellung ausgegeben werden
Reste/Überproduktion	Umgehende Entsorgung

Risiko	Vorbeugung
	Schulung
Salmonellen	Einkauf fertiger Mayonnaise
Rascher Verderb	Schulung
Verderb der Speisen	

Lagerhaltung

Lagerart	Lagerbedingungen	
	Temperatur (°C)	relative Luftfeuch-feuchtigkeit (%)
Fleisch und Fleischwaren	2 bis 4	85 bis 95
Frischobst und -gemüse	2 bis 8	80 bis 95
Milch und Molkereiprodukte	2 bis 6	70 bis 75
Fette	2 bis 8	70 bis 75
Bier	6 bis 8	unempfindlich
Wein	10 bis 12	
Kartoffeln	4 bis 6	90 bis 95
Trockenwaren	bis 20	bis 70
Konserven/		
Flaschengetränke	bis 20	70 bis 80
Gewürze	bis 20	bis 70
Tageslager	LM-abhängig	
Verschlußlager	LM-abhängig	
Vorkühlraum	4 bis 6	80 bis 90
Gefrierlager	−18 / −24	90

Lüftung (Häufigkeit der Luftumwälzung pro Stunde)	Lichtempfindlichkeit jeweils (+ = empfindlich / - =unempfindlich)	Geruchsannahme jeweils (+ = empfindlich/ - = unempfindlich)	
3- bis 4mal	+	+	
mind. 5mal	+	+	
mind. 5mal	+	+	
mind. 5mal	+	+	
unempfindlich	+	-	
70 bis 80	unempfindlich	+	-
mind. 5mal	+	-	
mind. 5mal	+	-	
unempfindlich	-	-	
mind. 5mal	+	+	
3- bis 4mal	+	+	
mind. 5mal	+	+	

Qualitätsveränderungen bei gemeinsamer Lagerung von Obst und Gemüse

Bestimmte Obst- und Gemüsearten können sich bei einer gemeinsamen Lagerung ungünstig beeinflussen: Auswirkungen auf Lagerfähigkeit, das Aussehen, den Geschmack durch Abgabe von Ethan, das durch die Reifung anderer Sorten beschleunigt. Deshalb Produkte mit hoher Ethanabgabe (wie Kern- und Steinobst, die meisten Südfrüchte, Tomaten, Paprika) nicht gemeinsam mit anderen Obst- oder Gemüsesorten lagern.

Gemeinsame Lagerung von Tomaten und Äpfeln mit:	Qualitätsveränderungen
Blumenkohl	Blätter lösen sich vom Strunk, Blumenkohlröschen werden zäh
Dill, Petersilie	vergilben, faulen rasch
Grünkohl	Blätter vergilben
Gurken	vergilben und werden weich
Kartoffeln	treiben aus
Kopfkohl	Blätter lösen sich vom Strunk, vergilben
Kopfsalat	vergilben, rötliche Flecken auf den Blättern
Möhren	werden bitter
Rosenkohl	Röschen vergilben, werden faul

Übertragung von giftbildenden E.-coli-Bakterien

Die Gifte der E.-coli-Bakterien können besonders bei alten und kranken Menschen Durchfall und Erbrechen verursachen.

Schon die Übertragung einer geringen Menge des Erregers können diese Symptome auslösen, die unter Umständen auch zum Tod führen können.

Übertragung möglich durch

- tierische Lebensmittel, insbesonders Rindfleisch
- Schale von Eiern
- nicht ausreichend gewaschenes Gemüse, das roh verzehrt wird
- direkt von Mensch zu Mensch
- Gegenstände

Bekämpfung

- ausreichende Durcherhitzung: mind. 10 Minuten bei 70 °C
- gilt insbesondere für Rindfleisch und Rohmilch
- Ei-Inhalt darf mit der Eierschale außen nicht in Kontakt kommen (kein Entfernen von Eierschalenresten in Ei-Masse mit Schale)
- strikte Trennung in tierische und pflanzliche LM und rohe und gekochte LM
- Hände- und Flächendesinfektion bei Arbeitsbeginn, nach Pausen, nach Toilettenbesuch, nach Schmutzarbeiten, nach Umgang mit rohen LM, nach dem Berühren von Eierschalen und Eierkartons

Händedesinfektion

1. Händedesinfektion mit Flüssigseife und Händedesinfektionsmittel:

- Hände zuerst mit Flüssigseife waschen
- Hände mit alkoholischem Händedesinfektionsmittel (Einreibepräparat) unverdünnt 30 Sekunden einreiben
- nicht abwaschen

2. Händedesinfektion mit Händekontaminationsmittel:

- trockene Hände mit einem Händekontaminationsmittel (reinigt gleichzeitig) unverdünnt 30 Sekunden einreiben
- Hände frühestens nach 30 Sekunden abspülen

Die Wirksamkeit beider Mittel wird stark beeinträchtigt, wenn sie auf bereits nasse Hände eingerieben werden.

Da bei alkoholischen Mitteln, die im Küchenbereich nach dem Händewaschen und Abtrocknen verwendet werden sollen, das Abspülen ganz entfällt, ist ein größerer Sicherheitsspielraum zu erreichen, denn die Einwirkzeit wird eher eingehalten.

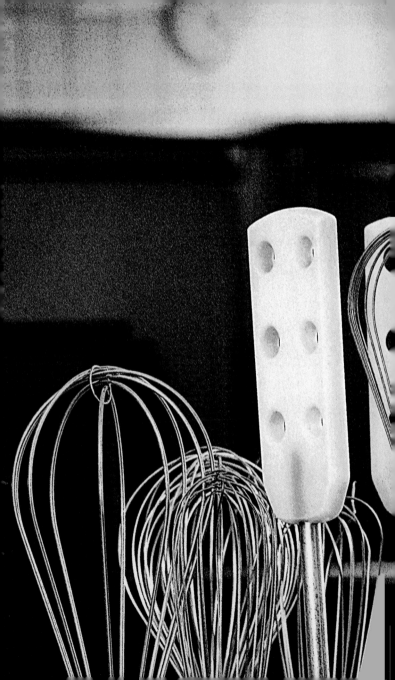

Register nach Gruppen

Fisch

Fleischgerichte

Geflügel/Wild

Nudelgerichte

Mehlspeisen

Saucen und Dressings

Desserts

Rezeptregister von A bis Z

Register

344

Register

345

Die Autoren

Rainer Dörsam ist von Beruf Küchenmeister. Nach mehrjährigen Auslandsaufenthalten und leitenden Positionen in mehreren Privatkliniken ist er seit 1975 verantwortlich für den Verpflegungsbereich der Filderklinik in Filderstadt und Initiator des „Stuttgarter Vollwertstammtisches".

Karl Haaf ist Betriebsleiter der Zentralküche mehrerer Kliniken in Stuttgart, Leiter der Einkaufsgemeinschaft für Lebensmittel, stellvertretender Leiter der Arbeitsgemeinschaft der Köche Baden-Württembergs und leitet das Team „alternative Kost und Diät".